U0946817

春发其华，秋收其实，有始有极，爰登其质。

——《后汉书》卷五十二《崔骃列传》

春華集

中华书局员工文选

（二〇一七年）

中华书局

图书在版编目(CIP)数据

春华集:中华书局员工文选(2017年)/中华书局编.—北京:中华书局,2018.4

ISBN 978-7-101-13164-2

Ⅰ.春…　Ⅱ.中…　Ⅲ.社会科学-文集　Ⅳ.C53

中国版本图书馆CIP数据核字(2018)第066078号

书　　名　春华集——中华书局员工文选(2017年)
编　　者　中华书局
责任编辑　赵妮娜　梁　彦
出版发行　中华书局
　　　　　(北京市丰台区太平桥西里38号　100073)
　　　　　http://www.zhbc.com.cn
　　　　　E-mail:zhbc@zhbc.com.cn
印　　刷　北京市白帆印务有限公司
版　　次　2018年4月北京第1版
　　　　　2018年4月北京第1次印刷
规　　格　开本/850×1168毫米　1/32
　　　　　印张13⅜　插页4　字数230千字
印　　数　1-600册
国际书号　ISBN 978-7-101-13164-2
定　　价　50.00元

《点校本二十四史修订本 · 南齐书》

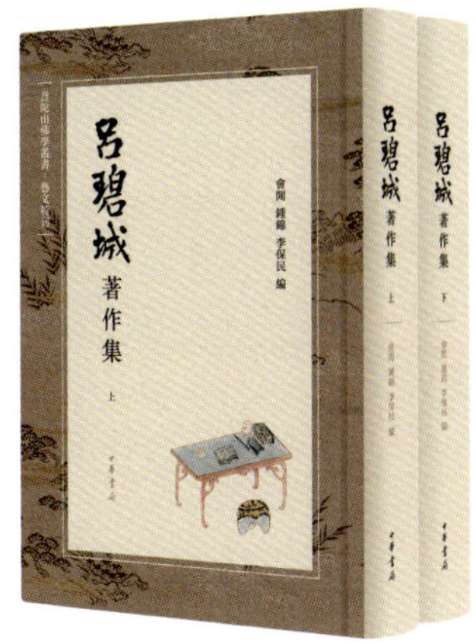

《吕碧城著作集》

中华书局
美术编辑
毛 淳
· 设计作品 ·

《字看我一生》

《沧海波澄——我的诗词与人生》

“中华兵书经典”系列

《瘦马行——郎世宁的中国经验》

《百花深处》

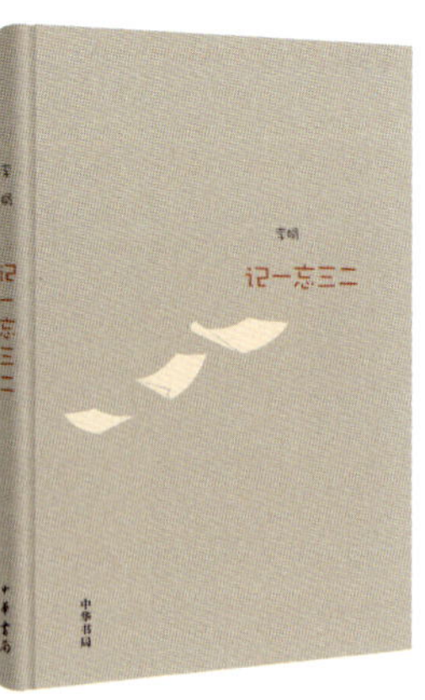

《记一忘三二》

《这些年我们用错的汉字》

“何炳棣著作集”系列

中华书局
美术编辑
刘 丽
·设计作品·

《如何欣赏中国画》

《京都如晤》

《本草中国》

《顾随和他的弟子》

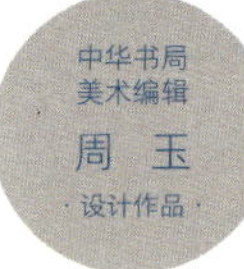

《清宫颐和园档案·陈设收藏卷》

《重庆图书馆藏民国时期未刊书丛编》

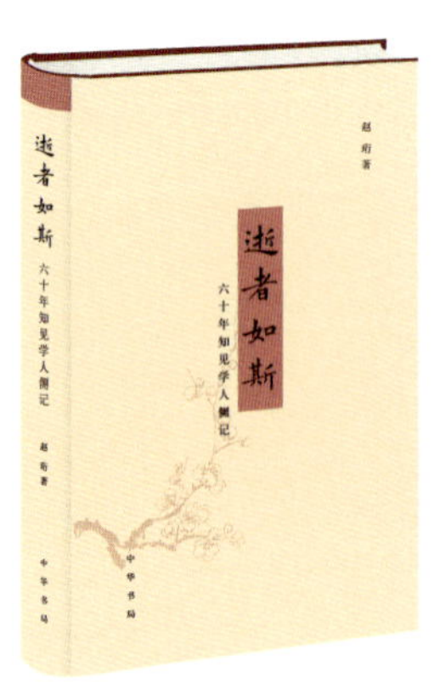

《逝者如斯——六十年知见学人侧记》

《文物山东——第一次全国可移动文物普查藏品集萃》

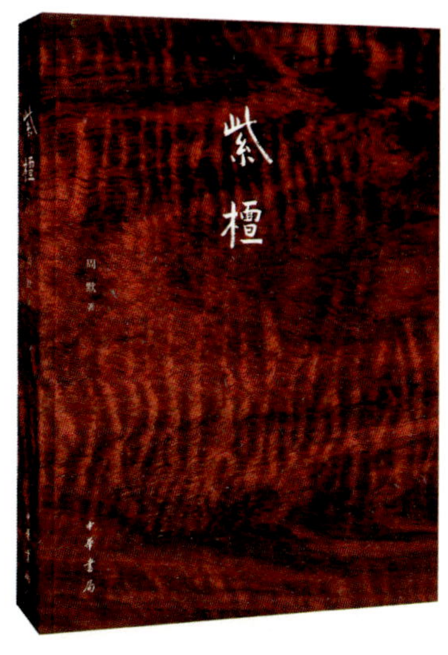

《紫檀》

中华书局
美术编辑
许丽娟
·设计作品·

《黄花黎》

《诗词曲格律讲话》· 刘丽设计

《瞿髯论词绝句》· 刘丽设计

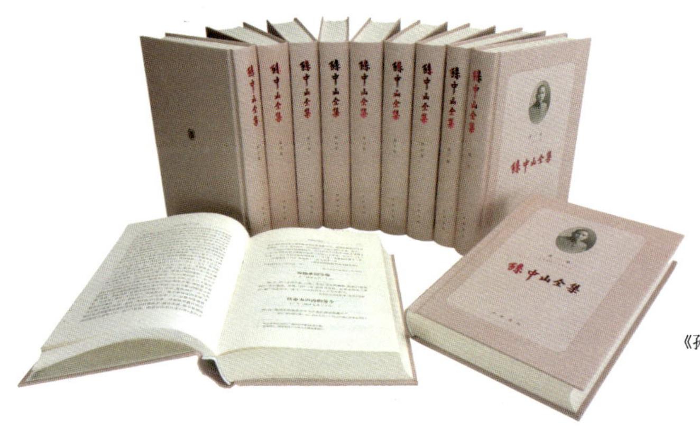

《孙中山全集》· 周玉设计

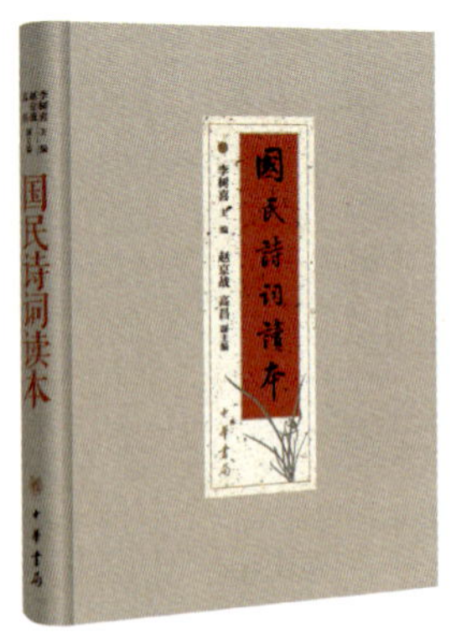

《国民诗词读本》· 王铭基设计

《戊戌大吉》日历本 · 王铭基设计

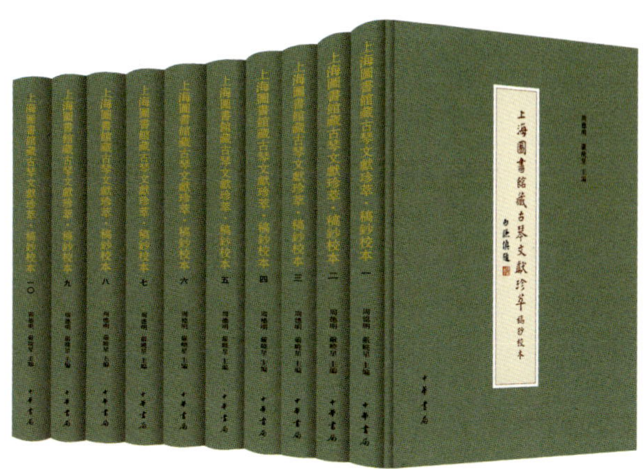

《上海图书馆藏古琴文献珍萃 · 稿钞校本》· 周玉设计

《古建筑日读——每天学点古建筑知识》· 许丽娟设计

《初中生必备国学常识》《初中生必读国学经典》· 王铭基设计

《掌故》· 刘丽设计

《〈二十四诗品〉讲记》· 刘丽设计

《中国哲学大纲》· 周玉设计

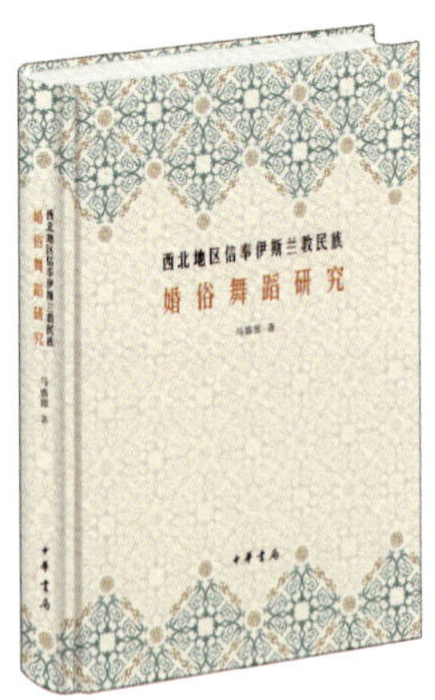

《西北地区信奉伊斯兰教民族婚俗舞蹈研究》· 许丽娟设计

目　录

编辑手记

书里书外

学林散叶

百川学海

艺文类聚

品牌营销

特　稿

编辑手记

“唐宋史料笔记丛刊”的昨天、今天和明天

胡　珂

“史料笔记”在传统四部分类中，以史部杂史类、子部杂家类、小说家类等文献为主，内容庞杂，从军政大事、朝野轶闻、典章制度、士林言行、谈艺论文、社会风俗、名物故实，到街谈巷议、神怪异闻、滑稽诙谐之事，莫不涉及。史料笔记不仅生动有趣，可助人开颜解颐，更能广见闻、资考证，虽然私家叙事有时难免存在主观或客观上的偏颇、疏谬，但如陈寅恪先生所说，“以通性之真实言之，仍不失为珍贵之社会史料也”（《唐代政治史述论稿》），对文史研究具有不可忽视的价值。

“唐宋史料笔记丛刊”是中华书局“历代史料笔记丛刊”的重要组成部分。1959 年，中华书局总公司与中华书局上海编辑所商定分工办法时，决定历代笔记均由总公司出版，其中包括吴晗主编“元明史料笔记丛刊”，郑天

挺主编“清代史料笔记丛刊”，邵循正主编“近代史料笔记丛刊”。20世纪70年代末，赵守俨先生等筹划将唐宋元明清五朝史料笔记选编成三套丛书，即“唐宋史料笔记丛刊”“元明史料笔记丛刊”“清代史料笔记丛刊”，统称为“历代史料笔记丛刊”。其中,“元明史料笔记丛刊”“清代史料笔记丛刊”都曾在“文革”前出版过，而“唐宋史料笔记丛刊”是首次出版。历代史料笔记当时并没有总体的出版说明，而是在一种一种笔记的出版中逐渐形成自己的风格。

二

“唐宋史料笔记丛刊”中最早的品种是1979年出版的中华书局前辈学者赵守俨、程毅中先生点校《隋唐嘉话·朝野佥载》。书前的《点校凡例》，为丛刊后续品种的整理作了示范;每种笔记前的《点校说明》,是整理过程中的心得。赵守俨、程毅中点校本实际上为整套丛书的风格定下了基调，后来在约请作者整理唐宋史料笔记时一度以该书作为参考。据周勋初先生回忆，傅璇琮先生邀请他整理《唐语林》时，就曾寄来一册《隋唐嘉话·朝野佥载》以资参考（见周勋初《我与〈唐宋史料笔记丛刊〉的文字因缘》）。

“唐宋史料笔记丛刊”草创以来，得到学界鼎力支持。如邓广铭先生点校《涑水记闻》（与张希清先生合作），裴汝诚先生点校《东斋记事·春明退朝录》《燕翼诒谋录》（署名汝沛或诚刚，实际上是裴汝诚、许沛藻、郑世刚的组合笔名），孔凡礼先生点校《容斋随笔》等 18 种笔记（分为 6 种书出版），徐规先生点校《建炎以来朝野杂记》，周勋初先生点校《唐语林校证》，李裕民先生点校《东轩笔录》《青箱杂记》，等等。这些学者参与整理唐宋史料笔记重要品种，使丛刊整体上呈现出较高水平。

上海师范大学古籍整理研究专业第一届研究生李伟国、朱杰人、吕友仁、王松龄、俞宗宪、萧鲁阳等，承担了《归田录》《默记》《渑水燕谈录》《东坡志林》《龙川略志·龙川别志》《鸡肋编》的点校工作，为丛刊的壮大添砖加瓦。吕友仁先生后来回忆："甫入校，裴汝诚先生交给我们每个研究生一本宋人笔记，要我们整理（标点、校勘、辑佚），并交待说：'将由中华书局出版。'果不其然，在我们毕业前夕就出版了。"（见吕友仁《历史文献学是历史系的不能承载之重》）这些整理者后来有的从事研究、教学工作，有的从事学术出版工作，数十年来，多未与古籍整理事业分开。2011 年，吕友仁先生致中华书局编辑邮件云："校点《渑水燕谈录》，是仆学走的第一步。读书不多，时有错误。兹寄上《渑水燕谈录》勘误二则，敬希再版时予以改正。"从中可见当年点校者真诚谦虚与精益求精的态度。

此外，在丛刊起步之时，部分中华书局编辑既当责编，又当作者，贡献甚多。吕友仁说："中华书局的责任编辑负责把关。我清楚地记得，责任编辑崔文印是那样一丝不苟地批改我写的校勘记。”崔文印先生是《清波杂志校注》等书的责任编辑，细心的读者会发现刘永翔先生校注中有“此条注承崔文印先生教”，可略窥见责编与校注者之间的切磋琢磨。崔先生编辑之暇，自己也整理了宋人李心传的笔记《旧闻证误》，他的夫人曾贻芬后来也点校了唐代笔记《开元天宝遗事·安禄山事迹》，这是“唐宋史料笔记丛刊”整理者中的一对伉俪，可谓佳话。

又如王瑞来先生是《唐语林校证》等书的责任编辑，同时自己也整理了《鹤林玉露》《朝野类要》等书。王瑞来先生如今在宋代文献整理方面成果丰硕，《鹤林玉露》是他点校的第一部书，当时他尚在大学时代，1983 年书出版时，收到稿费 1200 元，相当于他在中华书局两年的工资。后来，为整理另一本篇幅不大的《朝野类要》，王瑞来先生赴北京（北图、科图、北大）、南京、上海、台北等地图书馆搜觅查阅版本，今《朝野类要》整理本书前附有南京图书馆藏明抄本、上海图书馆藏明刊本、北京大学图书馆藏惠栋校四库底本等彩色插页，“唐宋史料笔记丛刊”书前有版本彩色插页者唯此一种。本书在对版本文献深入研究的基础上进行整理，书分“点校篇”和“研究篇”两部分，异于一般整理本，这是对日本学者古籍整理形式的借鉴。“研究篇”的篇幅更逾于正文，《朝野类要》作者赵升其人、成书的原委、版本之源流皆有详细考索。

“唐宋史料笔记丛刊”从初创到20世纪末，不乏经典之作。特别值得一提的是南京大学文学院周勋初先生的《唐语林校证》和华东师范大学古籍所刘永翔先生的《清波杂志校注》。

《唐语林》是北宋人王谠模仿《世说新语》的体例，从唐五代人所著五十种著作中，采摭大量唐代遗闻轶事，加以辑录、改写、考订，纂为一书，内容丰富，不少材料仅见于此书，是一部极富史料价值的笔记总集。但王谠征引各书，一律不注出处，剪裁改写的过程中，又间有失误。《唐语林》世无善本，现存最早版本是明代嘉靖二年齐之鸾刻两卷残本，阙略谬误甚多。清代四库馆臣从《永乐大典》中重新辑出，勒成八卷。但不论是《永乐大典》纂修者还是四库馆臣，工作都颇粗疏草率，虽有存留文献之功，也带来了许多新的问题。《唐语林》一书如不经妥善整理，不仅一般读者望而却步，即使专业学者亦不便利用。在傅璇琮先生的约请下，周先生从搜罗材料，编制长编入手，给各条编号，为今存一千余条中的九百多条注明出处，并逐条推敲标点，校勘考订。除了利用齐之鸾本、历代小史本对校，更广征各条原出之书以及宋元总集、类书、文集、笔记中相关文献来充分他校，去伪存真，剔除流传过程中阑入之条，新辑得二十条。撰写前言两万余言，附录六种：1.《唐语林》援据原书提要。2. 宋元明三代书目著录。3. 前人序跋与题记。4.《唐语林校证》参考书目。5.《唐语林》

援据原书索引。6.《唐语林》人名索引。周先生整理工作自1981年下半年展开，至1983年大体完成，之后续有加工，至1987年终于出版，真正做到了“一人劳而万人逸”。《唐语林校证》出版后广受好评，程千帆先生称赞校证之举救活了一本死书，赵守俨先生认为是当之无愧的在研究基础上进行的整理。此书在1992年3月举办的首届全国古籍整理图书评奖中获奖。周先生为校证《唐语林》付出了艰苦的努力，对王谠所抄录的五十种原书皆作了研究，也因此拓展了自己的学术格局。周先生后来所著《唐代笔记小说叙录》《唐代笔记小说考索》，主编《唐人轶事汇编》。可以说都是因为做《唐语林校证》一书而发现问题，持续跟进，取得成果。

《清波杂志》是南宋人周煇所撰一部较为著名的笔记，作者晚年居住在杭州清波门，故名其书。本书多记两宋人事制度、物产风俗等，多涉文学掌故，存录不少今已散佚之诗词文。刘永翔先生读研究生时，在徐震堮先生指导下，“足足化了六年的时间，查书则多多益善，校注则小心翼翼，未尝敢以轻心掉之”（《清波杂志校注·前言》），其引书达六百余种，对《清波杂志》做了精善的校勘与注释。注释如刘先生自期，做到了“略者详之，讹者正之；传闻异辞，真伪能定则定之，不能定则并存以俟续考”，其援引材料熨帖，切中肯綮，在没有电子数据库检索的时代，尤为不易。校注中含有发挥、申说、考辨，绝不同于现今某些几乎只从数据库、工具书甚至网络百科来检索、粘贴的所谓古籍注本。刘先生娴于文章词赋，本书前言即以四首绝句收尾，最末首云："茫茫书海费搜寻，为注《清波》苦用心。唤起西湖周处士，可能异代许知音？"既见甘苦，又寓自信。《清波杂志校注》出版后，也久为学界所称道，成为"唐宋史料笔记丛刊"中口碑甚佳之作，邓广铭先生1995年曾致刘永翔信称"读后极佩功力之深厚，实当今校点注释本之上上乘"（见刘永翔《也曾遥沐邓林霞》）。

二

21世纪前十年，"唐宋史料笔记丛刊"的组约和出版进度一度放缓，新增品种不多（其中近一半品种是由孔凡礼先生整理的），难以满足广大学者和普通读者对这套丛刊的期待。近五年来，为了维护"唐宋史料笔记丛刊"的品牌不坠，我们加强了组约工作，力图整理出版更多唐宋笔记，便于学者利用和读者欣赏。

自2012年至2017年，"唐宋史料笔记丛刊"已出新品种12种：

《苏氏演义·中华古今注·资暇集·刊误》，〔唐〕苏鹗、〔五代〕马缟、〔唐〕李匡文、〔唐〕李涪撰，吴企明点校。

《教坊记·次柳氏旧闻·开天传信记·乐府杂录》，〔唐〕崔令钦、〔唐〕李德裕、〔唐〕郑綮、〔唐〕段安节撰，吴企明点校。

《丁晋公谈录·国老谈苑·孙公谈圃·孔氏谈苑》，〔宋〕潘汝士、〔宋〕夷门君玉、〔宋〕刘延世、〔宋〕孔平仲撰，杨倩描、徐立群点校。

《奉天录·新辑玉泉子·中朝故事·金华子杂编》，〔唐〕赵元一、〔唐〕佚名、〔南唐〕尉迟偓、〔南唐〕刘崇远撰，夏婧点校。

《靖康缃素杂记》，〔宋〕黄朝英撰，吴企明点校。

《梦溪笔谈》，〔宋〕沈括撰，金良年点校。

《愧郯录》，〔宋〕岳珂撰，朗润点校（朗润是集体笔名，北京大学历史系邓小南教授的学生曹杰、闫建飞、陈希丰、任石、尹航、聂文华分别点校了本书的部分章节）。

《钱塘遗事校笺考原》，〔宋〕刘一清撰，王瑞来点校。

《曾公遗录》，〔宋〕曾布撰，顾宏义点校。

《儒林公议》，〔宋〕田况撰，张其凡点校。

《云溪友议校笺》，〔唐〕范摅撰，唐雯校笺。

《嬾真子录校释》，〔宋〕马永卿撰，崔文印校释。

上列新品种，有的是中华书局老作者孜孜矻矻、勤勉不懈的成果。例如 2017 年新出的《儒林公议》，是暨南大学古籍所教授张其凡先生整理的。《儒林公议》是北宋名臣田况记载北宋前期朝廷政令、士大夫言行掌故的重要笔记，张其凡先生除了点校原文，还力图对田况传记、诗文作品等相关资料进行竭泽而渔式的搜集，编为附录，以便学者利用。张先生还以类似方式整理了北宋状元宰相王曾的《王文正公笔录》、北宋名相王旦之子王素、之孙王巩的《王文正公遗事·清虚杂著三编》，两书年内可出版。张先生于 2016 年 11 月 24 日不幸因病去世，未及见到这几种笔记的出版，在此我们对他致以深切的悼念。

苏州大学文学院教授吴企明先生，早在 20 世纪 80 年代就曾为"唐宋史料笔记丛刊"整理过《桯史》《癸辛杂识》这样的重要品种，近年来虽已年过八旬，仍老骥伏枥，董理文献，《苏氏演义（外三种）》《教坊记（外三种）》即是。另《靖康缃素杂记》，80 年代曾在上海古籍出版社出版，近年吴先生重加修订，亦纳入"唐宋史料笔记丛刊"再版，以飨读者。

中华书局编审崔文印先生，今年已 77 岁高龄，2017 年整理出版了《嬾真子录校释》。本书为南宋初马永卿所撰，多涉宋代名人诗文轶事。崔先生对注释部分用力颇深，凡原书所涉文献，均为注明出处；凡原书引录文献或作者所论有误者，皆一一辨明其非；凡原书论及又未能举其全的文献，校释择要而补之，可以说是《嬾真子》一书目前最佳整理本。

日本学习院大学教授、前中华书局编辑王瑞来先生，早年即尝试对宋代史料笔记和其他基本史籍进行整理，近年来用功更勤，在每天通勤的路上也会带着史籍做标点工作。王瑞来先生近年出版了多种重要的宋代文献整理作品，其中包括“唐宋史料笔记丛刊”中的新品种《钱塘遗事校笺考原》。《钱塘遗事》是南宋遗民“刘一清”记南宋一代之事的作品，尤详于宋理宗、度宗和宋恭帝数朝之事，本书整理除了版本校勘外，利用了大量其他宋元史籍进行他校，并对《钱塘遗事》所记条目进行史源追溯。

老作者之外，我们很高兴地看到新生代学者渐渐加入到丛刊整理者队伍中来。如 2014 年出版的《奉天录（外三种）》整理者复旦大学中文系讲师夏婧博士，是“唐宋史料笔记丛刊”整理者中的第一位八零后学者，她对唐代文献素有积累，根底扎实，年纪虽轻，处理文献却显熟练老成，目前还是点校本“二十四史”修订本《旧唐书》修订组成员之一。《奉天录》，中唐史臣赵元一撰，按日记事，多记功臣勋业及逆臣言行，叙事记言往往较正史为详，是记载唐德宗“奉天之乱”的第一手文献。外三种包括《玉泉子》，唐末佚名撰；《中朝故事》，南唐尉迟偓撰；《金华子杂编》，南唐刘崇远撰；皆记中晚唐故事，广涉君臣事迹、政治制度、社会风俗、文学掌故等，颇为正史、《通鉴》所采摭，价值珍贵。四种笔记几无善本存世，整理者在底本选择、内容考辨、校改分寸、佚文辑录等方面多经过深思熟虑。以其中《新辑玉泉子》例，南京大学严杰教授考证今本《玉泉子》乃明人先从《太平广记》辑得《玉泉子》

31 条，辑者以其篇幅太少，又摘录《广记》所引他书文字以充数。致使今本《玉泉子》约七成条目与他书重出，文字高度雷同。这类条目多集中于今本后半部分，作伪之迹甚明（参《新辑玉泉子·整理说明》）。有鉴于此，必须重做辑本。新辑本据各类典籍辑得佚文 46 条，其中 15 条为此次新辑。旧本采自他书诸条，则以《旧本玉泉子疑文辨证》为题作为附录，并制作《玉泉子新旧本条目对照表》。值得一提的是，南宋曾慥所编《类说》一书引《玉泉子》18 条，其中 16 条均不见于今本，夏婧没有贸然将其辑入新本，在 2012 年 6 月提交初稿时即在邮件中对责编谈到《类说》误标书名，不太可信。交稿后不久，2012 年 7 月《文献》第 3 期刊赵庶洋先生《略论清钞宋本〈类说〉的文献价值》，指出上图藏雍正时期钞本《类说》一部，系据宋本钞录。比对此本，知通行明天启刻本《类说》所标书名多误。夏婧留心到此文并亲赴上图核对，此前判断获得了有力的版本佐证，这个例子体现了她对最新研究成果的关注及其敏锐的文献洞察力。具体可详参《新辑玉泉子》后所附《类说引玉泉子佚文辨证》部分。

又如 2017 年初出版的《云溪友议校笺》。《云溪友议》是少数有单行本存世的唐人笔记之一，故事曲折生动，多涉中晚唐诗事、史事，不少重要唐诗、轶事赖本书方得以流传。如《中山悔》载刘禹锡自述昔年醉后荒唐，“司空见惯”一诗即源出于此。《题红怨》记述了宫女红叶题诗的传说，后世戏剧小说遂因之而敷衍。《蜀僧喻》录王梵志诗十八首，是敦煌卷子外最早大量载录王梵志诗歌的文献。《闺妇歌》则记张籍力荐朱庆馀，“画眉深浅入时无”一句脍炙人口。因此,《云溪友议》颇为后世诗话（如《唐诗纪事》)、史书（如《资治通鉴》）所采摭。陈尚君教授曾撰文指出，尽管《云溪友议》作者范摅位卑名微，学识平平，但却记录下唐代中后期民间流传唐诗名人名篇的离奇故事，留下唐诗民间传播的特殊文本，颇具可贵之处(《范摅〈云溪友议〉唐诗民间传播的特殊记录》)。复旦大学中文系副教授唐雯，在唐代文史研究与文献整理方面已成果颇丰，是点校本“二十四史”修订本两《五代史》和《旧唐书》修订组成员。她利用海内外所存有代表性版本细致校勘,并撰版本研究论文,还充分利用《太平广记》《唐语林》《唐诗纪事》《诗话总龟》等宋代文献引录《云溪友议》的文字进行他校。笺注部分，旨在探赜事迹来源、辨明记载真伪及文献所反映的社会文化，将《云溪友议》所载内容与其他相关史料比读互证，对墓志资料、敦煌文献及前辈学者之研究成果多有关注。本书经过精心校勘、深入笺证，成为对《云溪友议》整理最善之本，也是近年来“唐宋史料笔记丛刊”中笺注类代表作品。

三

近三十年前，赵守俨先生有鉴于当时丛刊中唐代笔记数量过少，要求在保证整理水平的前提下多出几种唐代笔记，至少要把一些重要的整理出来。现今丛刊已对唐代笔记品种做了不少补充，情况有所改观，但仍有一些重要唐代笔记尚未有精善整理本。宋代笔记方面，赵守俨先生先前指出当年已出宋人笔记点校水平参差不齐，有些书不同程度地存在一些错误（《随笔和〈唐宋史料笔记丛刊〉》）。近年陈新先生撰《宋人笔记点校质量亟须提高》，对丛刊中宋代笔记在标点等方面的失误提出了不少意见。丛刊中宋代笔记所占比例较大，但就其存世总量而言，亦远逾唐代笔记，故宋代笔记在组约新稿、补充品种方面仍任重道远。我们对丛刊品种的继续充实和品质的不断提升，做了一些切实的规划。现在已经约请了一批中青年学者对唐宋重要笔记品种进行整理。

继《云溪友议校笺》之后，我们将陆续补充一些读者期待已久的重要品种，唐代笔记有《唐摭言》《唐国史补》《因话录》《鉴戒录》的校注本，各位校注者都曾做过相关笔记的专书研究，有的校注本确实展现出了个人风格，校注中时有颇为精辟的考辨、论说，非有专门研究者不能道之；另外，《大唐传载》《尚书故实》《松窗杂录》《悠闲鼓吹》等将出版新校本。宋代笔记则有《实宾录》的新辑本，以及《思陵录》《龟山语录》《元城语录》等点校本。

我们希望，今后丛刊的规模和质量能够更上一层楼。整理者应该尽量做到对相关笔记代表性版本网罗全面，对版本源流认识清晰；标点准确，校勘精审，笺注应在准确的基础上力求深刻；要充分关注新材料与学界新成果、新观点，点校注释必须与学术研究相结合。近年来，随着海内外古籍善本的不断公布、碑刻墓志的大量出土、相关学术研究的不断深入，再加上各种古籍数据库的普及运用使得文献检索手段极其便捷，可以说当今古籍整理者在诸多方面实具备前人不可想象、无法比拟的优势，“唐宋史料笔记丛刊”理应进入一个高端精致整理的新时代。

（原载《书品》2017年第二辑，作者系中华书局古籍整理出版中心历史编辑室编辑）

“百篇”是怎样选出来的

——《中华传统文化经典百篇》编辑手记

彭玉珊

自2015年2月，李克强总理倡议编纂“百篇”始，至2016年10月，中华书局正式出版《中华传统文化经典百篇》(以下简称《百篇》)为止，历时一年又八个月，这部总计50万字、由101篇作品组成的经典文选，终于问世。

本书的出版过程，特别适合用一句老话来概括：“事非经过不知难。”传统典籍，卷帙浩繁，欲以百篇之规模，为读者勾勒出中华文化的大概，并不容易;《古文观止》《古文辞类纂》《经史百家杂钞》……众多“文选”珠玉在前，为后来者提供了足够好的参考，也生成了足够多的压力。

然而，再繁难的事情，若肯静下心来，从结果向过程倒推，操作路线总会渐渐清晰。总的来看，从策划到出版，需解决的问题大致可以依次概括为：一、《百篇》的最终呈现样态是什么？二、用何种方法，来决定《百篇》选文的具体篇目？三、撰稿者需遵循何种编写规范？四、编辑加工者按照何种标准进行后期打磨？

第一个问题，是“定调”。我们希望读者拿到一部这样的书，既是历代名著名篇的精粹选本，也是中华民族优秀传统文化的一个较小体量的缩影。第三、四个问题，是“实操”。力求通过多方合作，使读者拿到的这部《百篇》，呈现出体例严谨、版本考究、注释详尽、讲析晓畅的面貌。

特别具有挑战性的，实际上是第二个问题，“选择”。对难以计数的名篇进行取舍增删，均对参与这项工程的人员，在学养、魄力、见识、流程把控能力等多个层面，构成重重考验。

自2015年5月底至2015年10月中旬，为确定选目阶段。

责任编辑首先整理出一份参考篇目初选表单，选目来自历史上的三部经典选本——《古文观止》《古文辞类纂》《经史百家杂钞》的全部篇目，现行初中课标与高中教案的规定背诵默写古文篇目，高中几种版本新课标教材文言文选目，以及古籍类出版社近年文选类出版物出现频率最高的选篇，等等。也即通过总结已有成果，向编委提供基本数据参考。

编委收到这份大表格，经过筛选与补充，各自提交一份选目，由责编将编委的选目进行汇总整理，标注选文所处时代、作者、被提名次数、编委意见、文体（按照《经史百家杂钞》的文体分类方式），以及是否被收入三部经典选本和现行初、高中课本等关键信息（见附图）。接着，表格按照票数，重新排序，123 篇得票超半数的文章，一目了然。选目的大致范围，就此确定。同时，票数偏少的文章，另列一表，以备参考。

随后，责编将所有选篇原文一一找到，按照朝代次序编入一个大文档，编目打印装订成册，连同票数统计表格，一并交由本书二审审阅，并根据二审意见进行完善。

编委会根据责编提供的材料，经过多次讨论，几度投票，再参考李克强总理对本书提出的修改意见，最终确定了 101 篇选目。

值得一提的是，编委票数，并非决定某篇入选的唯一标准，文体归属、所处朝代、作者、文章生僻程度等等，都是需要考虑的因素。

比如，清人阮元《畴人传序》，得票数偏低，也不见于三部选本及现行课本，但是，《畴人传》作为我国历史上第一部中国自然科学家传记，在中国自然科学史以及中国文化史上有着重要的地位。本文中，阮元提出天文历算之学是“实事求是之学，非方技苟且干禄之具”，令人读之，精神一振。选入本篇，正是《百篇》立足当代、尊重科学的体现。

又如，热门作者苏轼，除最后入选的《赤壁赋》《潮州韩文公庙碑》外，还有《留侯论》《教战守策》等文章被提名，但为全书选篇均衡度考虑，只保留两篇。

再如，唐代魏徵《谏太宗十思疏》，得票数很高，但编委经过综合考量，删去本文，替换为《〈贞观政要〉三则》。

《过秦论》《出师表》《岳阳楼记》等脍炙人口的文章，历代选本及当代语文课本都不会漏选，得票排名亦非常靠前。《百篇》将这些名篇，一一收入。

吸收前人已有成果、尊重客观统计数据，再反复讨论，充分权衡，最终，《百篇》做出了这样的“选择”：在继承前人选本中经典文章的基础上，大胆创新发展，书中60%的篇目，为《古文观止》《古文辞类纂》《经史百家杂钞》所未收。

这份选目，是否已绝对合理，无任何遗憾？或者说，《百篇》是否已足够完美，无任何瑕疵？主编袁行霈先生《后记》说得明白：“定有疏漏谬误之处。”任何一项工作，抱着绝对完美、一击即中的想法，则第一步都难以迈出；相信自己，尊重前辈，信任同仁，在切磋琢磨中稳步推进，才能在这一代人手里，做出真正无愧当代、有益后世的事情。

（原载《书品》2017年第二辑，作者系中华书局营销中心市场部员工）

序号	篇名	朝代分类	作者	文体（依《经史百家杂钞》）	是否收入三本书及课本	票数统计	编委附加说明
34	过秦论	西汉	贾谊	论著	都有	14	以选分上下两篇者为宜（孙钦善）
35	论贵粟疏	西汉	晁错	奏议	都有	14	
36	论六家要旨	西汉	司马谈	奏议	类纂	14	
37	谕巴蜀檄	西汉	司马相如	诏令	类纂、杂钞	6	
38	廉颇蔺相如列传	西汉	司马迁	传志	观止、杂钞、课本	12	
39	报任安书	西汉	司马迁	书牍	类纂、杂钞、课本	12	可比课文多选（陈来）
40	货殖列传序	西汉	司马迁	序跋	观止、杂钞	16	
41	管晏列传	西汉	司马迁	传志	观止	13	
42	上武帝书言世务	西汉	徐乐	奏议	无	9	
43	元光元年举贤良对策	西汉	董仲舒	奏议	无	11	须精简（袁行霈）
44	自纪篇	东汉	王充	论著	无	12	
45	苏武传	东汉	班固	传志	课本、观止	15	
46	张骞传	东汉		传志	无	14	
47	刺世疾邪赋	东汉	赵壹	词赋	无	12	
48	让县自明本志令	东汉	曹操	诏令	课本	10	
49	说文解字序（节选）	东汉	许慎	序跋	无	11	可全选（孙钦善）
50	典论·论文	魏晋南北	（三国）曹丕	论著	课本	12	
51	出师表	魏晋南北	（三国）诸葛亮	奏议	都有	15	
52	与山巨源绝交书	魏晋南北	（三国）嵇康	书牍	课本	9	
53	陈情表	魏晋南北	（西晋）李密	奏议	课本、观止	12	
54	崇有论	魏晋南北	（西晋）裴頠	论著	无	13	建议选入全篇（刘梦溪）
55	钱神论	魏晋南北	（西晋）鲁褒	词赋	课本	12	

《中华传统文化经典百篇》初选篇目票数统计表（节选）

《中华民国时期外交文献汇编 1911—1949》编后的话

欧阳红

中华书局与中国社科院近代史所共同合作《中华民国时期外交文献汇编 1911—1949》，是十年前的事了。当年由李岩总经理亲自出马，与主编王建朗先生敲定，项目的出版交给中华书局。2006 年，该项目在汉学编辑室立项。我初次接触《中华民国时期外交文献汇编 1911—1949》这个项目，是七年前的事了。那年也就是 2009 年初，汉学编辑室并入历史编辑室，项目转至该室。3 月份编辑室主任李晨光交给我一个重要任务，负责与近代史所中外关系史研究室联络，跟进《中华民国时期外交文献汇编 1911—1949》项目的工作。春天里一个周二的上午，我得到通知，到该所参加该项目课题组的讨论会议。

会议由近代史所中外关系研究室主任栾景河先生主持，主编王建朗先生和其他十余位编者也在。栾先生介绍了项目的进展情况，资料收集已开展四年，但是书稿尚未成型。他乐观地估计，年底可以交初稿一卷。讨论会上我问了几个自己比较关注的问题：未刊资料会收录多少？总体规模有多大，有无具体编纂体例？未刊文献占多少比例？什么时候交定稿？等等。王先生一一耐心解答。

2012 年夏天，近现代史编辑室成立，该项目作为编辑室的重点项目，需加力推进，年底之后我频繁联络栾景河先生，希望尽快进入编辑出版流程。栾先生认为，原合同时间签订已久，如今时过境迁，双方要重新订立合同，并提高稿酬标准。同时我又闻另有其他出版社参与竞争，事关重大，我将此事报告给书局领导，并继续保持与栾先生的密切联系。期间栾先生在邮件中转达了王建朗先生的提议："交稿的时间自 2013 年 6 月起，到 12 月止……出版的时间应是 2014 年末，或 2015 年上半年为宜。"

经协商双方重新订立出版合同，出版时间定为 2015 年，稿酬从 30 元千字提高至 45 元千字。2013 年 5 月 3 日，我函告栾先生，希望由中华书局申报 2014 年度国家出版基金项目，请他协助填写申报表格上的"基本情况"，并收集 60% 的定稿。栾先生随即向课题组发出紧急通知，不久便收集稿件近 600 万字（后来，该项目在国家出版基金成功立项，出版时间有了比较严格的规定）。7 月 5 日栾先生来函，发来项目最新拟定的大纲和"基本情况"。7 月 17 日，他在邮件中告知："我 80 多岁老母亲突然病重，我需要明天一早赶到哈尔滨，再乘十几个小时的火车赶到老家。当时情况比较乱套，从北京到哈尔滨等整个一路根本没有火车票，我很上火，和你说话也很急。我和你说过自己最近身体很不好，还在治疗中，现在看来只能往后排了，回家照顾老妈乃当务之急。”我安慰他保重身体，更深感自己肩上责任重大。

未料这是栾先生给我的最后一封邮件。2014 年 2 月 8 日，正值南方阴雨绵绵的日子，春节假期结束，我刚要上车返京，便收到李晨光老师的紧急电话，告以栾先生因病去世。这无异于一个晴天霹雳，栾先生春秋正盛，却英年早逝，令人惋惜。如今《中华民国时期外交文献汇编 1911—1949》已精美面世，小文算是对栾先生的一个纪念。

栾先生走后，项目改由中外关系史研究室主任张俊义先生与我联络。张先生紧盯项目的进展，极为上心。我这边也一直和他保持密切联系，双方约定分卷审稿、发稿。2014 年 3 月，第一卷、第二卷初稿交稿。至 2015 年 3 月初，第七卷、第八卷最终完成初稿。为了合理安排时间，加快进度，审读和编辑加工化整为零，以卷为单位滚动。又因项目体量庞大，编纂人员复杂，我个人无力一人承担，于是相继加入四个编辑，由我和张荣国、张玉亮、吴爱兰、潘鸣形成五人编辑组，我负责第七、第十卷，张荣国负责第四、第八卷，张玉亮负责第二、第六卷，吴爱兰负责第一、第五卷，潘鸣负责第三、第九卷。根据最早交来的书稿，我和荣国、玉亮经过数次讨论，定下“编辑体例”，最后由玉亮执笔成文。在后来的审稿中，责编尽量依据体例做全书统一，特殊问题卷内一致，并将情况通报于讨论组，供其他卷次参考。

由于全部来稿系电子版，编辑手头并无原文献用于核对，审读之后责编撰写了每卷详细的审读意见。清样改出后又退给分卷主编核对原文献，之后才进入校对。截止2015年4月，第七、第八卷完成审读，第一、第三、第四、第五、第十卷完成审读与初二校。承担校对工作的是古籍中心专司“二十四史”（修订工程）校对工作的编校部。他们每校完一卷，便给我反馈该卷的校对意见，每卷千余字。末了，编校部主任李晓霞特地撰写一份题为《为什么请编者提供原始文献——都有些什么问题是“通读”不能解决的？》的意见，举出的问题很典型也很尖锐。我与晓霞反复沟通，形成一致意见：即个别卷次需要增加校次和通读，尤其是编者须提供清晰的原始文献，用于校对和核查。时间紧迫，不能迟疑，我将此事报告给主管局领导尹涛副总编辑，并给王建朗先生撰写公函，指出书稿问题所在：“编辑和校对遗留的问题，需要核对文献原文才能解决；编辑和校对未发现的问题，同样需要核对原文方能解决；一些疑问也需要编者给出专业的判断。为切实保证书稿质量，并确保书稿能按期顺利出版，建议将校对、审读过的书稿，再次退回近代史研究所，由贵所组织人力重新对照文献原稿逐篇逐字对校，并重点解决校对人员提出的问题。”在信中又进一步指出：“本文献的出版是该领域的一项重要工作，用于学者征用、核查，它的质量就是它的生命，更关乎贵所与中华的声誉，希能您拨冗尽快召开编者会议，将以上问题一一落实。”公函发出时附上了晓霞撰写的意见。

几天后，我们反馈的问题很快得到了重视。5 月 12 日下午，王先生召集了张俊义、杜继东、陈开科、张丽、葛夫平、李珊等人开会。我和晓霞前往近代史所，我们就编校发现的问题通告给各位，希望他们将征引的原始文献的纸质书、电子书交给编辑部，用于核校，以期提高书稿质量、减少为文字错讹。

经过一周的准备，各卷原始资料于 5 月 19 日取回，校对、核查工作继续进行。书稿再次经过校对、审读两个来回，历时 4 个月。期间我们将收录自中国第二历史档案馆的资料退返给该馆，相关人员进行了复核。至 9 月份各卷相继付型质检。陆续收到质检反馈的意见后，我觉得有必要进行最后的冲刺，集中时间清除质检提出的遗留问题。10 月 13 日—16 日，双方由尹涛副总编辑、王建朗所长挂帅，编辑组和编纂方十余人，齐集香山饭店现场办公，举行统稿会议。会前，我通报了各卷书稿的质检情况、会议须核心解决的问题等，将各人的任务作了分工：尹涛副总编辑负责通查全稿，处理涉及外交、党争、政治敏感等问题；

王建朗先生重点通读第七、第八卷全文；分卷编者通读所有外文译文、未刊档案、分卷前言等；五个责任编辑则当场解决体例问题，包括各级标题、文献出处、附录、表格、注释等，并负责卷内、卷间的文字查重工作。为此，还特地邀请晓霞参与，她负责将千余万字的电子稿，用她独创的软件通查书稿。四天的闭门统稿会议，双方投入人力最多的时候有十六人。高强度的查核工作，细致入微的各种修改，编著双方的反复讨论，对书稿整体质量的再次提高，是至关重要的。各类遗留问题得到重视和解决，晓霞又为我们统计出不少被忽视的细节问题。会后，又请张俊义先生利用电子稿，作最后的核查和确认，重点核实外文翻译资料和外文引注，并要求在印前反馈给编辑部。

一年多时间里，五个编辑“蛰伏”在冷板凳上，无论寒暑，没有抱怨，没有感慨，更多的是对工作的耐心、细心，以及对职业对文字的敬畏。2015 年底，十卷本的《中华民国时期外交文献汇编 1911—1949》终于杀青面世，皇皇 1000 万字，从起点到终点，一晃就是十年时间。十年对于一个出版社来说很短，但对于一个编辑而言，是并不漫长的编辑生涯中的黄金时期。当然，我们甚至还有历时二十、三十、四十载的项目，一代又一代的编辑薪火相传。究竟是什么让我们一直在坚守？是什么让中华和中华人从不言退却？坚持十年、几十年重复着这样费力不讨好的工作。那是一份源自对出版对学术深深的责任心，以及对承续文化厚重的使命感。

2016年，在全国优秀审读报告评选中，编辑组合作的撰写的“审读报告”获得二等奖。《出版参考》杂志社的同行嘱我写几句“获奖感言”，我把这“重大任务”交给项目组的所有责编，让每个人想一句话。五个人的总结，就浓缩成这二百余字的“感言”：

> 好书成就好编辑，好编辑成就好书。
>
> 参与集体大项目，对编辑是最好的锻炼。
>
> 署名《中华民国时期外交文献汇编 1911—1949》责编的虽然只有五人，但还有其他贡献力量的幕后英雄。
>
> 该书的编辑队伍新老搭配，一部书多人参与，大家各自分工，团队协作，相互促进。编辑审稿过程，体现了良好的团队精神，以及对提升一部书稿的质量、打磨出一本好书孜孜不倦的追求。考验的不仅是职业水准、专业知识，还有责任心、工作韧劲儿。
>
> 审稿报告体现了编辑的水准，没有体现编辑的辛苦。编辑，就这样辛苦并快乐着！
>
> 能获得这个奖励，并不意味着我们达到了目标而可以停滞不前。获奖只是一种肯定，我们将继续努力，做好书，做好编辑。

上下同心，其利断金！集体项目的协同战斗就是这样，付出的多，收获更多。感谢我的同人，因为有好的团队，才能克服阻碍，迎难而上。如果没有一个团队的支持、配合、包容与理解，困难会更多，阻力会更大。成绩是属于所有人的。最后借用玉亮的话："战斗力是在战斗中提高的。"是的，经过《中华民国时期外交文献汇编 1911—1949》的合作，我们的新编辑在成长，老编辑更成熟，好的项目总在成就好的编辑，好的编辑成就好书。

（原载《出版参考》2017 年第二期，作者系中华书局近代史编辑部编辑）

孙中山研究的出版接力

——《孙中山全集续编》《孙中山史事编年》编辑印象

欧阳红

孙中山研究领域的最新成果《孙中山全集续编》（5卷5册，以下简称《续编》）、《孙中山史事编年》（12卷12册，以下简称《编年》）分别于2017年7月、8月出版，并于11月11日在中山大学举行新书发布。《续编》由中山大学历史系邱捷、李吉奎、林家有、周兴樑诸位先生编纂。《编年》由中山大学历史系桑兵教授主持，该系十余位青年学者参与编撰。《续编》《编年》分别于2012年11月、2014年1月通过立项方案，2014年10月、2015年9月最终完成初稿。此后编辑组用了一年时间审稿加工，一年时间送审备案、修改完善，从发稿到最后付印，前后达六七次校样。期间，我个人利用去广州开会的机会，分别与《续编》《编年》的编写组讨论书稿体例两次。2017年3月，编辑组专程赴粤，与《编年》的十余位作者在中山大学历史系现场办公，集中解决遗留及疑难问题。该两书的编辑出版过程，前后历时五年。

中华版的《孙中山全集》(1981年—1986年，以下简称《孙集》)出版至今，已三十余年，目前除中华版外，台北有两种《国父全集》，大陆有人民出版社尚明轩先生主编的《孙中山全集》、广东人民出版社黄彦先生主编的《孙文全集》。《续编》的编辑出版，或许会遇到这样的问题：“为何不重编全集，而是对《孙集》续补呢？”关于《孙集》存在的价值及编纂《续编》的意义，书局的资深编审陈铮先生和我的同人李闻辛、张玉亮相继在《中国出版史研究》上刊发了专文，不赘(参见陈铮：《〈孙中山全集〉出版始末忆述》，《中国出版史研究》2016年第3期；李闻辛、张玉亮：《〈孙中山全集续编〉的编辑出版——兼谈〈孙中山全集〉的修订，《中国出版史研究》2016年第4期)。

两种新书在中山大学发布，恰逢孙中山诞辰151周年纪念和中山大学93周年校庆，之所以选择广州举办活动，一是因为中山大学历史系是国内孙中山研究重镇，于孙学研究有深厚的学术积淀；一是让书本身见证编纂方和出版方半个多世纪的密切合作，向学术致敬，向友谊致敬。

作为两书的项目负责人和责编，谈点编辑印象。

一

算起来，我跟孙学出版的缘分，是在中山大学历史系结下的。1998 年—2001 年，我跟随李吉奎教授攻读硕士研究生，他在书房给我和张金超、刘海彬讲授“孙中山研究”的课程，后又到广东省社科院孙中山研究所讲授“辛亥革命史研究”，我跟着去听课。就在那时，我得知黄彦先生正在编辑《孙文全集》，印象颇深。

毕业论文答辩后，历史系陈树良老师问我为何选择去中华书局，大概因为那时中华正走下坡路，也不做近代史出版了。但接着桑兵老师的一句话让我深受鼓舞，很清楚地记得他说 ：“中华有什么不好，瘦死的骆驼总比马大！”2001 年，我成为一名编辑，入局也晚，当时《孙集》原责编陈铮先生已退休，近代史编辑室亦无建制。2004 年，我负责《孙集》的版权续签，此事便成为我关注孙中山研究与出版的开始。曾多次动念，报告书局领导重新修订或重编《孙集》，同时修订重版《孙中山年谱长编》，然而蹉跎数年，未有实际行动。

真正让我提振信心的，是一篇文章给的启发。2009 年 10 月，《近代史研究》上刊发了徐秀丽撰写的专论《从引证看中国近代史研究（1998—2007）》。文章从引证的角度，分析了 1998 年—2007 年中国近代史研究领域学者、学术论著、学术机构、学术期刊的学术影响力，以及研究重心和议题的集中与转移。大量数据和表格表明 ：该研究领域的“高被引作者名单”中，即被引 200 次以上的作者名单中，孙中山位列第一位，后两者是梁启超、毛泽东。

文章随后列出被引200次以上的37种著作，排在首位的是《孙中山全集》，接着是《毛泽东选集》《饮冰室合集》（参见徐秀丽：《从引证看中国近代史研究（1998—2007）》，《近代史研究》2009年第5期）。看到上述数据与表格，深感孙中山对于中国近代史研究的重要性。90年代以来孙学已算不上显学，但他留下的著作，对其本人的研究，始终受到关注。中华版《孙集》，如果不进一步完善，日后随着新出史料的刊布，势必被淘汰，成为过往。

2012年7月，近代史编辑室恢复建制，并改名为近现代史编辑室。5至7月间，团结报社的杨博文先生三次来局，送来他新刊于《团结报》的文章（《试为〈孙中山全集〉照片补注》，刊于《团结报》5月24日等）。据杨先生透露：他拟对中华版《孙集》编辑补编，建议我们修订或重编全集，他表示可以先写样张交给编辑部。当时，我已闻尚编《全集》即将出版，黄编《全集》也在紧锣密鼓进行中。杨先生的来访，给了我很大触动，必须行动了，这么重要的书不能在我们这代就这么没了。

我立即向陈铮先生请教，希望重新开启《孙集》的续编工作，谈了初步的想法和计划。据陈先生忆述，上世纪90年代初，中华就有编纂《孙集》“索引”和“补编”的动议，后因种种原因搁置了。我仔细查阅书稿档案，档案中完整地保存了编著双方的往还信件，以及其他珍贵的文字记录。如1994年3月28日陈先生致函黄彦先生，有谓：

> 年前承告《孙中山全集》补编与索引共2册。据此，我们已将此项列入二季度发稿计划……年初已与中大联系过，他们已同贵所商妥，索引归你们编制……补编名称如何称谓，也请在交稿时确定。我们初步考虑有两种称谓，即（一）《孙中山全集补编》；（二）《孙中山全集续编》。

1996年9月26日，黄彦先生给陈先生的复信中说：

> 全集补编未能完成，至感歉疚。补编之所以未能完成，一因工作量大而时间未抓紧；二因当时补入资料除移植台北、上海二版本所收外，新添的不多……

还有其他编者如林家有、李吉奎、邱捷等先生写给陈先生的信，从收集资料、书稿体例，到交稿、处理校样、编制索引等，关乎书稿的所有事情，都与陈先生有商讨。

2012年10月20日，陈铮先生很认真地给编辑室撰写了一份《出版〈孙中山全集续编〉的粗略设想》，提出八条实施意见，重点指出："《全集》不全，早有补编计划"，建议"补编书名改称《孙中山全集续编》"，"既出《续编》，理应对《全集》加以必要的修订"。29日，我向书局提交了《〈孙中山全集续编〉工作开展思路》的正式报告，重点介绍《孙集》续补的必要性，各家孙集的编辑、出版情况。鉴于原《孙集》的编纂三方，已有两方在新编全集，建议由中山大学孙中山研究所独立承担《续编》的编纂工作。理由如下：该所有长期的学术积累，学术梯队完整，原《孙集》编者林家有、邱捷、李吉奎、周兴樑教授均是领域内资深专家，于史料及编辑体例熟稔，质量有保证。次日，时任书局总编辑的徐俊同志迅速批下意见："应抓紧办理。"

11 月 5 日我去拜访来京开会的桑兵教授，向他请益。桑老师建议如中大一方独立承担，最好"分时间段、分卷，每人单独编写"。他向我透露,他正组织人力准备编写《孙中山史事编年》，表示今后"《史事编年》遇到的新资料，可以共享"。他说 2016 年出版，正是孙中山诞辰 150 周年纪念，时机刚刚好。我又给林家有、邱捷、李吉奎、吴义雄诸位教授打电话，一一听取他们的意见。邱老师表示，"须有人能主持协调,《续编》不必求全，但国内期刊、报纸等已有资料不能遗漏。外文有好的译本可选用，不好的要重译。须年轻人加入，检索资料，新老搭配"。我立即决定赴粤，面商整体事宜，争取能较快落实，并特地将陈铮先生请出山，一同前往。

11 月 13 日我先期赴粤，陈铮先生和张玉亮编辑于次日晚到达广州。李吉奎老师得知我们已入住中大紫荆园，15 日上午特来拜访陈先生。下午，我们三人来到永芳堂贵宾厅，历史系主任吴义雄、孙中山研究所所长桑兵、历史系党总支书记赵立彬，以及林家有、李吉奎、周兴樑教授等（邱捷教授临时有事未到会，由其博士生李兴国代表），很高规格地接待了我们。双方就续补《孙集》举行座谈，交换意见。

会议首先由陈铮先生发言，他回顾了中华与该系长达半个世纪的深厚友谊，以及中华版《孙集》《孙中山年谱长编》出版过程中他与老师们的交往，介绍了编辑《续编》的必要性，提出了一些设想，如人员构成、编纂总则等，希望继续得到老朋友们的支持。在座的教授们一一发言表态，林老师、李老师、周老师欣然接下编辑《续编》的任务，桑老师表示愿意共享《编年》的资料，吴老师则表示愿在经费、资料等方面给予支持。经过讨论，双方议定：由林家有、周兴樑、李吉奎、邱捷教授组成编写组，以林家有教授为编写组召集人，陈铮先生为编辑组联络人。会后编者依《孙集》体例，划分任务，收集资料。预计 2014 年底前交完定稿，2016 年出版。为了解决网络使用、电脑操作诸问题，李兴国博士协助邱捷老师参与项目。

回京后，我复次向林家有等几位老师确认以下事宜：一、资料收集和编纂，质量第一，近年公布而中华版《孙集》漏收的要齐全，同题异文或不同人翻译的酌情处理。二、初稿由陈铮先生统一审读一遍，再交编辑部审稿，以便与《孙集》体例衔接。三、编写组个人承担的内容独立署名，按年代、按卷，分工负责。新人参与，署名同等对待。四、1912 年以前部分由邱捷、李兴国负责，1913 年—1919 年由李吉奎负责（后该系张文苑老师亦参与进来），1920 年—1923 年由林家有负责，1924 年—1925 年由周兴樑负责。

二

2013年12月6日—8日，受暨南大学刘增合教授之邀，我去广州开会。彼时《编年》已申报国家社科重大课题，虽此前我多次向桑兵教授表示过出版意向，但并未签约。7日下午我单独拜见桑老师，沟通了一些细节，定下在中华出版，预计2014年底完成初稿，2015年完成定稿，2016年出版。届时《编年》《续编》两书同时出版，同期上市，一并赶上孙中山150周年诞辰纪念，意义不言而喻。

几年间，两部书的编者、作者耗费了大量精力编写书稿，校订资料，核对史事，修改书稿。初稿交来后，编辑部作了分工，我总责两新书，2016年初李闻辛加入《续编》，潘鸣、李闻辛加入《编年》。《孙集》的修订重版，由张玉亮、李闻辛负责。编辑组亦按卷、按册划分任务，落实审稿、退返、送审、修改、通读等责任。编辑审读初稿与校样，及时核实问题，并向编者、作者反馈疑问，很快就能得答复。该两书编辑出版中，双方沟通十分有效。《续编》的四位编者，不辞辛劳，前后两次勘定文字，随时补充新发现的资料，并写信来报告进展、沟通情况。第一次校样看完后，2015年11月11日李吉奎教授来信嘱咐：

> 孙给小池张造函件及“中日盟约”，段云章、俞辛焞等人的书已收入，望能坚持收入。

2016年2月24日，周兴樑教授来函，意味深长地说：

还是要认真细看，即如梁启超先生所谓的“字字经心经血”。

2016年8月10日，邱捷教授发来邮件，讲述了他当时的状况：

补编是我几十年来最难做的一件工作。我的视力不行，看电脑要戴眼镜，看文稿却不能戴眼镜，所以每打一句都要重复戴眼镜脱眼镜的动作。查网络资料也特别辛苦。我自己也算尽了很大力……把问题减少到最低限度。

定稿后，林家有、李吉奎老师还不断寄来新收资料，哪怕是从新刊文章中收集到的只言片语。2016年8月18日，李老师来信：“邮上几篇处理稿，请麻烦补入《续编》。”21日，林老师也说：“又有一件孙中山的佚文，请你在《孙中山全集续编》上加上。”编辑《续编》的几位先生，均已七八十岁高龄，期间李吉奎、周兴樑老师曾经住院，林家有老师也是带病完成初稿的。这其中的辛苦，是外人很难体会的。但只要是和书稿有关的事，哪怕是核对一条资料出处，一个标点，他们一点都不含糊，严谨负责，精神令人感佩。

撰写《编年》的作者，均为中青年学者，每一卷均有直接负责人。编著双方专设“孙中山史事编年编辑”的QQ群和微信群，通过文字、截图等方式，把问题放在群里，相互切磋，无距离沟通。从内容、体例、引文、索引，到某一个记事日期、一个人名、一个字，编辑的疑问与作者的反馈，群里随时讨论。当然这其中离不开主编桑兵教授的大力督促和跟进。凡遇到书稿修改、体例调整、核实文字等，桑老师总是嘱咐我："务必要在群里通知到具体作者，作者即使没有及时看到，也有人会通知的。这其实对他们也是个监督。"这方法直接高效，省了许多环节和时间。但是前言、凡例、后记等，最后均由桑老师亲自改定，其他流程，他也直接把关，严格要求。书稿付印前，桑老师还发来微信："最好将封面、内封、版权页等有相关信息的部分，让我再看一下，以免出现问题。"审慎严谨，于此可见。

参与两部书编写的，从七八十岁的退休教授，到三十多岁的青年学者，是一个齐整的学术队伍。最大的编辑感受就是中大历史系深厚的学术积淀和优良的学术传统，在两书中得到了很好的体现。相信编辑组同人在编辑过程中学到的不仅仅是专业知识，更能从这个豪华的学术阵容、庞大的学术梯队中汲取更多的养分，那就是认真严谨、能坚持、不怕苦的精神。在两书出版后，《孙中山全集》亦修订重版，改正了文字错讹和硬伤，也以全新的面貌出现。《孙集》出版三十年后，有了《续编》，二书合成完璧。《孙中山年谱长编》出版二十年后，又有了《孙中山史事编年》，成功地将孙中山研究往前推进一步。

三

2017 年 8 月 28 日晚，中华书局官微发布了《孙中山史事编年》出版的消息，一直关注该书出版的上海师大历史系邵雍教授，第一时间发来微信，示以祝贺。他预言："孙学研究范畴，多少年后能真正留下的，中华子孙都接受的，也许就是此三书了。"这些话，姑且当成勉励。时间是试金石，一切好的东西，有价值的东西，终究是会抵得住大浪淘沙。孙书出版之前，我又翻阅了四大函《孙集》的书稿档案，慢慢读，细细品味，感慨前辈的工作细致又扎实；好的传统须继承和发扬，学术研究如此，编辑出版亦如此。如今，我们的编辑队伍不断壮大，从陈铮先生到年轻一代，已顺利过渡。如今孙学研究也得以振兴，欣欣向荣，希望孙学出版领域，同样长盛不衰。

《编年》《续编》的样书出来后，我向陈铮老师报喜，告以孙中山三书的出版情况，也表达我对他的敬意，并约他写点文字。中华书局在中国近代史领域的出版，前世故事最清楚的莫过于他了。得知前两书即将上市，另一种也付印，陈先生很高兴地应下了写文章之事。当时我便大发其感慨："中山大学的孙学研究，从陈锡祺先生、陈胜粦先生到段云章、林家有、邱捷、李吉奎、周兴樑诸先生，到桑兵教授、赵立彬教授，再到八〇后学者安东强等，有四五代人了。他们在孙学研究路上坚持、坚守半个多世纪，培养了大批人才，出了许多高质量的成果，非常了不起；而中华书局呢，在此领域做出版，默默耕耘数十年，甘于幕后。从刘德麟、陈铮先生，到李占领副总编辑，到我自己，再到张玉亮、李闻辛等年轻编辑，四五代编辑不也是同样在坚持和坚守吗？”

两部书，共 17 卷，740 余万字，凝结了许多人的心血，作为责编，其实我最想表达的是一份敬意，感谢一切应当感谢的人，若非背后有强大的作者团队，若非有诸多中华人的努力，是做不出好东西的。因此应向编辑《续编》的老先生们致敬，向主持《编年》的桑兵教授和他的团队致敬，向中华的编辑同人致敬。正是因为有许许多多人的辛苦付出，对学术近乎偏执的执着追求，今天我们才能做得更好，走的更远。

（原载 2017 年 12 月 13 日《中华读书报》，作者系中华书局近代史编辑部编辑）

《辽史补注》是一部什么样的书

李　勉

首先需要搞清几个概念：

辽史——辽是契丹族统治者建立的国家，公元916年建国，国号契丹，建元神册，947年改国号为辽（983年—1066年间曾重新称契丹），到宋徽宗宣和七年（1125）为金所灭，先后与五代、北宋、金并立。但契丹族存在的历史更长，源出东胡，北魏时始见契丹名。辽史，或者契丹历史，与五代史、宋史、金史等，都是无法分开的。

《辽史》——通常指元代官修纪传体史书，“二十四史”之一。至正年间编撰成书，记事起耶律阿保机元年（907），迄天祚帝保大五年（1125），共219年，合西辽88年，凡307年。共116卷，包括本纪30卷，志42卷，表8卷，传45卷，《国语解》1卷。此前金代曾两次修《辽史》，一次是熙宗皇统八年（1148）进呈的《辽史》，一次是章宗年间陈大任等人修纂的《辽史》,均未正式刊行,后佚失。而现在的这部元修《辽史》又有不同的版本。

《辽史》点校本——中华书局1974年出版的图书，此后成为《辽史》通行本。这是首次按照现代古籍整理规范完成的一部较为完善的点校本。

点校本《辽史》修订本——中华书局2016年出版。点校本“二十四史”修订工程的成果之一，是为了适应新时代学术发展和读者使用的需求，对原有点校本进行的全面修订。严格遵循底本校勘原则，吸收最新学术成果，可以说是迄今为止最完善的点校本。

《辽史补注》——是对《辽史》的全面订补，重在正误补阙，补充了大量资料，可称辽代（契丹）史料的总集。篇幅比《辽史》增加了一倍多。

《辽史》的修撰，起元至正三年（1343），迄至正四年，成书仅用了一年，次年正式刊刻颁行。近六百年后，陈述先生花了六十年时间来订补这部史书，是为《辽史补注》。

为什么要对《辽史》进行补注?

元代修《辽史》，成书仓促，全书116卷，仅用了一年时间便修成。主要依据耶律俨《辽实录》、陈大任《辽史》，并参考《契丹国志》等，很多当时能见到的材料均未采用，更不用说后来发现的金石碑刻材料。因此在“二十四史”中,《辽史》历来有“漏略”“简省”的评价，书中记事不完全、混乱之处颇多。

自明清以来，订补《辽史》者不乏其人，清人厉鹗的《辽史拾遗》、杨复吉的《辽史拾遗补》、近人陈汉章的《辽史索隐》等（以上三种资料，均收入《二十五史三编》），都是颇有成绩的著作。陈述先生毕生致力于辽金史研究，熟读唐、宋、辽、金、元文献，尤其重视出土文献的搜辑，先成《辽文汇》（中国科学院出版局，1953年），继而又增广成《全辽文》（中华书局，1982年），并有多部研究论著问世。《辽史补注》就是陈述先生有感于《辽史》记事之缺漏，在广泛吸纳前人成果、搜辑辽代文献并充分研究的基础上完成的集成之作。

陈寅恪先生看过《辽史补注序例》后，甚为赞赏其“宁详勿略之旨”，认为若可成书，“殊可称契丹史事之总集”。顾颉刚先生在1975年为本书写的序里亦盛赞其“是对《辽史》的全面订补，可称一代史料的总集”。此后又陆续增补新见材料，比陈、顾二氏所见内容更为丰富。

什么是“补注”？

“补注”之体，自古有之。刘知幾《史通·补注》所谓“掇众史之异辞，补前书之所阙。若裴松之《三国志》，陆澄、刘昭两《汉书》，刘彤《晋纪》，刘孝标《世说》之类是也”。清代以来，对正史全部作注成书者，有王先谦《汉书补注》、《后汉书集解》、吴士鉴《晋书斠注》、卢弼《三国志集解》，此外还有日本学者泷川资言《史记会注考证》。

在体例的选择上，陈述认为应该从欧阳修的工作中吸取经验，《新唐书》和《新五代史》，“新史既行，旧史不废”，“新史既是不能代替旧史，则作新史就是给读者添麻烦”。理想的办法是“提供读者以新材料、新知解，又要尽可能节省读者时间，便于翻检”，也就是不必完全另起炉灶，将相关材料及考订附注于原书之下即可。

陈述先生自陈其“发愿勉为《辽史补注》，补者效褚少孙之补《史记》，注者效裴松之之注《三国》”；具体做法是“以厉、杨之书附《辽史》，并以五代、宋、元诸史及《册府》、《会要》、碑志、杂记补其阙，参取钱大昕《考异》、陈汉章《索隐》汇集一编”。

《辽史补注》与《辽史》点校本是什么关系?

《辽史补注》的作者陈述先生，也是《辽史》的主要点校者之一。

20 世纪中叶，中华书局组织全国文史专家整理点校“二十四史”，其中《辽史》的点校先后由冯家昇、陈述担任。点校工作开始于 1961 年，起初由冯家昇承担。到 1966 年，完成了超过三分之二的标点和校勘记。后“文革”爆发，工作中断。1970 年 4 月，冯家昇先生去世。1971 年点校工作重启，由陈述接手继续点校，最终完成。1974 年《辽史》正式出版。

《辽史补注》撰写起始于 1930 年代史语所时期，1940 年左右完成初稿，由于战乱迁徙、物资紧缺等原因，一直未能付印。其间陈述不断根据新的研究成果和新见材料补充撰著。在著书过程中，他还曾辑校各家所录辽文及其新获者（包括碑刻文献），编为《辽文汇》。《辽史补注》和《辽文汇》的长期积累，对《辽史》点校起到了学术支撑的作用，对冯家昇点校的初稿是有力的补充。

《辽史》的点校出版工作完成后，顾颉刚将《辽史补注》推荐给中华书局，并为其作序，“幸随点校本二十四史以并行”，顾氏序说：“我们这次校点工作，可能有一些缺点错误，但质量都有所提高，由于《补注》的出版，显然又是一个新的突破。”当年书并未付印，仅商定了排印办法、体式。此后几年陈述先生几次病重，又经历丧妻之痛，但仍然坚持工作，不断为《辽史补注》吸取新的营养。利用新收辑的材料增订《辽文汇》成《全辽文》，1982 年由中华书局出版。又将这些增益为《辽史补注》的新资料。在史文文本方面，《辽史补注》也吸收了《辽史》点校本的校勘成果，并在此基础上更进一步，正文改动多于点校本。

《辽史补注》与《辽史》修订本是什么关系？

《辽史补注》于 1990 年代初基本成书。1992 年，陈述先生去世，没能看到书稿的出版。

2006 年起，中华书局开始着手规划点校本“二十四史”

的修订工作。《辽史》的修订，由北京大学历史系刘浦江教授主持。自 2007 年 5 月至 2014 年 7 月，前后历时七年告竣。此后，《辽史》修订稿又经过一年多的审订、修改和校阅，终于 2016 年 4 月正式推出《辽史》修订本。刘浦江教授于 2016 年 1 月因病辞世，也未能看到修订本的面世。

修订本充分吸收了近几十年辽史学界的研究成果，可以说是辽史研究和辽史文献整理一个新的标杆。《辽史补注》虽未出版，但修订组也辗转参考过手稿。因时间延误，近二三十年的新成果新资料，《辽史补注》未能收入，不能不说是一大遗憾。但即便如此，作为对《辽史》的全面订补，《辽史补注》依然是当代辽史研究中篇幅最大、内容最为丰富的长篇巨著，是读《辽史》者离不开的资料。

《辽史补注》都补注了什么内容？

《辽史》点校本与修订本都是 5 册，100 万字左右；而《辽史补注》全 10 册，240 万字，意味着增补的资料比《辽史》史文增加了一倍多。

陈述先生自拟《补注》内容有四个方面：正误、补阙、补歧异、存类事。正误包括正驳文、定朔闰、辨重出、纠讹舛、移卷次；补阙包括补传、补志表、增事、加详、训诂；补歧异包括补歧译和补异文；存类事包括附类事和存人物。

《辽史补注》全书注释有 7000 余条，征引文献超过

900 种，涵盖以上诸个方面。

而对正文的“补”包括：补志 2 种，分别是《补选举志》和《补艺文志》，《选举志》分 10 个子目，《艺文志》分经史子集四部，共收录书目 190 种。《地理志》补州 34 个，《百官志》补机构及职名共 140 条，《礼志》补嘉礼 3 种，《食货志》据内容补子目 8。重新编制表 2：《外戚表》、《游幸表》。《公主表》补记公主 12 人。增补人物传记共 145 人。《国语解补》增收 65 个词汇。为了与《辽史》原文相区别，我们在正文增补的条目前都加了“〔补〕”字，读者可一目了然。

（原载 2017 年 12 月 15 日中华书局微信公众号，作者系中华书局古籍整理出版中心历史编辑室编辑）

《王国维先生遗墨二种》出版纪事

郭时羽

140年前，一个男婴在浙江海宁呱呱坠地，那时还没人能想到，中国学术界又将迎来一颗璀璨的巨星。此后的50年间，他以惊人的才华，在文学、史学、哲学、美学、古文字、考古、金石等多个领域作出了卓越的贡献，其治学功力之深、范围之广、对学术界影响之大，均为近代以来所仅见。然而在取得如此令人瞩目的成就之后，在还有无数题目等待进一步研究探索之时，他却投湖自尽，永诀人世。一时海内外震悼，至今其纪念碑仍立于清华大学校园，陈寅恪撰写之碑铭中写到："惟此独立之精神，自由之思想，历千万祀，与天壤而同久，共三光而永光。"百余年来为无数读书人心口称颂。他，就是王国维。

王国维先生早年曾负笈日本，与内藤湖南、铃木虎雄、狩野直喜等出色的汉学家结下深厚友谊，往来频繁。当他去世的消息传至东瀛，友人们集结各家所藏手迹，汇编成《王忠悫公遗墨》一册，以珂罗版印若干份，作为缅怀与纪念。“忠悫”，是末代皇帝溥仪给王国维的谥号，在那个天翻地覆的时代，他大约也是最后获得谥号的一批人了。1892 年，王国维先生 16 岁时，便中了秀才；1923 年，他又受命任逊帝溥仪“南书房行走”，并参与整理内府藏书；至 1924 年 11 月溥仪被迁出紫禁城，相关臣子也不得不离开。有这样的渊源在，溥仪赐谥，自是题中应有之义；而日本汉学家们以谥号为书名，也是根据中国传统，对士大夫的最大尊敬。集中收录王国维自作诗文 12 题 19 首，致铃木虎雄、狩野直喜、内藤湖南、神田鬯庵尺牍四封，以及手抄杜甫诗、“东坡生日录古人成句”、柳宗元诗、《世说新语》等墨迹，均以毛笔书写，字迹优美，类型丰富，极具欣赏价值，且其中许多内容对于《王国维全集》都具备校勘意义（见赵万里所撰《提要》，此次出版特附于书后）。此纪念册成书于 1928 年，未曾公开发行，更从未在中国出版，其中收录的有些手迹屡经战火，恐已不存于天壤间，唯靠此本方得以流传。故此次中华书局出版《王国维先生遗墨二种》，其一便是影印《王忠悫公遗墨》。

其二，则是王国维在清华国学院任教时的授课讲义《古史新证》。此书在王氏学术生涯中意义重大，著名的强调传世文献与出土文物相结合的“纸上之材料”与“地下之新材料”的“二重证据法”即首见于此。《古史新证》

已出版有排印本和油印本，但均非王国维手迹。民国时，来薰阁曾影印此本，但数量亦极稀少。此次出版，中华书局特向国家图书馆古籍部提出申请，以馆藏手稿原件影印，有志于此的学者，倘将手稿与后之排印本对校，当能有所收获。且手稿上历历有批改痕迹，可见学术思想历程，更堪宝贵。

这两种遗墨，都有当年赵万里先生撰写之提要。此次出版，除将赵氏提要附上，以阐明其重要价值之外，还邀请王国维曾孙、复旦大学图书馆古籍部副研究员王亮撰写序言，亦见家学传承，薪火不息。

本书中《王忠悫公遗墨》由著名汉学家铃木虎雄、内藤虎分别题签，此次出版，即在该册封面和内封、中缝分别采用。《古史新证》系王国维先生挚友，著名金石考古学家、书法篆刻家马衡先生题署。全书总名，则由中华书局总经理、著名学者徐俊先生题署。

作为 140 周年诞辰纪念，为呈现如此精彩之内容，制作材料和工艺方面自然不能怠慢。全书均采用安徽手工宣纸，每个筒页间加衬纸，部分长卷制成展页，则采用手工双夹宣，保证每一张的印刷效果。封面采用仿乾隆时内府造手工打蜡瓷青纸，还原古色古香的韵味。

对于观堂先生的粉丝来说，此次 140 周年纪念，还有两重惊喜。

一是特邀著名版画家、藏书票设计师倪建明先生，为

《王国维先生遗墨二种》制作了纪念藏书票，倪先生是中国美术家协会藏书票研究会理事，以弘扬中国传统技法闻名于世，所制藏书票被中国美术馆、大英博物馆、法国里昂现代美术馆等海内外数十家专业机构收藏。此次他精心设计特制之书票，选用古法制作、以竹浆为主要原料之湖南古山贡纸，首先将观堂先生像刻为版画，下列票主，票面整体以金银墨调和成色，立体可感。两侧运用中国经典的拱花技法，不着一色，而纤毫毕现，极为精致典雅，兼具防伪效果。因纪念 140 周年，此票限量印刷 140 张，每一张均由倪建明先生亲手制作，并附亲笔签名和编号。

二是将《王忠悫公遗墨》中“东坡生日录古人成句”手迹特制成单页，邀请西泠印社社员卢康华先生，刻“观堂手泽”印章一方，钤于其上。卢康华，浙江淳安人，西泠印社社员。文史功底扎实，撰有文学、印学学术论文多篇，其中《把经典刻在石上：邓石如对欧苏文赋的一次膜拜》《文献·考据·思想——印学研究三题及其思考》等文深得专家、读者好评。偶亦奏刀，风格典雅遒劲。此次应邀为《王国维先生遗墨二种》篆“观堂手泽”印，取法汉印，布局工稳，气息醇厚，整体白文的印面中，“手”字出之以朱文，活泼生动，独具巧思。

时光荏苒，王国维先生诞辰 140 周年，亦是逝世 90 周年。90 年过去了，先生的学术成就依然熠熠生辉，依然有无数文人学者仰慕赞叹，视如北辰。这一本《遗墨二种》的出版，既为使更多读者欣赏到罕见之手迹，亦为从另一方面呈现先生学术造诣与严谨学风，正如王亮在序中所言，“是对他一生志业、学行很好的纪念”。斯人已矣，斯人之学仍在，斯人之独立精神、自由思想，千载流芳。

（原载2017年12月25日《藏书报》，作者系中华书局上海聚珍文化传媒有限公司编辑）

守正出新，传统文化的打开方式

——编辑《〈资治通鉴〉与家国兴衰》感悟

贾雪飞

在传统文化日益受到重视的今天，各种类别的文化讲堂，各种题材的历史著作，以及各种形式的文化节目，如雨后春笋般出现在了大众的日常生活中。这极大地丰富了社会文化，为普遍提高全民素质起到了很好的助推作用。但随之而来，传统文化到底该怎么讲，也日益引起人们的反思。

回首历史，中华文化向来有“出新”的特质。例如从汉代佛教东来到魏晋玄学，再到宋明理学和王学，中华文化在吸纳佛教外来文化的过程中，一直在不断自我调整和自我发展，每个时代都呈现出不同的特色。但中华文化的本体核心，无论其呈现形式如何，都一直被谨守传承，在每个时代都未曾动摇过。“守正”“出新”，正是中华文化传承几千年仍活力四射的一个重要原因。

那么当下，如何在传统文化的传承中做到“守正出新”？尤其在面对大众的文化传播中，既守住传统文化应有的“正”，同时又能出得时代特色的“新”？

从出版角度来说，守住传统文化的“正”，首先要求作者守得住传统文化的底线，要有足够多的学识储备和足够深的文化修为，对传统文化做“正解”；其次要求出版的文化内容本身具有正能量，是经过作者辩证取舍后所得的中国传统文化精髓。出得传统文化的“新”，对作者的要求就更进了一步，要求作者有学力、有见识、有眼光、有思想，还要有对社会国家的关怀和担当意识。具备这两点的，文史方面的专业学者、研究者当仁不让。

近年来，专业研究者不乏面向大众的优秀传统文化普及之作。最负盛名的当属孙机先生的《中国古代物质文化》和樊树志先生的《晚明大变局》。两书均是专业研究者书写的传统历史文化之作，均受到了大众读者的热烈欢迎，并在一定程度上推进了传统文化的发展，是“守正”且“出新”的传统文化之作。如今，清华大学张国刚教授的《〈资治通鉴〉与家国兴衰》，进一步加强了这方的阵容。

张国刚教授早年治学隋唐史研究时，就通读《资治通鉴》，考辨源流、辨析史料，以学者敏锐的洞察力和深刻的反思力发掘《资治通鉴》的史料价值和史著价值，并在此基础上完成其早年的成名作《唐代藩镇研究》。后来在清华大学开设《资治通鉴导读》课程后，张教授更是立足原典，以大众史学传播为己任，将自己的研究成果及心得转化为生动有趣的大众语言，探讨《资治通鉴》留给后世的历史智慧和当下生活可以汲取的处世之理，小可修身齐家，大可经世治国。

《〈资治通鉴〉与家国兴衰》，就是在张教授为清华大学学生授课的讲稿基础上整理而成。全书以《资治通鉴》原典为依托，精心选取了二十个影响中国历史进程的关键点，从三家分晋到大唐盛世终结，纵论古今的同时，亦不乏中西文化比较大视野下的精到点评，令读者时有豁然开朗之感。

经世情怀是贯穿本书始终的精神关照，这与司马光编纂《资治通鉴》的初衷一脉相承。张国刚教授说，历史就是前人在应对各种挑战后，给我们留下的一些经验总结；读史就像看高人下棋，熟读历史，我们对人间的不同的挑战，就能做到心中有数。“历史是最好的老师”，诚然！

同其他的好书一样，可读性是本书第一亮点。诚如樊树志先生所言，“历史学者，讲历史必须好听，写历史必须好看”，这才能引起读者的兴趣，起到传播文化的作用。《〈资治通鉴〉与家国兴衰》不仅以生动的讲故事的方式来解读传统经典蕴含的历史智慧和当下价值，而且在每个故事中，还会不时加以提点，给读者提供人生韬略。如开篇讲“三家分晋”时，张国刚教授说，“三家分晋的历史告诉我们，一个领导者的基本素质和领导能力是带好队伍”；

又说，“有担当、有事业、有未来的人，尤其将来可以成为领袖的人物,应该比别人更自律”。再如讲到“亡秦必楚”时，他说，“整个战争，项羽都在自己打，谁也打不过他；而刘邦却自始至终在下一盘棋。刘邦最大的本事，在于他会用人，这是他成功的关键”。

有生命的书,必定是有灵魂和思想的书。《〈资治通鉴〉与家国兴衰》自问世以来广受读者欢迎的原因，也正是在于它有灵魂和思想——它是学术名家解读传统文化名著之作，谨守住了中国传统文化的“正”；它是在作者深厚学历和宏阔学术新野下的新见迭出之作，做出了时代特色的“新”。在当今大力提倡传统文化的大好形势下，面向大众的传统文化之作，以“守正出新”来讲传统文化，必将中华文化薪火相传下去，使中华文化的生命之树常青。

（原载2017年3月2日《光明日报》，作者系中华书局上海聚珍文化传媒有限公司编辑）

《郁达夫手稿：〈她是一个弱女子〉（珍藏本）》编辑手记

贾雪飞

阅读手稿是读者得以接触作者的一种最有温度的方式。无论是从研究的学术层面来对作者进行研究，还是从普通阅读层面来体味和欣赏作者的思维流动与文字推敲的深层意境，手稿，总是令人情有独钟——至少是令我情有独钟的。

由于对手稿的偏爱和对前两书编辑体验的意犹未尽，所以当看到郁达夫手稿《她是一个弱女子》时，就有跃跃欲试的渴望——平生编辑的第三本手稿将是郁达夫的《她是一个弱女子》！ 2013 年，我编辑出版了平生第一本手稿——梁思成的《中国雕塑史》；2015 年，编辑出版了第二本手稿——黄裳的《前尘梦影新录》。前面的两本手稿，涉及领域和呈现方式均不同，那么这三本手稿，将如何呈现呢？

手稿内容篇

郁达夫是在二十世纪中国文学史上留下不灭印记的创造社代表作家，他的很多作品，诸如《沉沦》《春风沉醉的晚上》《迟桂花》等，广泛受到读者的喜爱，对二十世纪的文坛影响颇大。而他与王映霞的恩怨纠葛故事，至今仍是一桩文化公案，总会引得读者的关注。

《她是一个弱女子》，王映霞在回忆录中说，郁达夫塑造的女主角郑秀岳就是影射自己的，郁达夫怀疑自己曾有过同性恋行为；而郁达夫否认说，这本小说，是在认识王映霞之前就已经开始构思了的，不信可以去看我的日记。

孰是孰非？手稿中会不会有线索？带着这个疑问翻检郁达夫的手稿，翻开手稿第一页，竟然发现上面有几行被划掉的文字——“五年间的热爱，使我永远也不能忘记你那颗纯洁的心。”而这些文字，在现在的各种通行本中确实都被删掉了。

翻开首页就有这么大的发现，手稿中会不会有更多的新内容呢？

撇开家事情史，郁达夫的这部《她是一个弱女子》，也是一部非常值得反思的小说。女主角郑秀岳，在时代的洪流中，其命运就如水面上一片漂泊的残叶，被冲到哪里又有几分是自己能做得了主的呢？！另外一个女主角李文卿，在作品中以反面角色出现，但她本身所遭遇的丑恶，虽小说中仅是点到而止，但揭示的丑恶又是何等令人触目惊心！

书装设计篇

与领导余佐赞老师讨论商量，对这本手稿的呈现方式有两点共识：书一定要最大限度地呈现手稿原貌，而且书装设计一定别致且体现书的内在气质。经过联系沟通，连续几届赢得“中国最美的书”的设计者、《冷冰川墨刻》《泰州城脉》等的设计师周晨先生成为书装设计的不二人选。

周老师果然不负期待，在研读《她是一个弱女子》后，经过几个月的酝酿，终于设计出了书装的初稿——布面精装，封面上嵌一枚民国风的纽扣；解开纽扣拉绳，书摊开，左边为手稿原大影印本，右边为文字排印本。

据周晨老师介绍，布面精装，封面的蓝布为民国元素，意指本书发生背景乃在民国期间；书封上的纽扣，灵感取自书稿内容，暗示本书女主角郑秀岳的灵与肉的故事。

周老师的设计思路得到我们的一致认可。在此基础上，编辑和设计从不同角度又对书提出新的附加部件：首印 3000 册，每本书赠送郁达夫生前专有版权印花票，并钤印、编号。

据华东师范大学陈子善教授介绍，版权印花票是民国间作家持有并授予出版社的正版证明。这是国内近年来首次图书赠送版权印花票，具有开风气之先的意义。

3000张印花票要签章编号，真不是一件容易的事情。做过了才知道。

手工制作篇

这本《郁达夫手稿：〈她是一个弱女子〉》在书装上最大的特点就是“手工”：封面的纽扣是手工缝制的，扣住纽扣的拉绳是手工钉住的，版税印花票钤印是手工，每张编号是手工，最后把书扣住还是手工

2016年，是郁达夫逝世120周年。经过几个月的努力，填补郁达夫手稿出版空白的著作《郁达夫手稿：〈她是一个弱女子〉》终于问世了。

陈子善老师作为现当代文学研究大家，对《她是一个弱女子》的手稿本进行了研究，他说：“经与《她是一个弱女子》初版本核对，又可知这部手稿既是初稿，又是在初稿基础上大加修改的改定稿，颇具研究价值。手稿本从头至尾，几乎每一页都有修改，大部分用黑笔，偶尔用红笔的修改，或涂改，或删弃，或增补，包括大段的增补。有时一页修改有九、十处之多，还有一些页有不止一次修改的笔迹。郁达夫创作这部中篇小说的认真细致、反复斟酌，由此可见一斑。”

同时，他对手稿的出版评价颇高，他认为“历经八十多年的风雨沧桑，《她是一个弱女子》完整的、同时也是十分珍贵的手稿得以幸存于世，毫不夸张地说，确

实是郁达夫研究的大幸，同时也是中国现代作家手稿研究的大幸”。

（原载2017年2月20日《藏书报》，作者系中华书局上海聚珍文化传媒有限公司编辑）

《知堂谈吃（增订本）》编辑手记

胡正娟

如今尽管吃得更好，也更讲究，但是谈吃的好文章并不多。吃货，满足了舌头，温暖了肠胃，填饱了肚皮，再积累点儿文化，增加点儿精神食粮，那就更好了。如此，名家佳作，名家精选，名社精审精校精心制作的《知堂谈吃（增订本）》当是您日常阅读书单中的上选。

《知堂谈吃》为现代著名散文家周作人所作关于吃食的文章的结集，由时年八十七岁高龄的著名出版人锺叔河先生编选。自 1990 年初版，2005 年再版，并多次重印，销量非常不错。

中华书局版《知堂谈吃（增订本）》独具特色，一个字“精”：

精在编选内容。八十七岁高龄的著名出版人，也是《知堂谈吃》的编选者锺叔河先生所言，谈吃，重点不在吃上，而在于对待现实生活时的气质和风度,崇尚的是一种精神。

精在编选体量。中华书局版《知堂谈吃(增订本)》较之前两个版本，所收文章有大量的增补，由九十四篇增加到一百八十一篇(以文章发表时间为序)

精在装帧设计。从素雅古朴的封面设计，到简约而不失简单的内文版式，再到布质的内封、艺术护封及细腻光洁的内文纸，处处可与知堂文章的雅致、冲淡气度相合。

“民以食为天”，关于吃这个人生第一事，读者的关注度也是非常高的。更何况是名家谈吃，同样一种吃食，名家的笔下所流淌出来的文字，让我们领略的不仅是食物本身，还有食物背后的知识和精神。正如编选者锺叔河先生所言:“谈吃也好，听谈吃也好，重要的不在吃，而在于谈吃亦即对待现实之生活时的那种气质和风度。”带着这样的心情来阅读本书，那自然是愉悦的。

《知堂谈吃(增订本)》自2017年7月上市以来，首印三个月内售罄，目前二印已经隆重上市。作为名家名作系列丛书之一，此系列前有周瘦鹃《花果小品》，后有陈从周《园林清话》，以及即将新鲜出炉其他名家经典名篇选集。

(原载2018年1月3日书香上海公众号，作者系中华书局上海聚珍文化传媒有限公司编辑)

《瞿髯论词绝句》新版小记

李世文

1930 年 4 月 8 日，上海东有恒路（今虹口区东余杭路）德裕里，刚及而立之年的夏承焘（1900—1986）在龙榆生（1902—1966）的陪同下第一次谒见名满士林的词坛领袖朱彊村（1857—1931）。夏先生日记详细记载了当日情形，云“彊村身不及中人，精神矍铄，言谈颇健”（承新版日记整理者吴蓓女士拈出见示）。数月之前，经龙榆生引荐，尚在中学任教的夏承焘与朱先生建立了通信联系。夏承焘 1929 年 12 月 11 日的日记里，完整记录了彊村老人的第一封亲笔信，其中多有奖掖之辞，老辈风范，跃然纸上，夏承焘读后写道：“谦光下逮，想见其人。”

在后来的回忆中，可见彊村老人给了夏承焘极深极好的印象：“老人博大，虚心，态度和蔼，这对于培养年青人做学问的兴趣，关系极大。”会面中，主客饶有兴致地讨论词集版本、校勘等问题，彊村老人并对夏承焘论辛弃疾的“青兕词坛一老兵,偶能侧媚亦移情”绝句勉励有加，说:“何不多为之？”

其后近半个世纪的时间里,世事沧桑,从壮年到暮年，不论是在钱塘江畔的月轮楼，还是北京的天风阁，夏承焘先生一直埋首于词学研究，相继出版《唐宋词人年谱》《姜白石词编年笺校》等经典之作，成就了一代词学宗师的事业。

彊村老人的殷殷叮嘱，夏承焘深藏心中，也未曾忘记。不过，他再次着笔续作论词绝句的时候，却是在上世纪 60 年代末作为杭州大学“反动学术权威”“禁足居西湖”的日子里。此时“陆续积稿得数十首，亦仓卒未写定”。又过了几年，至 1978 年春，在夫人吴无闻女士的协助下，随改随增，终于完稿，而且“同斟酌疏释”，由夫人完成了注释和题解。吴无闻女士并作《注论词绝句》以纪其事:“乐苑千秋业，词坛一代师。青莲开绮语，白石扫妍辞。注笔楂梨涩,分灯漏更迟。与天争岁月,不许鬓毛知。”（此诗系吴常云先生赐示）

是年 1 月 18 日，夏先生在给学生陈美林的信中写道，香港《大公报》“副总编陈凡不久前来京组稿，拙作遂为取去”,即得先在香港《大公报》的“艺林”副刊陆续刊出。次年 3 月，这部纵论千年词坛、品评历代词家的《瞿髯论词绝句》终于由中华书局正式出版。夏先生字瞿禅，瞿髯是他晚年的自号。

他在前言中追溯此书源起，忆及当年彊村老人勖勉之语，并数十年来光阴不居、时序如流，不禁感慨系之："回溯初着笔时，予客钱塘江上之月轮楼，方在壮年。今蒇事于北京之天风阁，则垂垂老矣。"且云："并世方家，倘蒙指教，片辞之锡，拱璧承之。"

在百废待兴的1979年，《瞿髯论词绝句》之出版不啻空谷足音，首印25000册很快销售一空。1983年2月，继出增订版，再印20000册。夏先生在增订版后记中说："拙著《瞿髯论词绝句》自1979年出版以来，承学术界人士撰文评议、各地友好及读者亦来函指教，至深铭感。此次再版，在原八十二首基础上增加十八首，遵教酌予修订，统此致谢。"

是书初版的责任编辑，是后来曾任国家新闻出版总署副署长、中国出版集团总裁的杨牧之先生。1980年，他撰文《"千年流派我然疑"——〈瞿髯论词绝句〉读后》，发表于当年《读书》杂志第十期，称"夏承焘先生多次和我说起，他对《瞿髯论词绝句》最有感情"。

那么，《瞿髯论词绝句》是一部什么书呢？以诗论诗是中国文学史上的传统，最著名者当属杜甫《戏为六绝句》，其中写初唐四杰之"王杨卢骆当时体，轻薄为文哂未休。尔曹身与名俱灭，不废江河万古流"，为千古传诵的名篇。再如金代元好问的《论诗三十首》，影响深远，后世文人多有仿作，如清代王士禛《戏仿元遗山论诗绝句三十二首》。赵翼《论诗五首》其二“李杜诗篇万口传，至今已觉不新鲜。江山代有才人出，各领风骚数百年”，更是脍炙人口。具体到论词绝句，则大概起源于元明之世，至清代蔚为大观，作者也是不绝如缕。夏承焘先生的《瞿髯论词绝句》增订版恰足百首，既有对从李白、苏轼到纳兰性德、蒋春霖等历代词家知人论世式的品评，又有对文学潮流、时代风尚的论析，还旁及域外诸家，精义迭出，堪称一部浓缩版的简明词史。又有吴无闻女士所作的注释和题解，娓娓道来，很是方便初学者。书中各以四首至六首绝句论苏轼、李清照、辛弃疾、姜夔、张炎，尤其是对“苏辛词派”的标举，可见夏先生的好尚。当然，夏先生也不忘表彰“结一千年词史之局”（钱仲联先生《近百年词坛点将录》中语）的彊村老人：“论定彊村胜觉翁，晚年坡老识深衷。一轮黯淡胡尘里，谁画虞渊落照红？”注解中说，朱彊村词初学吴文英（号觉翁），而青出于蓝胜于蓝，晚年融苏轼豪放词风于委婉绵密之中，自成一家，可以说是唐宋到近代万千词家的殿军。

2017 年，这部精彩纷呈的词学论著由中华书局再版。新版利用中华书局研发的古籍数据库，吸取已故中国社科院文学所刘扬忠先生《〈瞿髯论词绝句〉注解商榷》一文的意见，订正了旧版注解中若干史实、书名误记与引文失校之处。另外，据《月轮山词论集》（中华书局 1979 年版）

收入《李清照词的艺术特色》《论陆游词》《姜夔的词风》三文作为附录，以方便读者更好地了解夏承焘先生的词学观点。这部夏先生颇为自许的著作，引人入胜，足以示后学津梁，对于广大古典诗词爱好者来说，也是很好的入门读物，值得我们细细揣摩和学习。

（原载2017年11月8日《中华读书报》，作者系中华书局大众图书出版中心编辑）

从一篇访谈走进一门学问

——《陟彼景山：十一位中外学者访谈录》编后记

贾雪飞

戴燕教授的《陟彼景山：十一位中外学者访谈录》出版后，来自四面八方的读者通过各种渠道向她提问。问题最集中的有两点：一是怎么想到要做这样的访谈；二是为什么会选择这些先生做访谈。这些先生的研究领域各异，如裘锡圭先生研究文字学，陆谷孙先生研究英语文学，王水照、章培恒、兴膳宏先生研究古典文学，而李学勤、朱维铮先生研究历史，何兆武先生的研究领域则可以算是历史和哲学。戴老师之所以访谈这些先生，应该是说，他们在戴老师眼中是有共性的前辈学者。那么，这个共性是什么呢？

“如果稍微对中国的人文学界有一点了解的话，就会知道我访问过的这些学者，在他们各自的领域，都是公认最好的。就像有一个朋友说的，中国早期的历史也就是通常所说夏商周的历史，在今天能这么受到瞩目，一个那么精深的专业能变成我们时代的显学，李学勤先生功不可没，不管是他主持的倍受争议的夏商周工程，还是他近年负责整理的清华简，都是大家关心的话题。还有裘锡圭先生，他曾被称做‘文科陈景润’，又是芝加哥大学的名誉博士，在他以前，中国的人文学科中，似乎只有胡适享受过这个荣誉。再有，像章培恒先生，他主编的《中国文学史》以及他提倡的将古代文学和现代文学打通的方法，都影响很大。”“而我访问的这些学者，据我所知恰恰都是关心现实的，有很强的社会责任感，有一些还非常勇于直言，这是要特别强调的。”戴燕老师如是说。

也就是说，戴老师访谈的这些学者有两个共性：他们都是当今各领域的学术泰斗，他们在专业上的建树，承前启后地支撑起了当今的中国学术；他们都是有社会责任感、有担当意识的大学者。

为什么会做这样的访谈呢？正如戴燕教授在《陟彼景山：十一位中外学者访谈录》的序言中所说，“从时代的影响和学术的传承来看，他们正好是在我们前面的一代人，是我们要直接继承的一代，如果没有对他们的人及其时代的充分了解，恐怕很难作出公正的评价，同时也难以像老话说的‘鉴往知来’”。了解前辈、接续未来，这是访谈的初衷，也正是将这些访谈结集为书的初衷。

带着这样的时代责任意识和学术传承的使命感做访

谈，十几年间，从北京到上海，戴老师在紧张的研究和教学工作之余，访谈工作未曾间断过。李学勤、章培恒、王水照、裘锡圭、朱维铮、陆谷孙、张信刚、兴膳宏等先生，戴燕老师的对每一位前辈学者的访谈都做了精心的准备，从每位先生的研究领域到他们毕生的研究成果，从他们个人的历史经历到他们学术见解的个性，每一个访谈前准备的内容都是充分而深刻的。对何兆武先生的访谈，戴老师则请好友彭刚先生代为访问。

所以，专业的深度，是这本访谈录最大的特色。作为一位严谨的学者，戴燕老师的每一个访谈，都直指学者研究的最精华处，将他们的治学和人生，他们的追求和梦想，他们的学术主张和专业建树，一一呈现给读者。且访谈稿整理出来之后，都请被访问的学者过目和审定。有的读者评价说，《陟彼景山》一本书，浓缩了当代学人自述的精华，诚不为过。

轻松的带入，是这本访谈录的第二个特点。作为普通读者，我们很可能对这些大学者的研究领域“望而生畏”，如李学勤先生主持的夏商周断代工程，如裘锡圭先生研究的古文字学等，都是专业研究领域的高、精、尖的学问，非普通人能了解的。但通过戴燕老师访谈提问的带入，我们可以轻松走入这些高端的学术领域。例如对裘锡圭先生访谈的各问题为：为什么提出“古典学”重建、“古典学”研究的是作为我们古代文明源头的上古典籍、要努力提高我们对古代文化的研究水平、传世文献与出土文献要很好地结合起来、郭沫若是个了不起的学者、对我影响大的是张政烺先生和朱德熙先生。这些就是裘先生的研究、主张和影响他学术之路的原因。一篇访谈，让我们走进了一个领域。

面对面的温度，是这本访谈录的第三个特点。因为被访谈的前辈学者都是戴燕老师的老师辈学人，都和戴老师很熟悉，“我们互相之间有一定的信任，所以谈话就比较放松”。所以访谈中，在引领读者接近各位先生研究领域的同时，也呈现了这些被访问学者鲜活个性的内容。如陆谷孙先生在访谈中惟妙惟肖地介绍自己如何给学生上课讲《哈姆雷特》剧本，裘锡圭先生严肃认真但也会回忆一下自己曾看过的小说，以及朱维铮先生撇开访谈形式直接拿来一篇文章等，无不使读者身临其境，犹如直接与这些大学者对面而坐，一领他们的音容笑貌。

一代人有一代人的学术，一代人有一代人的担当。无论是宋明的理学、乾嘉的考据，还是近代梁启超、王国维、陈寅恪等的贯通中西之学，每一代学人都在建构自己当代的学术。通过戴燕老师对前辈学人的访谈，我们得以了解那一代学人的学术和他们所经历的时代，以及他们在面对社会变动时是如何做出人生选择，又如何在各自的专业和领域思考历史和未来的。梳理学术脉络，光大前贤，启发后人，这本身就是一种担当。正因为我们的时代学人有这种自觉或不自觉的担当意识，所以足可以相信明天会更好。

（原载 2017 年 3 月 21 日《光明日报》，作者系中华书局上海聚珍文化传媒有限公司编辑）

人生没有白错的字，每一个都算数

——《这些年我们用错的汉字》编辑手记

胡香玉

《这些年我们用错的汉字》，没错，每个人都或多或少地读错、写错、认错过汉字，张冠李戴、豕亥鱼鲁，都是用错。尤其是电子设备流行的今天，我们汉字书写的机会愈加减少，我们写错字的次数愈来愈多，经常提笔忘字，甚至错字连篇。不过，也要感谢我们的用错，不然，我们就无法邂逅这本小书，无法完成一次因缘际会的相遇。

“做‘不错’的中国人，用正确的中国字”，这句凝结着编辑部集体智慧的宣传语也是我们的初衷，用对汉字是每个中国人的基本素养。《这些年我们用错的汉字》原来的名字是《那些年我们用错的汉字》。即将付型时，我们想，那些年用错的汉字难道我们现在不会用错吗？将来也可能继续用错啊？所以，这是一个正在进行时而不是过去时态，于是书名又果断地改为《这些年我们用错的汉字》。

事实证明，这个书名的确更能撩动读者的自我代入感，更容易引发共鸣。

作者程玉合是我的师兄，是一位辛勤的中学语文老师。两年前，常见他在语文茶馆里风趣俏皮地发些文字，自娱自乐的模样很有一番自己的境界和天地。一天，说起我们正在策划的汉字书，聊得颇为投缘，于是他开始每天写一篇汉字文章，结绳记事，量体裁衣，为这本书的诞生准备了充足的“待产包”，后来，我们从这些微信公众号文章里千挑万选，然后把这些文章当作璞玉般进行了“如切如磋，如琢如磨”的锻造。程老师是个写字快手，又刻苦勤奋，他甘愿舍弃掉文章里过于个人化和随意性的“私货”，每次修改文章都毫无怨言，不辞繁琐，一般在第二天一大早就能把我们的建议完美地呈现出来，真是“早起的鸟儿有虫吃”，“精美的石头会唱歌”。

我和程老师交流最多的，是关于本书的附录部分。附录里容易写错的字、容易读错的字以及常见的形近字都是经过很多次修改最后确定保留的经典易错字。最纠结的是品字机构中四个相同独体字组成的外形比较奇特的字，这些外形稀奇古怪的字比较容易吸引眼球，可能更容易引发人们的猎奇心理，关于选择哪些不选择哪些，我们斟酌讨论良久，程老师坚决拒绝和那些现实生活中根本用不到的汉字打交道，拒绝噱头，所以，还有一些外形更特立独行更花哨华丽的网络流行汉字，我们最后都狠心地弃之如敝履了。最后，我们以现行的《汉语大词典》等工具书中能找到的、有实际读音、有准确意义的为标准，经过程老师在大词典的海洋中反复查找，才最终确定了目前书上的这些字。最繁琐的是《那些多对一的繁简字》一篇，很是费了一番工夫，程老师开始罗列过多，后来去粗取精，去伪存真，我又和助理编辑各自核查了一遍《古汉语常用字字典》和《通用规范汉字字典》，程老师又邀请他专门研究古文字的博士同学作外援把关了两遍，我才终于对那些繁体字的组词踏实了一些。

这样一番反复修订，才成就了《这些年我们用错的汉字》这本小书的大致模样。所以，看似一本小书，其实凝聚了很多人的心血和劳动，寄托了很多人的期待和愿望。程老师自始至终一直尽心尽力地配合我的工作，包括修改稿件和查阅各种参考书工具书，我都经常把他视作朋友，毫不客气地请他帮忙。对这种侠义心肠，我也谨记于心，由衷感谢。

由图书的名字，我们知道本书也就是讲了我们读错、写错、认错汉字方面的故事。程老师讲的汉字与我们的生活非常贴近，相当实用。比如《读错字的尴尬》中对“媒妁之言”的“妁”字读法闹的笑话，《别怪我们长得像》对“戊、戍、戌、戎、戒”的区别，都是着眼于汉字的实用性。再如生活中《常说却不会写的字》：儿子，帮妈妈揽勺米来。这个揽，就是我们在日常生活中天天说却不会写的字。另外，程老师对繁体字的麻烦和简体字的简便也有切身体会，比如“忧郁”“乌龟”这四个字的繁体形式，让一个大人写也要花费好长时间，比如双印饭店非要写成“雙印饭店”，搞得一般人摸不着头脑。所以。程老师认为，除非特殊需要，我们还是不妨识繁写简吧。这一点也彰显了程老师“学为人师、身为世范”的师者本心。

程老师常常以调侃、诙谐的语调开场，加入好玩的故事和适当的想象。比如问问“我”是谁？“我”本是一种兵器。小心我用“我”打你。程老师天性幽默、开朗随和，畅所欲言，他以老程自称，亲切自然，让你读这本书时仿佛就像和自己的老师对话，如沐春风，让人时时会心，不觉莞尔。文品即人品，程老师在字里行间传达出的乐观和对生活的态度也常常令我心有戚戚，若有所悟。如《烦是头上火》，烦了怎么办？“可以看看大树参天，看看小河流水，看看蚂蚁拉长了战线搬家不辍，看看蛤蟆待在荷叶上呱呱乱叫。”或者还可以打几行字，在噼里啪啦噼里啪啦的声音中，你就俨然走进了自己的内心，忘记了俗世的烦心。也或者只是自己修为不够，还要练练。在这种自我排解和自我反省中，我们也能跟随作者内心成长的脚印，完成自己的一次修炼历程。所以，读这本书，我们不仅仅是认识了那些容易让人“误入歧途”的汉字，汉字本身精彩的内涵和作者字里行间的温度才是真正的动人之处。

最后，还要感谢美编精美的封面设计和插画师相得益彰的插图，这些都是锦上添花的力量，为本书穿上了漂亮得体的衣裳。作为编辑，我们永远如临深渊，如履薄冰。尽管本书的每一篇文章都有好多双眼睛严格安检审视过，但我们依然可能出现用错汉字的失误，借用一句最近比较流行的话："人生没有白走的路，每一步都算数。"人生没有白错的字，每一个都算数。汉字蕴含的博大精深的传统文化内涵，也值得我们像朝圣者一样去匍匐叩拜、热忱追慕。

（原载 2017 年 9 月 21 日《新华书目报》，作者系中华书局基础图书出版中心编辑）

入职《文史知识》一周年记

赵晨昕

中华书局《文史知识》杂志，至今已有三十六年的历史。三十六年来，《文史知识》始终坚持正确的政治方向和思想导向，始终坚持以传播中国优秀传统文化为己任，始终坚持“大专家写小文章”的办刊方针，始终坚持为最广大的读者服务。三十六年时光荏苒，虽然编辑部的人员有所变化，但始终不变的，是中华书局人那种执着、坚守的信念，正如中华书局的局训——“守正出新”。虽然我来到中华书局《文史知识》刚满一年，却如同相识已久，顺利而自然地融入其中，没有坎坷，也没有不适，用南方的方言说，就是“写意”。个中原因，我想是对中华书局的情怀，是对中华书局的信任，是身为中华书局一员的骄傲与自豪，是作为中华优秀传统文化传播者的深切的责任感与使命感。

政治方向是一份杂志的生命线

《文史知识》的受众面广，读者层次也很复杂，既有国家干部，也面对广大人民群众；既有正当盛年的白领，也有退休的老同志。怎样能把大家的“口味”调合起来，是十分棘手的问题，也一直考验着编辑们的各项素质。首当其冲，我觉得是编辑的政治素质。

对于在中华人民共和国正式出版的任何一份刊物而言，政治方向都是刊物的生命线，《文史知识》自然也不例外。而且，政治方向理应成为这份杂志的生命线和重要关切点之一，毕竟《文史知识》涉及到传播、推广中国古代经济、政治、文化、军事等各个方面的知识，更加需要对刊文的政治方向严格把关、认真鉴别。

从党的十八大到十九大，习近平总书记多次指出要弘扬中华优秀传统文化。什么是优秀，什么是传统文化？这是一个基本问题，不能犯概念上的错误，更不能轻视。今天，我们必须坚持以马克思列宁主义、毛泽东思想、邓小平理论、“三个代表”重要思想、科学发展观和习近平新时代中国特色社会主义思想为指导，思想上要与党中央保持高度一致，不能自说自话，肆意妄为，尤其不能把自己的错误认识和一知半解作为理解党中央的“新解读”而付诸“实践”，这就要犯原则性的错误。进一步说，就是要有所为、有所不为。只有充分正确理解“有所不为”，才能更好地“有所为”。

习近平总书记指出，历史虚无主义、普世价值、西方宪政思潮等错误思潮，是要坚决抵制的，要引起党的高度重视。尤其是历史虚无主义，近年来虚无党史、国史（尤其是近现代史）的文章屡屡见诸个别刊物和杂志，混乱了广大人民群众的思想认识，对社会舆论也产生了一定的负面影响，与此相伴的，一些关于哲学社会科学的奇谈怪论也开始滋生。

针对这些错误思潮，作为一名《文史知识》编辑，要时时刻刻严格要求自己，以习总书记的讲话精神为根本遵循，踏踏实实、认认真真做好编辑工作。总结起来，有以下三点需要特别注意：一是要“苦练内功”。提高自己的政治水平和思想认识，坚决与历史虚无主义、普世价值、西方宪政思潮等错误思潮作斗争，认清宣传出版领域的形势。这其中，尤以历史虚无主义容易渗透入《文史知识》。比如一些关于近、现代史的敏感问题：一些历史人物如李鸿章、慈禧太后等的评价问题，以及一些重大历史事件如辛亥革命、戊戌维新等的历史地位问题，就要以党中央和国务院发布的相关历史决议为准绳，以学术界的主流意见为参照，不能自由发挥，尤其不能站在党和人民的对立面上议论、“探讨”这些问题，在审稿时要自觉关注这些问题，提高自己的政治意识。二是要提高日常审稿的警惕性。对于一些老同志的回忆文章，要特别注意特殊历史时期、特殊历史事件的表述和称谓，如果违反了中央宣传的相关规定，就要及时指出，及时向上级领导汇报，否则会给《文史知识》带来不可估量的负面影响。三是认真对待一些细节，提高政治敏感性。尤其涉及到当代政治表述，更要小心谨慎。要密切关注党中央和国务院相关部门出台的各项决议规定，与党中央保持高度一致。作为中华书局《文史知识》的一名合格编辑，政治方向这一点要常抓不懈，也是编辑提高自身修养的重要环节。

以读者需求为风向标

《文史知识》这份杂志，走过了风风雨雨三十六年，在中华书局领导的亲切关怀下，形成现在颇具影响力的局面。这是历代编辑部同仁共同协作、呕心沥血的硕果。我作为一名新人，既享受到了这份“硕果”带给自己的喜悦，又深感责任重大，一定要和同事们一起把《文史知识》办得更好。2017 年，《文史知识》的销量稳中有升，在纸媒销量普遍下滑的现在，实属不易。这一良好形势的产生，有多方面的因素，既有传统文化复兴的大环境影响，也有杂志自身定位的原因；既有读者的热爱与力捧，也有作者和编辑之间亲密无间的配合；三十六年风雨兼程，广大读者和编辑、作者一起开创了现在《文史知识》的良好局面。

当然，《文史知识》也不是一帆风顺的，仍然存在一些问题，虽然这些问题并不太大，更不是“致命伤”，但是，作为一个完美主义者，也作为一个新人，面对着自己热爱的一份杂志，一份有着三十六年传统的杂志，我想结合日常工作实践，讲一讲自己的想法和思路，希冀能够为《文史知识》锦上添花。

首先，《文史知识》的宗旨是“大专家写小文章”，就是要通过权威学者、研究人员为大家传递正确的中国古代文化（含政治、经济、社会、军事等等各方面）的知识和常识，提高广大读者的传统文化修养，这一目标，与弘扬中华优秀传统文化是高度契合的。回眸过去，改革开放之初，因为传统文化市场供远远小于求，文化出版物相对较少，出版物内容相对单一，《文史知识》填补了文化市场的资源稀缺，树立了品牌，成功占领了中国传统文化通俗出版物市场的大半壁江山。而随着市场的发展和拓宽，文化市场进入了竞争激烈的衰退期，大量相似甚至雷同的刊物不断涌现，开始挤占《文史知识》的市场，而随着互联网大发展，自媒体的信息大轰炸更加剧了《文史知识》面临的市场萎缩问题，面对这样的大环境，编辑确实要有忧患意识。

其次，《文史知识》的读者群和作者队伍，相对三十六年前已经发生了翻天覆地的变化，读者的年龄层次、学历层次等等因素导致他们的阅读方向和兴趣发生了根本的转变；相应的，作者队伍也是“江山代有人才出”，年龄层次、性别和写作风格也在改变；随之而来的，《文史知识》的办刊风格和内容也在不断微调和变化。

针对大环境，要使读者更加喜欢并购买《文史知识》，根本在于了解读者，认知读者，读懂读者。可以通过广泛的摸底和调查进一步了解读者，扩大市场：如通过各种活动调查广大读者的年龄、性别、学历分布，由此进一步开展市场细分，了解他们的喜好和阅读习惯。举个很有趣的例子：食客到了一间餐厅，点餐要鱼香肉丝，餐厅说只有焦圈豆汁，您爱吃不吃。这其实就是没有充分了解客户需求，是一意孤行，完全不了解市场的短视行为。作为《文史知识》的编辑，手中拥有大量的作者资源，持有合适的选题，却不知道怎么发挥，不知道给读者“上什么菜”，更不知道读者“爱吃什么菜”，这对一个以市场为风向标的杂志而言，确实有些“自行其是”。要找到读者（市场）和作者的共同兴趣点，是这份杂志“守正出新”的关键，也是以市场为风向标的具体体现。当然，在这一过程中需要做大量准备工作，而且即使读者选择了风向，也要看这一“风向”是否符合中央的精神,以及是否符合出版法规。

现在《文史知识》的作者队伍，其实还值得进一步挖掘，许多作者仍然是十年、二十年前的老作者。这些老作者是当初创办刊物的有功之臣，当然重要，但培育新作者也是《文史知识》可持续、良性发展的重要因素。要培养、培育作者，就是要建立《文史知识》富有层次和特色的年轻作者队伍，说得更通俗一些，就是培养属于《文史知识》

自己的“明星作者”。随便翻开一本二十年前的《文史知识》，其中的大部分作者，不说在今天如雷贯耳，也是赫赫有名。实际上，《文史知识》不仅善于发掘人才，更善于培养人才，这些作者最终成为新时期学术界的领军人物。培育新作者，应该坚持下去。这其实也是继承了《文史知识》的老传统，并且遵循了中华书局“守正出新”的局训。

充分发挥新媒体的优势

随着自媒体的快速发展，无论从传播力，还是从消费能力而言，出版业，尤其是期刊出版业面临着巨大的挑战，越来越多的优秀文章通过自媒体呈现在读者的面前。这些文章短小精悍，富有活力，适合于读者的碎片化阅读需要，对纸媒产生了巨大的冲击。在信息爆炸、信息高速传播、互联网大发展的今天，读者（终端）想要的信息、知识和资料基本都可以通过各种手段得到（付费和免费是形式，略去不谈）。今天世界上各种知识和消息的获取能力超过了以往任何时代，伴随这种快速发展，出版业不进则退，《时代周刊》纸媒的消亡，早早地敲响了纸媒时代结束的警钟。在这样严峻的形势下，期刊出版业就要有新的应对措施以继续生存，如一博两微（博客、微博、微信）。这些传播手段的更新，在促进信息传播、知识普及方面具有非常重要的作用，同时也能让纸媒焕发新的青春活力。举例来说：《文史知识》微信公众号，从 2016 年底到 2017

年 6 月，读者增加了 40%，微信读者数量月均增长 3%—4%，让我看到了“微传播”和自媒体的重要性。更令我惊讶的是，《文史知识》的纸质刊物也增加了销量。这正充分说明自媒体的强大，也说明微传播对纸媒的促进。下面，我以《文史知识》微信公众号为例，谈一谈自己对微信和纸媒互相促进发展的想法和见解。

微信正在取代 QQ 和微博，成为年轻人和中年人最重要，也是使用最为广泛的社交软件，现在 50 岁以下的手机用户，几乎都有微信，一个消息、一篇文章一传十、十传百、百传千，不久全国都知道了，可见传播能力的强大。善用微信，不仅会起到很好的传播推广作用，而且能影响纸质刊物的销量，推动纸媒与微传播的共同发展。这又可以细分成两个方面：

一是通过建立微信公众号，免费推广自己。通过《文史知识》的微信公众号刊登纸刊上的文章，为自己做宣传、打广告，进一步促进销售，这一营销手段的对象主要是年轻人，让他们能够选择《文史知识》。我在选取微信所要刊发的文章时，会特别关注热点话题，以吸引年轻读者；同时，在与同龄人交流时，会迫切地了解他们想什么，喜欢什么，并转换为选文和选题的标准。高点击量的文章，往往对这一期的《文史知识》销量有着巨大的影响，比如 2016 年第 10 期中《启大爷——一个海外学人对父辈角色的怀念与思考》一文，微信点击量相当可观，而这一期的

《文史知识》也已售罄，充分说明自媒体与纸媒相互融合、互相促进的巨大优势。

二是通过微信公众号，能够推出一些“量身定做”的专门服务。比如有些读者要看某一期，我们可以通过微信完成电子期刊的交易（当然，这其中仍要借鉴一些经验，并经过一定论证）；还可以就某些读者喜欢的栏目和单独的文章，通过订购开通永久使用和下载权，方便读者使用。这样，提升了读者对于电子版的兴趣，很多读者更有兴趣购买纸刊，也能进一步促进纸刊的发展。

我们赶上了信息时代，这是一个迅速发展的时代，也是一个充满机遇与挑战的时代。在这一时代的大潮中，我相信，纸刊不会死亡，只是处在一个过渡时期，微传媒与纸刊能够互相存进，共同发展，最终互利共赢。

（原载《书品》2017年第四辑，作者系中华书局大众图书出版中心《文史知识》编辑部编辑）

书里书外

谈《魏书》及“北朝四史”的点校与修订

徐　俊

（一）“北朝四史”的点校概况

随着“二十四史”修订本陆续问世，当年各史的点校历程，成为大家所乐知的话题，如《史记》与“二十四史”点校的序幕、两《五代史》与“上海五史”点校的情况等。《魏书》是“北朝四史”之一，南北朝“八书二史”主要由王仲荦、唐长孺两位史学大家分别主持完成，受到学术界的推崇和读者的好评。能否请您谈谈当年的情况？

徐俊：南北朝诸史分别由王仲荦先生所在的山东大学历史系和唐长孺先生所在的武汉大学历史系承担，这是在“二十四史”点校开始之初就确定了的。在1958年拟定的《标点二十四史（普通本）约稿计划》中，就已经明确宋齐梁陈四书和《南史》（即所谓“南朝五史”）由王仲荦先生负责，《魏书》《北齐书》《周书》《北史》（即所谓“北朝四史”）由唐长孺先生负责。《隋书》起初也希望武大承担，武大表示有困难后，又曾动员山大承担，最终没有达成，另作了安排。

“北朝四史”点校工作开始于1960年底，在1963年秋唐长孺先生借调进京之前，主要在武汉进行。武大历史系成立了北朝四史点校小组。点校小组共七人，唐先生担任组长，成员有陈仲安、石泉、赵婷、陈庆中、曹绍廉、谭两宜等，其中陈仲安先生后来作为唐先生助手，全程参加了“北朝四史”点校。

档案保存了石泉先生1961年4月12日给中华书局编辑部的信，提出改进工作的三点意见，同时也介绍了点校小组的情况：

> 从去年年底以来，在我系参加了由您局组织领导的校点北朝四史的工作，由于没有经验，我们走过弯路，进度很慢，我们也一直在摸索，希望找到些多快好省的办法，以求既提高新版本的质量，又能加快工作进度。
>
> 按我们目前的工作进度与工作状况（例如病号多，经常只有四五人进行工作，最近以来又不能全时间搞，工作质量不齐，办法也不多，副组长姚薇元先生因课忙，始终也未参加这一工作……），能在年底以前完成北齐、北周二书（约四十万字）就算不错，……如果还要继续搞《魏书》、《北史》两部大书，

照现在这样的进度，真不知道会拖到哪年？

当年5月，具体负责“二十四史”点校的赵守俨先生到武汉、济南出差，了解点校情况。“武汉大学校点的北朝四史，暑假前可完成《周书》、《北齐书》的本校和与《北史》的校勘。估计再有七个星期可以完成这项工作。”“明年只能完成《魏书》一种。不同意担任《隋书》的校点工作，唐长孺表示可以把资料提供给山东大学参考。”（中华书局总编室《业务情况》1961年第10号）

事实上，由于各方面原因，包括“北朝四史”在内的各史都没能按计划推进。在此期间，“北朝四史”点校小组的工作主要集中在《周书》和《北齐书》，从档案保存的与武大方面的往返书信看，点校工作还处在摸索阶段。1963年秋到1966年“文革”开始，唐长孺、陈仲安先生借调进京集中校史，《周书》全部完成并付型，未及付印，《北齐书》基本完成。所以从大的时间段上说，“北朝四史”的出版都在1971年重新启动点校之后，《周书》1971年11月出版，《北齐书》1972年11月出版。《魏书》《北史》的主要点校工作都在1971年以后进行，《魏书》1974年6月出版，《北史》1974年10月出版。

唐长孺先生曾经说：“回顾自六四年以来，校勘北（朝）四史先后六年，中经十年浩劫，我精力旺盛时期也就这样过去了。七四年后，我大部分时间在整理吐鲁番文书。我想这二十年来，如果说有什么微薄成果，恐怕是在古文献整理方面。”（1987 年 9 月 3 日致张泽咸信，张泽咸《温故与怀念》，《魏晋南北朝隋唐史资料》第 21 辑）从 1960 年底算起，“北朝四史”点校历时近十五年。其间 1963 年、1967 年、1971 年，唐长孺、陈仲安先生三次奉调进京，在中华书局工作近十个年头。1975 年以后，唐先生又被借调到国家文物局文献研究室，开始了长达十年的吐鲁番文书整理。

（二）唐长孺先生等进京及翠微校史

在历时二十年的“二十四史”点校历程中，先后三次都在借调进京之列的，为数不多，唐长孺先生就是其中之一。唐先生等一批学者借调进京，翠微校史成为学术界传诵的佳话，当时哪些因素促成了外地学者进京集中校史？

徐俊：从 1958 年 9·13 会议落实毛泽东主席指示、部署“二十四史”点校起，到 1978 年初最后一种《宋史》出版，历时二十年，其间 1963 年—1966 年、1967 年—1968 年、1971 年—1977 年，参加点校的外地学者，先后三次进京集中校史，很多先生在中华书局工作了十年左右，唐长孺先生就是其中的一位。

促成进京集中校史的直接原因是进度的一再拖延。现在来看，当时对“二十四史”点校工作所需要的时间严重估计不足，或者说实际工作难度和所需时间与有关部门的要求之间的差距实在太大。1958 年 9 月确定的最早计划是向国庆十周年献礼，结果只完成《史记》一种。1960

年 10 月古籍小组制定《三年至八年（1960—1967）整理和出版古籍的重点规划》，在规划颁行前，齐燕铭致函教育部杨秀峰部长，要求“高等学校协作整理古籍”。据古籍小组代教育部拟文底稿，教育部也曾发文要求凡承担的学校都应采取具体的有效措施，切实抓紧对这一工作的领导和具体指导，争取在 1961 年底以前完成。

而实际情况是，到 1961 年 12 月初才落实辽金元三史“校点工作由翁独健、冯家昇、傅乐焕三位先生负全责”。其他已经开展但进行得不很顺利的，还有南北朝八书、南北史、两《唐书》和两《五代史》。赵守俨先生说：“除新旧《唐书》须另作研究外，其余各史的人选都基本上适当，主要是因为时间没有保证，迟迟未能完成。”武大方面，唐长孺先生新接手了《中国通史参考资料》魏晋南北朝分册的编写任务，教学任务也比较重，《周书》《北齐书》不得不暂停。

在 5 月份赵守俨先生出差山大的时候，王仲荦先生就曾建议在《南齐书》《梁书》两史校点工作大致就绪后，最好能到北京工作一个时期，以便于统一双方意见、及时解决问题。王仲荦先生的这个建议，是今天我们能看到的关于借调进京集中工作的起始点。12 月，赵守俨先生起草了《关于各史校点者借调问题的建议》，随后又代拟了金灿然致教育部刘皑风副部长的信，金灿然签发，并同时抄送了齐燕铭。

赵先生在《关于各史校点者借调问题的建议》中说：“目前亟待解决者为南北朝八书。建议设法先调王仲荦、卢振华两先生来京，集中时间作好这两部书。”武大担任的《周书》差一点就可以完成，《北齐书》也已做完对校和初点。“就进展来说，借调唐长孺先生也是可以考虑的。惟鉴于他正在编写教材，在系里担负的教学任务较重……拟作为第二步进行。”这一次的动议，只促成了启动山大方面的借调，1962 年 1 月 24 日，教育部向山东大学发出题为“借调你校历史系王仲荦教授和卢振华副教授去中华书局工作半年”的“62 教人师调字第 30 号”文，王仲荦先生 1962 年 11 月借调进京。

到 1963 年，“二十四史”点校已经开展四年多，进度迟缓，只出了三种，金灿然说：“照这样下去，恐怕再过十年也不能毕功。”这年 5 月，金灿然向中宣部部长周扬做了汇报，请求解决各校担任校点的教师集中时间精力进行点校的问题。周扬作了四点指示：（1）必须抓紧进行，要求在 1964 年内完成；（2）为了保证校点工作能够顺利进行，可以借调担任校点的有关教师来京，使他们集中时间精力，专心从事整理；（3）可以适当补充人手；（4）编写参考教材的工作如与“二十四史”的整理在时间、人力上发生矛盾，参考教材可以让路。因为有周扬 1964 年底完成的时限要求，所以借调工作迅速落实。

5 月 22 日，曾任中宣部教育处处长，1961 年后负责高等学校文科教材编审工作的吴寄寒召集包之静（中宣部新闻出版处）、金灿然（中华书局）等专门商量借调之事，会上胡沙代表教育部党组表示将大力支持这一工作，尽可能协助调集有关校点人员来京。会议确定了各史的人员和进度安排，其中武汉大学承担《魏书》《北齐书》《周书》《北史》；借调人员：唐长孺；时间安排：1963年内完成《北齐书》《周书》，1964年内完成《魏书》《北史》。借调名单中还有：

山东大学王仲荦（总负责）、卢振华、张维华（三人可不必同时来京）；

中山大学刘节、董家遵（暂不调京）；

北京师范大学刘乃和（陈垣助手，请该校保证他们的工作时间）；

吉林大学罗继祖（新商定的校点者，尚未征得学校同意）；

南开大学郑天挺（现在北京主持历史教材的编写，请他多留半年完成《明史》）；

杭州大学任铭善（参加发稿前的复审工作，尚未征得学校同意）。

胡沙另外表示，担任项目较多的学校，可以加调一两位青年教师作为助手，一方面可以加速工作进度，同时也可以使他们通过实际工作得到锻炼，具体人选可由有关学校指定。所以最终陈仲安先生作为助手与唐长孺先生一同进京。

随后的7月，教育部向武汉大学、山东大学、中山大学、南开大学发出“借调教师来京校点二十四史”文（63教二蒋旭字第1148号），向吉林大学发出“借调历史系教师罗继祖来京参加二十四史校点工作”文（63教二蒋旭字第1150号）。8月，中宣部又发文给湖北、山东、广东、吉林、河北、浙江省委宣传部（1963年发文第383号）：“整理出版二十四史，是中央交待的任务。中华书局和北京的人力很不够，整理工作进度太慢。为了促使这一工作早日完成，必须借调外地的专家共同来进行。”“关于借调外地专家事，教育部已经通知有关学校或教育厅。有的学校曾来信提出困难，要求免调。但鉴于此项任务繁重，请你们同有关学校或教育厅会商，尽量克服困难，予以支持，务请于暑期内调来（专家名单略）。”

1963年秋冬间，名单中的大多数学者陆续来到北京，入住翠微路二号大院，加上来自民族所的傅乐焕先生、从山西教育学院借调的王永兴先生等，一直到1966年“文革”爆发工作暂停，这一时期就是被大家传为佳话的“翠微校史”。

1963年—1966年为期约三年的集中校史，对“二十四史”点校在学术质量上的作用和意义至关重大。此前《史记》《三国志》等各史由个人承担，分散点校，以标点为主，只做简单校勘。1963年后各史点校者集中工作，集体生活，相互讨论，很多共性的问题通过讨论形成了共识和处置办法。校勘方面则明确要求做好“本校”（本书有关部分互校）和“他校”（参校有关史籍），而且要求做得比较彻底，不能信手翻查，并强调尽可能吸收前人研究成果中的正确意见。重新拟定的校勘细则包括：（1）凡改字的地方，都要写出校勘记，说明根据和理由；（2）采用成说，要说明出处，错误的意见不取；（3）别本、别书的错误，两通的异文，无关重要的虚字的出入，一律不入校勘记；（4）用本校、他校发现的问题，除极有把握的以外，一般只写校勘记，不改本文；（5）校勘记尽可能作出判断；（6）属于史实出入的，不写校记。半个多世纪之后的今天来看，这六条可以说已经成为现代古籍校勘的基本原则，也直接影响和主导了后来的点校工作，即使1971年重新启动点校后又有一些新的要求，也基本没有偏离1963年确定的主旨。

（三）《魏书》点校的两个阶段

“北朝四史”的出版都在1971年重新启动点校工作之后，《魏书》1974年出版，主要点校工作是在1971年以后进行的，那“文革”前《魏书》点校是怎么样的情况？

徐俊：简单说《魏书》点校可以分为前后两个阶段。“北朝四史”点校，从开始阶段在武汉到1963年后在北京，点校组的主要时间和精力都集中在《周书》《北齐书》，1966年“文革”开始前，由唐长孺先生亲自承担并基本完成。1971年后，唐长孺先生负责《魏书》，陈仲安先生负责《北史》，分别承担完成。虽然1963年—1966年由其他人承担过《魏书》点校前期工作，但“北朝四史”自始至终都由唐长孺先生主持。

从现有档案资料看，1963年—1966年这一阶段《魏书》点校并未搁置，而主要由王永兴、汪绍楹先生承担。

在2002年中华书局成立九十周年之际，王永兴先生写过一篇《我与中华书局》，他说：

> 1963年，我从山西太原借调到中华书局，参加点校“二十四史”工作，这是我与中华书局缔交长期友好关系的开始。但不到一年，太原有令来，命我立即回山西。在反右运动中，因株连，我被遣送到山西太原，控制使用，改造思想，我没有留在中华书局的自由。在中华书局短短的十个月中，实际主持校点“二十四史”工作的是赵守俨先生，他待人真诚友好，在校点工作中帮助我。他知道我被遣送后的处境与生活，安慰我，因而我与他结下了一生相知相勉的友谊。

王先生在点校中所承担的具体工作，他本人和各种回忆文章很少被提及。在档案所存1964年“二十四史”小组工作汇报中，有几次比较集中地谈到了王永兴先生所承担的工作。7月8日的汇报中说：

> 《魏书》——王永兴先生《册府元龟》对校工作本周内可以结束，关于下一步工作如何进行问题，王先生曾和唐长孺先生商量过，大致打算这样进行：石刻方面的校《金石萃编》、《八琼室金石补正》、《汉魏

晋南北朝墓志集释》等三种。《太平御览》、《北史》、《通鉴》，唐先生意见，《通鉴》不作通校，有问题时查一查。其余就是《十七史商榷》、《廿二史考异》等吸取前人成果的工作。王永兴要求和守俨同志谈一谈具体作法（赵守俨眉批：已谈好，先校《御览》）。

9月5日的汇报中说：

王永兴先生的《魏书》工作，由于家属来京过暑假，时间上有些影响，校《御览》的工作预计再有一周到十天的时间才可以完成。《御览》校完后，准备校石刻，先校赵万里的《汉魏南北朝墓志集释》和《八琼室金石补正》，这两部书现在都在唐先生手头用着，恐怕抽不出来，是否需要再各买一部。其次想吸取日本人对《魏书》的研究成果，根据《敦煌资料》里有些目录，北图和科学院图书馆的《东洋杂志》、《史学杂志》（日文），不知能不能联系借出来，如果不能借，还需要王先生自己去看。《魏延昌地形志》，已确知北大图书馆有，准备下星期去联系和了解一下情况，如果不能借、抄，还是照像或采用别的办法再作决定。王永兴先生打算校完了以上各书，再参考二张校勘记即开始写校记。

此后，按照赵守俨先生的布置，王永兴先生于11月底完成了三卷样稿，王先生在交稿信中说："这三卷书，在《魏书》一百三十卷中，无论就篇页数，或校勘上来讲，都是中等。”“平均起来，每卷用时将近六天。版本校和标点用时二天，将近四天写校记。版本校和标点的时间，可能压缩在一天半之内，写校记的时间，只能稍加压缩。总之，校点一卷的时间，恐不能少于四天，可能要用五天。”还对干支校勘做了说明，最后附言：“日人内田智雄编写的《中国历代刑法志》，其中有《魏书》部分，在校勘上是有用的，最好能买一部。”编辑部的两位先生审查了样稿，其中吴翊如先生审读了卷七上《高祖纪上》，撰写了十九页审稿意见，指出标点校勘错误及不合规范之处，吴翊如先生说，“所贵乎专家者，希望能在骨节眼上解决问题”，而恰恰“不像是一位老师傅手里出的活”。吴先生的话比较苛刻，细究所提意见涉及到的问题，一方面是校勘记的判断是否允当与内容是否充实，一方面是对标点规则的理解与实践，脱开一点看，其实都是点校者刚着手时常见的现象。

12 月底，王永兴先生又提交了卷二《太祖纪》、卷一一一《刑罚志》共两卷，并对分段提了初步意见。赵守俨先生亲自审稿，对校勘记逐条提出了修改意见。从这段时间一再撰写、审读、修改样稿的情况看，与编辑部的计划是一致的，即计划由王永兴先生承担《魏书》点校，但仍由唐长孺先生定稿。

王永兴先生中止《魏书》的工作，是“太原有令来”，根据 1965 年 1 月 18 日—23 日“古代史工作周报”所记下周工作重点，有“与王永兴办《魏书》校勘资料的交接”的工作预备，王永兴先生在1965年春节前后，应该就离开北京回山西了。据“二十四史”整理工作简报可知，王先生离开中华，相关资料移交给了借调在中华的另一位先生汪绍楹。

汪绍楹先生是一位古籍整理专家，程毅中先生曾以《怀念古籍整理专业户汪绍楹先生》为题，对他整理的《太平广记》《艺文类聚》给予高度评价。汪先生除了曾经参与《魏书》的点校外，还是《隋书》的前期点校者。1965年初，汪先生接受继续点校《魏书》的任务后，起草了《魏书校点进行计划》五纸，对《魏书》版本校、本证与前人成果、北魏部族姓氏译音、西域地名人名、《魏书》地形志等方面谈了具体意见，最后表示校点时间估计约两年零四个月。

另外从汪先生的计划和赵守俨先生的批语，我们可以比较清楚地了解王永兴先生所做的工作和程度：（1）以殿本为底本，通校百衲本和《北史》，但没有做其他版本校，所以没有完整版本校记录；（2）完成了《册府》《御览》等他书校，以卡片做了校勘记录，“基本上相当仔细”；（3）本校工作似未完整通校；（4）前人成果，拟随校随对。

汪先生这份计划最重要的一点，是在文末另列一项，从百衲本影宋本阙卷校语、殿本沿北监本多臆改、殿本讳字回改，以及增加南监本（多与宋本合且与王先谦校记所据本相近）等方面，根据校勘实际，提出将《魏书》底本改用百衲本。赵守俨先生 4 月 5 日批示："改用百衲本作底本，须征求唐先生意见，北朝各史须保持一个体系。此书如决定汪校点，似应向他说明：多多依靠唐先生，仍请唐先生定稿。"

从 1965 年 4 月到 1966 年春，汪绍楹先生的《魏书》点校工作约一年时间，按他两年四个月的计划，全部工作约将过半。据赵守俨先生 1971 年 2 月 19 日起草的《整理二十四史工作情况简介》，截至"文革"开始，"《魏书》，汪绍楹点校，基本完成，待加工。《北史》，唐长孺、陈仲安点校，未完成，部分标点过。北朝史由唐长孺总负责"。并对工作安排的先后变动做了说明：《魏书》先交武汉大学点校，1963 年以前始终没有动手。"后来由王永兴担任，因工作质量不高，又换汪绍楹。"

归纳而言，《魏书》第一阶段的工作，由王永兴先生基本完成他书校勘，并试做样稿；由汪绍楹先生在已有资料的基础上点校并撰写校勘记，"基本完成，待加工"。

另外在 1967 年春"二十四史"点校曾经短暂上马，分为七个组进行工作，第一组就是北朝各史，前后历时一年，基本上按原来办法进行工作，新的点校原则始终未确定，进展不大。这一时期武大历史系除了唐长孺、陈仲安先生外，增加了姚薇元先生。

《魏书》点校的后一阶段，也即最终成书阶段，在

1971 年之后，由唐先生在前一阶段工作基础上重新点校，撰写校勘记。通校了百衲本、南监本、殿本、金陵书局本，参校了北监本、汲古阁本。实际操作中，以百衲本为工作本，诸本相较，择善而从，形成了后来通行的《魏书》点校本。

这个阶段的工作地点在王府井大街 36 号，唐先生自己完成了《魏书》点校，负责陈仲安先生点校《北史》的定稿，参与了《晋书》载记部分的复审加工。唐先生跟中华员工一样，每天都拿着饭盆去食堂打饭。唐先生和陈仲安先生常在下班之后、上班之前，赶在清洁工之前，主动打扫楼道、擦拭楼梯扶手。唐先生每月交党费，与白寿彝先生都交一百二十元，差不多是他一半的工资，相当于一个年轻人月工资的两倍多！书局当年参加点校责编的老编辑魏连科、张忱石先生等，都撰有专文深情回忆唐长孺先生校史生活，生动感人。

（四）唐长孺先生“北朝四史”的校勘风格

唐长孺先生主持的“北朝四史”，在“二十四史”点校本中最受好评，尤其是他校勘与研究相结合的风格，受到史学界的推许，您对此怎么看？

徐俊：唐长孺先生主持点校的“北朝四史”，在点校本“二十四史”中最得学术界盛誉，被称为古籍整理的范本。这当然与唐长孺先生精深的学术造诣有关。唐先生以深厚的学术积累和过人的见识判断，以他对南北朝史实和文献的熟知，充分利用前人成果和新出史料，发前人之所未发，形成了独特的校勘与研究结合的风格。放到点校本“二十四史”系列中看,“北朝四史”区别于早期出版的“前四史”，体例上不再是简单的版本对校，不限于仅仅刺取前人成说用于校勘；与其后“上海五史”等在反对繁琐校勘的思想主导下的集体成果，反差更大。因此 1963 年前后同时开展的、由“南王北唐”分别负责的南北朝诸史，标点校勘的整体质量,都堪称上乘,而唐先生所主持的“北朝四史”特点更为鲜明。

“北朝四史”最鲜明的特点，就是学术界常称道的校勘与研究的结合，用古籍整理的通常表述是校史与考史结合。魏晋南北朝史学者、已故唐门老弟子高敏先生对点校本《魏书》的特点有非常详细的概括，他一一列举了点校所用的近四十种文献和前人著作，指出点校本不仅以现有能看到的各种不同版本进行了精心细致的校勘，还用《御览》《册府》《通鉴》等及清人赵翼、王鸣盛、钱大昕等人的著作，“对《魏书》史料或进行校勘，或予以补充，或给以考证”，“其引书之富、校勘之细、考证之精和标点之准，在整个二十四史点校本中是首屈一指的”（高敏《魏书说略》,《二十五史说略》)。

唐先生校史与考史结合的风格，当然首先与他的学术追求有关，对此我没有能力评说。但放到当时点校工作总体背景下，形成这样明显区别于其他诸史的风格，有哪些古籍整理层面的原因，或许是一个可以关注的角度。

首先是 1963 年重新拟定的校勘细则的作用，尤其是“他校”的引入，使点校工作更加完善和规范。按照新的校勘细则,明确要求做好“本校”的同时,要做好“他校”,而且要“做得比较彻底,不能信手翻查”,其中通校《册府》是南北朝诸史校勘中的亮点，王仲荦先生曾就此回忆说：

> 唐长孺教授和我在会上提议用《册府元龟》校南北十史，陈援庵先生在会外早已提到，所以很顺利地通过了。我们校了宋本、三朝递修本、南监本、北监本、殿本、局本，还采用了张森楷的校记、张元济的校记，又增加了用《册府元龟》来参校，尽管标点上还可能会发现一些小错误,校勘的质量却是较有保证的。(王仲荦《谈谈我的治学经过》,《文史哲》1984 年第 3 期)

1963 年新校勘细则还强调尽可能吸收前人研究成果中的正确意见，校勘记尽可能作出判断。南北朝诸史点校同时展开，在版本选择、他书校勘、前人校勘资料取用、校勘尺度方面，都大体相似。

其次，“北朝四史”中《魏书》《周书》《北齐书》都残缺严重，宋以来形成的补缺文本和文本讹误，在版本校勘不能解决的情况下，“他校”和“理校”成为不能回避的选择，我个人觉得这是形成唐先生所撰校勘记面貌的一个直接原因。“北朝四史”校勘记在理校和考证方面，明显多于“南朝五史”，论证表述也相对复杂，有的校勘记多至数百上千字。造成二者间的差别，也与南北朝诸史的残缺完好程度不同有关。

唐先生最先着手的是《北齐书》《周书》，而《北齐书》《周书》残缺尤甚，最早在宋代就已经散佚不全。传本《北齐书》原书仅存三分之一，用《北史》和唐人史抄所补的部分，还常有删节，因此所补缺文的讹误较多，与现存文献之间的差异也比较大。所以，点校本《北齐书》在校勘记之外，还特别在全书末增加了《点校后记》，这是《史记》之后仅有的一例。传本《魏书》也经过后人补缺，但正文注“阙”、“阙字”的还有二十九卷之多，文字窜简现象也不少，还有后人据他书补字但没有注明的。通常来说，“二十四史”各史不同版本系统之间都存在程度不同的异文，但像北朝诸史这样复杂的情况，是相对特殊的。换句话说，文本的复杂性，是校勘记不得不复杂的原因。

唐先生校勘记中，最被称道的是“他校”的成果，其中成效最大的莫过于通校《册府》。以《册府》补《魏书》，从陈垣到唐长孺，从百衲本到点校本，几乎是每言必及的佳谈。请您介绍一下《魏书》脱叶先后被发现和补缺的情况。

徐俊：百衲本《魏书》于 1934 年出版，其中《乐志》第十二叶为阙叶。后来陈垣先生从《册府元龟》中找出《魏书·乐志》的脱文，所补文字正合宋版一叶，若合符节，学术界叹为奇获。1944 年百衲本“二十四史”再版，《魏书》

据补了《乐志》缺叶。陈垣致信傅增湘说："此叶自靖康以来沉霾千载，南宋元明清诸儒从未及见，今一旦复得之，其快慰为何如耶！稍暇拟付影印，以广流传，想凡有百衲本《魏书》者无不欲得此一叶也。"（1942 年 4 月 15 日信）"公试检之，必叹其吻合之神也。"（4 月 21 日信）很快傅增湘又转寄给张元济，张元济看到后"为之狂喜"，并推而论之，"《通典》、《通志》、《册府元龟》为古书一大渊薮，循此推之，旧史缺文必尚可收获不少也"（张元济致傅增湘 5 月 15 日信）。

张元济的推测在《魏书》点校中得到了验证。《魏书》中的另外两处脱叶，《礼志》和《刑罚志》的脱叶，因文字似乎衔接，向来无人注意，点校本据《册府》《通典》补足。这个情况在点校本《魏书》出版说明中有交待，没有明确说由谁发现，后人因为点校由唐先生主持，逐渐归之于唐先生。这在魏连科、张忱石等老编审的回忆文章中，在我们出版的《唐长孺文集》前言中，都有类似表述。然而从现存档案看，至少《刑罚志》的缺叶是负责通校《册府》的王永兴先生发现的。在前引汪绍楹先生《魏书校点进行计划》的开篇，有这样一段文字：

> 王永兴先生据殿本《魏书》校《北史》、《元龟》等，大体完毕，现据资料卡片来看，基本上相当仔细。尤其是卷一一一《刑罚志》（衲本十四页末"应有迟疑而"下）据《元龟》六一五校出缺页一纸，全

文共三百十七字。（百衲本缺十五页，殿本衔接连下，今据《元龟》校出三百十七字，正约合一页。宋本页三百二十四字。）是很可宝贵的。

这一点在赵守俨先生对王永兴先生所作《刑罚志》样稿的意见中也能得到印证，赵先生意见中详细论说了这段新补文字的断句和文意。

还原档案所见的真实情况，并不是为了划定“发明权”，相反我更希望透过这样的校补特例，通过对校补过程的理解，看到唐长孺先生以及点校本《魏书》在史文补缺和文本校订上所显示的功力，所获得的全面成效。唐长孺先生据《册府》补《礼志》《刑罚志》脱叶，跟陈援庵先生据《册府》补《乐志》脱叶一样，具有传奇色彩，但缺文校补，无论是价值之大小，还是发现之难易，与文字多少并不是一回事。仅就《魏书》而言，几字、十几字、几十字的史文补缺，翻开每一卷都不难看到，而唐先生校勘记中那些对史文的取舍判断和甄别考证，所作出的合理解释，才是真正卓见功力、沾溉后学，因而广受推崇的原因。可以说，校补史文缺佚，使之成为能够直接提供学术研究的可用之书，是唐先生所校《魏书》《周书》《北齐书》三史的共同特点。

《魏书》校勘记撰写于 1971 年以后，当时为了避免繁琐芜杂，要求校勘以版本互校为主，主要校正刻本文字的讹舛衍脱，对于史实异同和原书内部的矛盾不作校正。甚至原则上不作“本校”和“他校”。在这样的背景下，《魏书》校勘突破一般规定，取得这样精深的成果，是非常难能可贵的。另外，区别于其他诸史，唐长孺先生校勘记还有一个特点，是行文的语体化。这与这个时期校勘要求“一律用语体文，但并不排斥使用校勘术语”有直接关系。总之，唐先生早年就完成了《唐书兵志笺正》（1957 年出版），自然懂得一般校勘规则和惯例，以他的学养和追求，这样打破常规，一定是深思熟虑过的。

（五）“北朝四史”修订及《魏书》修订本主要成绩

“二十四史”修订工程开始至今已近十年，各史修订团队的组建、修订方案的确定，以及漫长的修订过程，各有特点。能否请您谈谈《魏书》修订的大致经过？

徐俊：按照修订工程关于修订承担单位遴选的条件要求，武汉大学既是当年“北朝四史”的点校单位，又是国内魏晋南北朝史研究重镇，武汉大学三至九世纪研究所成为“北朝四史”修订单位的当然之选。“北朝四史”修订由三至九世纪研究所先后两任所长朱雷先生、冻国栋先生联袂主持，负责组建各史修订班子，制定各史修订方案，分工承担具体修订工作。《魏书》由何德章先生负责，何先生原先在武大工作，后调入天津师范大学。两校对《魏书》修订都给予了大力支持。

“北朝四史”与《三国志》《晋书》修订方案专家评审会，于 2007 年 11 月底召开，专家组由田余庆、程毅中、周伟洲、王素、许逸民五位先生组成，田余庆先生担任专家组长并主持评审。此后，2009 年 6 月、2010 年 11 月，先后两次召开“北朝四史”样稿评审会,对各史样稿逐条讨论。具体到《魏书》，2009 年 5 月，修订组提交《魏书》样稿。11 月，修订组冻国栋、何德章先生到中华书局，就《魏书》样稿审读情况进行讨论，确定以百衲本为底本。次年 3 月何德章先生再次提交修订样稿，经过专家外审和编辑组审读，11 月，《魏书》修订样稿评审会在武汉大学召开。“北朝四史”修订主持人冻国栋，修订组成员何德章、刘安志、魏斌、朱海、姜望来、黄楼，修订工程审定委员许逸民，修订工程修纂委员、《南史》修订主持人张金龙等参加了会议，对《魏书》修订样稿进行了逐条讨论，进一步明确了修订原则和校勘尺度，并对旧校的处理进行了集中讨论。

2014 年 2 月，《魏书》修订组完成初稿，并提交编辑组进入审稿流程。在此期间双方多次就审稿情况进行沟通，讨论取校范围和征引文献、出校尺度、校记写法以及对于旧校的处理等问题，修订组进行了充分的考虑和吸收，陆续提供新的改定稿。2015 年 2 月，编辑组完成初稿审读工作，并先后约请了近十位专家进行外审。同年 5 月，我和编辑组一起前往武汉大学，与“北朝四史”修订组交流，冻国栋、刘安志、魏斌等参加了座谈。双方就“北朝四史”的修订工作进度、整理者名录等问题做了沟通，并对下一步工作做了安排，整个过程得到了修订组的大力支持。

2015年7月24日至25日，《魏书》修订稿定稿会议在北京建银饭店召开，“北朝四史”修订主持人冻国栋，《魏书》修订负责人何德章，外审专家梁满仓、张金龙、孟彦弘、陈爽，以及编辑组全体人员参加。会议在两天的时间里，对“北朝四史”的整体修订情况做了通报和沟通，集中讨论了《魏书》修订稿定稿前还未达成一致的各类问题，其中涉及到相关各史的照应和一致性的问题，提出了解决方案。

进入排版阶段之后，编辑组除了完成对全书及校勘记的合拢加工，还重新核校了《魏书》底本和原点校本，解决审稿中发现的问题。在最后定稿阶段，《魏书》修订负责人何德章与编校组成员在中华书局会议室集中工作，就《魏书》校样中的有关问题做了逐条讨论和现场处理。

《魏书》修订从草拟方案算起，经历了近十年时间；从版本试校、样稿撰写，再进入实质性修订阶段，到2016年底最终完成，修订工作经历了八年时间，其中修订负责人何德章先生投入了全部精力，撰写修订长编，撰写校勘记，形成目前完整的修订本。

您前面讲到对旧校的处理，请问在如何对待旧校的成果和风格的问题上，大家是怎么看的?

徐俊：这确实是大家一开始就遇到的问题。如何最大限度地保留点校本已经取得的成果，兼顾点校本特点与修订工作的总体原则，是各史都会遇到的问题。但是由于“北朝四史”点校本的成就和影响，由于“北朝四史”校勘记的考史风格，使这个问题更加受到关注。另一方面，“北朝四史”的校勘成就得到学术界的高度认可，尤其是在史实考证、史料阐释方面，修订本要在已有成绩基础上再进一步，难度可想而知。因此，在方案讨论阶段，无论是修订组还是评审专家，都就此问题提出了意见，并多有讨论。有学者在评审意见中表示，修订要充分尊重并保留原点校本原貌，只对其中个别校勘疏漏和失误之处加以改正，只增补唐先生标点校勘之后新的研究成果与资料即可。修订组认真研究点校本与修订总则的要求，提出在五个方面的改进提高重点：一是文字校勘仍有拾遗补缺的余地；二是标点分段有不尽合理之处；三是点校本“不主一本，择善而从”的工作原则，改定文字未能一一出校；四是清人考订成果未能尽予参考；五是点校本印行后，相关考古资料陆续发现，应加以利用。应该说，修订组一开始的工作方向和重点是明确、准确的。对《魏书》修订方案，田余庆先生给予了中肯的评价：“唐先生所定大局，正确精当，校点工作也细致严谨；所出校记对读者也多提示作用。修订方案萧规曹随，基本合适。”田先生说的“萧规曹随”，就是我们最大限度地尊重和延续唐先生点校本已经取得的校勘成果和风格的形象说法。

《魏书》修订本大家期待已久，除了专业史学研究者外，一般读者可能更需要了解修订本与原点校本之间有哪

些明显的不同，请您概括一下修订本的主要成果。

徐俊：《魏书》的点校、修订，与其他各史一样，是一个学术接力的过程。修订本的定位，是在原点校本基础上，基于新的学术条件，通过修订形成一个标点准确、校勘精审、阅读方便的升级本。

从文本的整体面貌来说，变化最大的是从原来的“不主一本”，改为以百衲本为底本的“底本式”校勘。不主一本，择善而从，不出校勘记的方式，实际上等于另创新本，不符合古籍整理规范。在1971年后出版的“二十四史”点校本中，《晋书》《隋书》《宋书》《梁书》《魏书》《北齐书》《南史》《北史》等都采用了“择善而从”的方式，学术界一直有质疑的声音。百衲本是原点校本的实际工作本，这次作为修订底本，比较方便与原点校成果衔接。采用“底本式”校勘，需要对原点校本的文字取舍一一复核，与底本不同但没有出校勘记的，要一一查考版本依据，判断取舍理由，对的要补充校勘记，存疑的仍从底本，增加异文校。修订本还增加了国家图书馆藏三朝本作为通校本，三朝本是与百衲本同一系统的祖本，可以说比点校本增加了一个重要的早期版本。

其次是文字校改和校勘记方面，在充分尊重和保存原点校本成果的前提下，全面复核了原点校本的文字校改和校勘记引证，根据“底本式”校勘的原则及修订总则，作体例上的处理。校勘记存有疑义的，慎重对待，斟酌处理；

确有不当的则加以改写，确定失误的予以删除。《魏书》原点校本有校勘记约两千条，修订本校勘记约三千三百条。其中，删去旧校九十余条，新增校记一千四百余条，改写旧校四百五十余条，沿用旧校（含依体例改动）一千四百五十余条。新增校记相当于原有校记的七成。

再就是分段和标点，原点校本分段和标点做得很精到，但也不无误漏，包括专名线误标漏标。修订本纠正原本标点误漏约五百处，比如原点校本卷五〇《慕容白曜传》有一段文字："契长子升，字僧度。建兴太守，迁镇远将军、沃野镇将，进号征虏将军。甚得边民情。和第二子僧济，自奉朝请稍转至五校。"原点校本将"和"字属下作人名处理，即慕容契的次子。修订本经考查发现标点存在破句，"情和"二字是成词，指民心悦服，《后汉书》即有用例，《魏书》中也两次出现（卷四八"甚收颍川情和"、卷六一"得民情和"），上下文也没有提到"慕容和"这个人。这是一个久已有之的文字误解，北监本、殿本、金陵书局本为了读通这一句史文，干脆把"和第二子僧济"改成了"契第二子僧济"，而文从字顺了。另外根据新的体例要求，对分段做了技术调整，主要集中在本纪部分，原点校本按季分段又略有变通，与点校本"二十四史"按月分段的通例不一致，修订本作了统一。

从《魏书》修订样稿讨论开始，我们就特别强调对原点校本成果的整体性把握，充分理解原点校本的校勘标准和处置方式，把握原点校者的意图，系统做好校勘资料的搜集复核和补充论证，以客观科学的态度对待点校本成果。在校勘记表述方式上，力求兼顾原点校本风格，对文字润饰不强求一致，避免改动后失去原意。特别注意原校勘记的表述重点、尺度、逻辑关系。《魏书》修订本的全部新撰校勘记和原校勘记修改，都出自何德章先生一人之手，我觉得处置得当，甚至很难靠一般通读区分出新旧校来。

修订本还搜集采纳了学术界关于《魏书》的校勘、标点意见，参考利用了新见石刻史料和最新研究成果，本着谨慎合理的原则，对必要的校点补充了校勘记。整体而言，《魏书》修订本实现了对原点校本的升级和超越，是可以肯定的。“北朝四史”本身以及点校、修订，互相之间有很大的关联性，现在《魏书》修订本率先出版，《周书》《北齐书》《北史》三史还在修订过程中，我们期待各史相互参照，进一步协调完善。

（原载 2017 年 3 月 6 日《澎湃新闻·上海书评》，作者系中华书局总经理）

谈《南齐书》及“南朝五史”的点校与修订

徐　俊

继《魏书》之后，《南齐书》修订本在不久前结束的上海书展首发。南北朝“八书二史”修订本开始进入出版阶段，引起了学术界和广大读者的关注，请您介绍一下当年《南齐书》和“南朝五史”的点校情况。

徐俊：所谓“南朝五史”包括《宋书》《南齐书》《梁书》《陈书》和《南史》，由山东大学历史系王仲荦先生负责，王仲荦、卢振华、张维华三位先生承担点校整理，于1970年代先后出版。在1958年草拟的《标点二十四史（普通本）约稿计划》最初一份文稿中，“南朝五史”的标点整理者为“拟约上海史学会”，但同件文稿经赵守俨先生粘贴重写，改为山东大学历史系。因此“南朝五史”由山东大学承担、王仲荦先生负责，这是在“二十四史”点校开始之初就确定了的。

“南朝五史”的点校工作，在1963年秋王仲荦先生等借调进京之前，主要在济南进行。1961年5月赵守俨先生出差武汉、济南，了解南北朝诸史的点校情况：“山东大学校点的南朝各史，年内可完成《梁书》和《南齐书》。《陈书》明年上半年可完成。《宋书》《南史》争取在1962年完成。”“人力安排上是一人专搞一史，不是集体搞。王仲荦担任《南齐书》、卢振华担任《梁书》。明年华山、韩连琪也可参加《宋书》《南史》的校点工作。王仲荦、卢振华建议，两史校点工作大致就绪后，最好能到北京和我们共同工作一个时期，以便于统一双方意见、及时解决问题。”（中华书局总编室《业务情况》1961年第10号）

事实上各史都没能按计划推进，到1963年5月，《南齐书》《梁书》已经着手初点，《南史》曾经由华山部分初点，《宋书》《陈书》还未动。这个时候，上级有关部门要求在1964年内完成点校工作，王仲荦先生此前提出的到北京与编辑部共同工作一个时期的建议，直接促成了将分散各地的校史专家借调进京集中工作的开展。赵守俨先生在随后起草的《关于各史校点者借调问题的建议》中说：“目前亟待解决者为南北朝八书。建议设法先调王仲荦、卢振华两先生来京，集中时间作好这两部书。”教育部曾先后两次给山大发文，借调王仲荦先生进京校史，一次是1962年1月的“62教人师调字第30号”文，“借调你校历史系王仲荦教授和卢振华副教授去中华书局工作半年”；一次是1963年7月的“63教二蒋旭字第1148号”文，借调王仲荦、卢振华、张维华三位先生来京校点“二十四史”，三人可不必同时来京。

1963年秋到1966年“文革”开始，王仲荦、卢振华、张维华三位先生先后借调进京，王仲荦先生承担《南齐书》、张维华先生承担《陈书》，全部完成并付型，但未及付印；卢振华先生承担《梁书》，基本完成，但未能定稿。1971年以后，王仲荦先生继续负责“南朝五史”，借调进京，完成了《宋书》的点校。卢振华先生因下肢瘫痪，不能来京，在病床上完成了《梁书》定稿和《南史》点校。所以从大的时间段上说，《南齐书》《陈书》和《梁书》的主体完成于“文革”前“翠微校史”期间，《宋书》《南史》完成于1971年以后王府井36号第三次集中校史期间。

王仲荦先生在1984年接受采访，曾经对三次集中校史有一个概括性的回顾（《文史哲》1984年第3期），他说：

> 第一次点校工作，从1963年冬开始，到1966年结束。我点校的《南齐书》和张维华教授点校的《陈书》都已经定稿，《梁书》也快结束，6月，文化大革命开始，我们由学校电召回校了。
>
> 第二次点校工作，是在1967年，北京来电话并派人招我们，系里的临时负责人，说我和张维华都是反革命分子，罪行严重，不准前去，只准卢振华一人前往，不到几个月，卢振华也回来了。

第三次点校工作，从 1971 年 7 月开始，到我 1976 年回来。卢振华教授大腿骨折，卧床不能行动，张维华教授已退休，只有我一个人前去，我和中华书局编辑部商量，把《南史》点校工作委托卢振华教授在济南进行，由我在北京定稿。我点校的《宋书》工作，则在北京进行，到 1975 年，《宋书》点校工作基本完成，1976 年，《南史》定稿工作也基本完成。3 月末，我因病住进同仁医院（当时改名工农兵医院），……住院近两月，出院后，又住中华书局两月，我负责的工作基本结束了，我也就回济南了。

三次校点工作，王仲荦先生参与的时间超过十个年头，所以王先生的夫人郑宜秀老师 2007 年在为“王仲荦著作集”撰写的《前记》中说：

作为一个浸润于我们祖国传统文化的文人，王仲荦以他特有的倜傥与潇洒来面对他自己的生活：他平安度过五十年代末后，被借调入北京标点二十四史共十三年。十几年的时间里他独自生活在北京，对这段生活笔者也无从了解，而只有他自己的诗句“十年踏破六街尘，老至愁经客子春”能够说明他的情况，而这的确意味着他能避开“文革”冲击的喧嚣，让他在工作之余，在这份难得的平静里得以整理自己的旧著。作为近代的史学家，像王仲荦先生著作之丰硕是不多见的，这要得益于这段平静。

《南齐书》点校主要在 1963 年以后“翠微校史”期间，当时的具体工作安排、进展情况和工作状态如何？

徐俊：《南齐书》在“南朝五史”中是最早开始整理的一部。王仲荦先生于 1963 年 11 月底到京，校史工作就从《南齐书》入手。《南齐书》在“南朝五史”中篇幅不大，却是相对有难度的一部书，王仲荦先生后来解释各史分工时说，当时他的《魏晋南北朝隋初唐史》上册已出版，对于南北朝的典章制度、职官地理，比较熟悉，所以中华书局指定他点校《宋书》和《南齐书》，也就是说两部有“志”的书都由王先生承担点校。

根据档案资料，《南齐书》点校整理，采取的工作程序是：先全书初点，再校《南史》和《南齐书》有关版本，然后吸收张元济、张森楷校勘记等前人成果，按卷次撰写校勘记。工作过程中，南北朝各史又增加了校《册府》、墓志和有关文学总集等他书文献，王先生回忆说：

> 唐长孺教授和我在会上提议用《册府元龟》校南北十史，陈援庵先生在会外早已提到，所以很顺利地通过了。我们校了宋本、三朝递修本、南监本、北监本、殿本、局本，还采用了张森楷的校记、张元济的校记，又增加了用《册府元龟》来参校，尽管标点上还可能会发现一些小错误，校勘的质量却是较有保证的。

王先生后来还提出要求编辑部“到北京图书馆善本室去了解一下章钰对二十四史尤其是南北朝各史有没有校本及校

勘记之类的材料，以及有没有孙星衍这些人在各史书上的眉批一类的材料等”（1964 年 6 月 12 日《二十四史工作汇报》）。

《南齐书》的初点在济南已经初步完成，集中校史后的第一步工作是以《南史》校《南齐书》，据 1963 年 12 月 25 日《廿四史校点工作情况综合报道》，《南齐书》“这阶段正以百衲本《南齐书》与《南史》校勘，平均每天可以完成一卷”，同时“过录张元济、张森楷、周星贻校勘记，总的已经进行到 31 卷”，约一个月的工作时间，完成接近全书一半。

《南齐书》以及其后的《宋书》的版本校勘，都由编辑部安排书局老编辑张义鹏承担，到 1964 年 5 月，张义鹏完成了《南齐书》金陵书局本与百衲本的通校，提交校勘记录三百二十四条，并对殿本的异同也作了相应记录。从这时候起，王仲荦先生开始撰写校勘记（1964 年 5 月 14 日《二十四史工作情况汇报》）。

因为各史前期准备情况不一样，篇幅大小差异也大，所以当时集中校史的各位先生进入工作状态和实际进展大不一样，就完成初稿进度而言，王仲荦先生承担的《南齐书》开展最顺利，也最早进入编辑流程。1964 年上半年，编辑部为了统筹进度、统一标准，要求各史都要提交两卷样稿，在点校小组中进行讨论修改，形成一致意见。王先生于 5 月底完成了《南齐书》卷一、二两卷校勘记样稿，现在档案中还保留了这两卷样稿的油印件和大家讨论时的意见批注。

在各史样稿讨论期间，王先生又对《南齐书》重新进行全书标点。据每半月一次的《二十四史工作汇报》：

> 6月25日，“王仲荦先生已标点完三十七卷列传第十八，尚剩二十多卷，王先生说正常进行每天可标点三卷”。
>
> 7月8日，“王仲荦先生已标点完，他点完后即开始继续写校记，在他回济南之前交出两本”，“王仲荦先生等他女儿放假后来京住一时期，于8月8日一同回济南，接着就在山大教课。在临行之前拟和宋（云彬）先生谈一谈《南齐书》工作，他打算完一本交一本”。
>
> 9月5日，“王仲荦先生于7月31日回济南之前，交来《南齐书》三册，后又从济南寄来一册，共四册卷。均已交宋云彬先生进行编辑加工”。

从1963年11月底到京，到第二年9月，王先生用约十个月的时间，完成了《南齐书》的点校初稿。王先生自己承担的《南齐书》在标点校勘和校勘记撰写等方面都比较顺利，同时开展的《梁书》《陈书》就相对滞后。在《南齐书》已经完成的时候，《梁书》《陈书》的进度差不多要晚近一年的时间。9月5日《二十四史工作汇报》：

> 卢振华先生于8月20日回济南，在回去之前《梁

> 书》校《册府元龟》的工作基本结束，其间一大部分时间在写讲义，按他的计划，8月22日开始授课，9月底前把五周的授课任务完成，赶回来参加国庆。
>
> 张维华先生的《陈书》工作，暑假期间校完了《南史》和《梁书》，《通鉴》也快完了，他说《通鉴》完了已进行了七种书的校勘工作，差不多了，至于罗振玉的《五史校议》以北朝为主，不打算再校了。他计划明年来时再用一个月时间校《册府元龟》，校勘工作就算完了。写校记工作打算用三个月时间，最多明年九月前可以完成。至于标点工作他已通看了一遍，提行分段问题也搞好了，他建议再买一部百衲本《陈书》准备作过录用。

其他一些大部头史书如刘节先生承担的《旧唐书》、罗继祖先生承担的《宋史》遇到的问题更多，进度更缓慢。

第一批入住翠微路的外地学者中，郑天挺、刘节两先生都已年过花甲，王仲荦、唐长孺、卢振华等先生都是五十多岁（表格中王仲荦、卢振华先生的年龄不准确），正当壮年。在京校史期间，他们一般都还兼顾学校的教学，王先生承担着山大研究生的教学任务，批改研究生论文，几位研究生也来京听王先生指导。唐长孺先生的两位研究生，甚至就是在翠微路完成的论文答辩。赵守俨先生1965年3月3日写的《关于二十四史的一些情况的汇报》中说："王仲荦血压增高，思想上颇恐慌，拟回济南休息一个时期，本月三日离京。大约一个月左右即回来。”可以多少反映出一点王先生当时的身体和心情，我翻阅当年的校史档案，深深感到这些先生进京校史，不仅有学术的贡献，还有人生的奉献。

修订工作开始后，我曾几次到山大南院教工宿舍楼拜访郑宜秀老师，对王先生的校史生涯和学术生活增加了一些直接的感受。王仲荦先生的书斋“鹊华山馆”就在这个建成于上世纪七八十年代的四层单元楼中，内外都已经显得破旧。我们来到之后，郑宜秀老师径直把我们引入左侧的书房。虽说是书房，其实也兼做卧室，沿墙是相对的两排书柜，窗下是对面而置的两张书桌，一张双人铁架床放在屋角。1986 年 6 月 4 日王先生去世，当时已经二十年过去了，其它房间都已经换了陈设，在郑老师的坚持下，这间书房还保持着原先的模样，甚至连书柜里的书刊和旧纸包裹的书稿都还放在原来的位置。电灯开关用一根长长的线，从天花板中央斜拉到屋角的床头，感觉一下子进入了过去的时光。

郑宜秀老师告诉我，王先生去世后，她把王先生书房锁起来，五年没进去过。书房里的书柜、书桌、抽屉以及里面的东西，都保持原样，不去触动。郑老师把学界友朋写的挽联挽诗，拿出来让我们看，郑重地告诉我们，这是王先生去世后第一次打开，其中有启功、周一良等先生写的挽联，缪钺先生写的挽诗。我们还看了王先生在京校史期间用封面写着“出版工作”的笔记本写的诗稿，看到了王先生写满批注的《宋书》点校工作本。又把郑老师新找到的王先生《宋书校勘记长编》手稿，用原包袱裹着带回北京，就是后来影印出版的三大册。中华出版的“王仲荦著作集”共十三册，其中六册是在王先生身后由郑老师整理的，前后二十一年时间，郑老师在“王仲荦著作集”《前记》中写道：“一九八六年，王仲荦先生溘然长逝在他自己的书房里。而我们能够做到的就是从这套著作集的字里行间，去寻找作者灵魂的痕迹，那些非常美丽的痕迹。”当时读到非常感动，印象深刻。

郑宜秀老师非常热情，她说：王先生在中华工作十几年，她好几年暑假都在中华度过。王先生一生工作的地方，最长的除了山大，就是中华。郑老师还回忆王仲荦介绍她认识同在中华校史的郑天挺先生，郑老师的老家在福建长乐井南村，与郑天挺先生同宗。郑宜秀老师说，郑天挺先生早年丧妻，在中华校史时，衣衫破了，她曾帮他缝补。她说：他的家曾经是中华的联络站，吴树平、张忱石都来过住过。我到北京去，中华也是给一间房子，让我们自己煮饭自己吃，跟中华是一家人。

多年没有机会去看望郑宜秀老师，非常感念她对中华的支持，祝她健康快乐！

您在谈到宋云彬先生的时候，曾经说宋云彬先生除了《史记》《后汉书》外，还承担了齐、梁、陈三书的编辑工

作，能介绍一下《南齐书》的编辑加工情况吗？

徐俊：这时候宋云彬先生已近古稀之年，比点校组中最年长的郑天挺先生还大两岁。《南齐书》从 1964 年 7 月底王仲荦先生开始分批交稿，到 1966 年 3 月完成付型清样，宋云彬先生经手约一年半时间。《陈书》从 1965 年 7 月开始看稿，修改校勘记文字，到 1966 年 6 月完成复校付型，宋云彬先生经手约一年时间。《梁书》从 1965 年 8 月参与与卢振华先生商谈校勘记写法，1966 年 3 月开始审改第一卷校勘记，到 5 月 3 日至 5 日重新整理《梁书》第一卷第二卷校勘记，已经是轰轰烈烈的"文革"前奏了。

因为宋云彬先生日记缺失一册（1964 年 3 月 19 日至 1965 年 5 月 1 日），我们只能看到 1965 年下半年以后一年时间的情况，除了记录上面说到的工作进度外，还有一些涉及具体问题以及与这些借调学者的交往。宋先生看完《南齐书》全部五十九卷之后，又用一周时间复看，做付排准备，"其中有数卷分段断句皆有问题，一时不能决定，俟与杨伯峻商之"（5 月 10 日），"下午应王伯祥之约赴陈乃乾家，与之晤谈，谈关于《南齐书·百官志》的校点问题"（5 月 17 日）。与王仲荦、张维华先生商讨《南齐书》《陈书》的排样格式及校点方面诸问题，王仲荦先生交来《南齐书》《陈书》出版说明，宋先生召集本组赵守俨、吴翊如、杨伯峻、汪绍楹讨论修改。到 1966 年初，看《南齐书》清样，还不断发现问题："上午看《南齐书》校样如干卷。

王僧虔《诫子书》颇难句读，与汪绍楹、杨伯峻、赵守俨等商榷，未能全部解决也。”（1 月 31 日）有一段时间宋先生“腰痛甚剧，起坐行动皆不方便”，有些问题虽然小，如“《南齐书》空行及卷目问题”，赵守俨先生都是上门与宋先生商定。

当时宋云彬先生也住在翠微路 2 号院，互相之间也偶尔串门互访，晚上“看西北楼几位教授同志，他们都准备睡觉了”（1965 年 5 月 11 日），“晚上唐长孺、王仲荦来，跟唐围棋，大负”（1966 年 1 月 29 日）。

宋云彬先生 1966 年 7 月 9 日日记：“下午，与谢方、宋茂华谈《后汉书》返工问题。”是我们今天能够看到的“文革”前关于“二十四史”点校的最后记录。

“南朝五史”修订承担单位和主持人的确定，以及《南齐书》修订过程，请您介绍一下。

徐俊：按照修订工程关于修订承担单位遴选的要求，首先要考虑原点校单位。山东大学是当年“南朝五史”的点校单位，虽然王仲荦先生已经离世多年，但在国内魏晋南北朝史研究方面仍然有相当的实力，自然是“南朝五史”修订的首选。为此，在修订工程筹备阶段，我带队走访了所有原点校单位，也拜访了山东大学历史文化学院领导和部分老师，得到了时任院长王育济教授的支持。

2006 年 10 月 20 日，我们在山大历史文化学院召开了“南朝五史”修订征求意见会。出席会议的有原山大党委书记陈之安教授、时任魏晋南北朝史学会副会长的郑佩欣教授、路遥教授、张金光教授，他们都曾亲炙王仲荦、张维华、卢振华先生，也同事多年。年轻一辈除了王育济院长外，还有胡新生、王大建、范学辉等老师，王仲荦先生夫人郑宜秀老师也全程参加了座谈会。会后我们曾经商请郑佩欣先生主持“南朝五史”的修订，因身体原因，郑先生后来没能承担。

后来经过进一步调研，决定分散承担，《宋书》由盐城师院文学院丁福林教授主持，齐梁陈三书由中山大学历史系景蜀慧教授主持，《南史》由山东大学历史文化学院张金龙教授主持，张金龙教授后调到首都师大工作，《南史》修订随之转到首师大。景蜀慧教授博士毕业于四川大学缪钺先生门下，长期研究魏晋南北朝史，继承了师门文史兼治的传统，是齐梁陈三书非常合适的主持人人选。

在景蜀慧教授主持下，2008 年 7 月底，齐梁陈三书修订组完成并提交修订方案初稿。经过专家书面评审，11 月 16 日，“南朝五史”修订方案专家评审会在北京中苑宾馆召开，评审组由田余庆、张忱石、许逸民、胡宝国、冻国栋等先生组成，田余庆先生担任组长并主持了为期两天的评审。

“南朝五史”修订方案主要涉及的问题，包括底本问题，扩充校勘文献范围的问题，新旧校勘记风格问题，礼、乐、天文、历律、地理、州郡等专志的修订问题等。其中最受关注的是底本问题，尤其是在“中华再造善本”印行后，通过此前多史的底本试校，百衲本据晚期版本（主要是殿本）挖改、有失宋元本旧貌的问题，被进一步证实，百衲本被大家称之为“影印方式的整理本”。讨论中大家主张回到百衲本的前身，找到更早的版本作底本。原点校本《南齐书》就是以百衲本为底本的，百衲本的底本是宋大字本。修订本改以“中华再造善本”影印国家图书馆藏宋刻宋元明初递修本为底本，也即百衲本《南齐书》所据底本，既弥补了百衲本因修润描改有失古本原貌的不足，又较好地保持了与点校本的一致性。在扩展校勘资料方面，大家提出要尽可能搜罗存世宋元明三朝本，以使各本之间残缺得到互补。《南齐书》在后来的修订过程中，搜集并比较系统使用了台湾所藏两个三朝本，发现了同源诸本间明显的文字差异，充实了校勘记。

2009年10月底至11月初，修订组陆续提交了齐梁陈三书修订样稿共七卷。11月28日至30日，《南齐书》《梁书》《陈书》修订样稿评审会议在广州召开。张忱石、许逸民、丁福林、张金龙、张文强先生，齐梁陈三书修订主持人景蜀慧教授，及修订组成员参加会议，会议以三书共七卷样稿的校勘记初稿和标点改动为基础，对出校原则、标点改动、撰写规范等问题作了集中讨论。2010年5月，在北京又召开了齐梁陈三书第二次修订样稿会，主要对两卷难度较大的专志专传（《南齐书·乐志》《梁书·诸夷传》）

进行讨论，并对三书带有普遍性的问题进行了沟作。在两次样稿会的基础上，2011 年 2 月，《南齐书》《梁书》《陈书》修订样稿印发，进一步在更大范围内征求意见。

经过几年的版本校勘、长编和校勘记撰写，2015 年 2 月至 7 月间，《南齐书》修订稿分四批交稿，进入编辑审读流程。2016 年 8 月 25 日至 26 日，《南齐书》修订稿定稿会在中山大学召开，中华书局老编审许逸民、冯宝志先生，天津师范大学何德章教授（《魏书》修订负责人）、浙江大学真大成副教授、复旦大学仇鹿鸣副教授（《旧唐书》、两《五代史》修订组成员），以及修订主持人景蜀慧教授，修订组、编辑组全体参加会议，对《南齐书》修订稿中尚未达成共识的校勘记进行了为期两天的讨论。会议在如何对待底本、处理旧校尺度以及具体条目的处理等方面，都作了深入讨论。

2017 年 7 月 10 日至 17 日，《南齐书》修订主持人景蜀慧教授率修订组成员周文俊、洪绵绵、吴南泽到北京，与编辑组一起集中工作，通读改定《南齐书》付型清样。8 月，《南齐书》修订本正式出版，并在上海书展举行了读者见面会。

总体来说，修订本以原点校本为基础，遵循《点校本二十四史及清史稿修订工作总则》和工作程序，在充分尊重原点校本成果的前提下，清理复核了原点校本的全部校勘记，统一体例，纠正错讹，弥补遗漏，对原点校本作适当修订和完善。《南齐书》点校本原有校勘记一千七百五十六条，修订本增加到两千四百余条（其中删去旧校三百四十条，增加新校近一千条，另改写旧校六百六十余条）。同时遵照《点校本二十四史及清史稿修订工程标点分段办法》，修改完善标点，对个别分段进行了适当调整。

修订过程繁复漫长，但修订成果欣慰喜人。景蜀慧教授在《南齐书》修订本后记中说“甘苦备尝，感慨良多”，是一个经历者、主事者的由衷之言，真情实感。除开准备阶段不算，全面铺开工作，修订组全力投入，用了近五年时间。编辑组又经过近两年的编辑加工，与修订组往返商讨。除了前面我提到的参加历次会议的学者专家，还有很多学者专家参与了书面审稿，包括对有关专志专传的意见、定稿后期对修订前言凡例的审查，作为参与其中的亲历者，我特别感佩修订组的长期付出，也特别感激学术界在专业上给予的巨大支持。

（原载2017年9月18日《澎湃新闻·上海书评》，作者系中华书局总经理）

今天我们如何读历史

——《资治通鉴与家国兴衰》读记

李　岩

在2017年“中国好书”年度颁奖典礼上，清华大学张国刚教授所著《资治通鉴与家国兴衰》（中华书局2016年7月）获得30本好书之一的殊荣，可谓实至名归。

《资治通鉴》与《论语》《左传》《诗经》《史记》一样，都是后世的人们一直在重读或重新认识的古代经典文献，并曾衍化为一门专门之学或者引领一时的学术风尚。其原因有统治者的倡导，有学者们的褒扬，也有时代风潮的推动。

《资治通鉴》的特别之处在于，它产生于中国古代处于转型期的宋朝，其原来的书名为《通志》，差一点因此而湮灭了唐代郑樵的另一部同名巨著，宋神宗以其“鉴于往事，有资于治道”而御赐为今天广为流传的书名。南宋朱熹首先推重此书，并删繁就简而成《资治通鉴纲目》。朱元璋、康熙、乾隆都有“御批”传世。顾炎武认为该书“以一生精力成之，遂为后世不可无之书”；同时代的另一位思想家王夫之认为此书的价值在于“知历代兴衰，明人事臧否”“可以自淑，可以诲人，可以知道而乐”，因而成就另一部宏篇大著《读通鉴论》；曾国藩独具智眼，认为其“穷物之理，执圣之权”“以正治国，以奇用兵”，曾氏对《资治通鉴》功用之譬喻一时影响了毛泽东；梁启超称赞《资治通鉴·魏纪五》是中国历史上最成功的政治教科书。据说毛泽东同志爱读“二十四史”和《资治通鉴》，写有大量的批语，其中对后者更是读过十七遍。习近平同志多次在讲话中引述《资治通鉴·魏纪五》中语，如“为政之要，莫先于用人”，并赞同司马光关于君子与小人之辨，引用其“天下之事未尝不败于专而成于共”的名言，倡导协力合作的从政思维。列举这些古今名人智者和领袖们对《资治通鉴》的独赏与褒扬，正表明《资治通鉴》这部伟大作品创作的初衷，也是时代发展的需要。“专取关国家兴衰，系生民休戚，善可为法，恶可为戒者，为编年一书”，才使其能够成为后人反复阅读、不断地被重新认识的史学经典。

《资治通鉴》全书294卷，上起周威烈王二十三年（公元前403年），下迄后周显德六年（959年），凡1362年，全书300万字。司马光带着其团队成员刘攽、刘恕、范祖禹等，同时参考了三百多部著作，用十九年的时间完成这部大书。由于毛泽东的倡导，周恩来批示当代史学名家顾颉刚、聂崇岐等校点，加上胡三省注及附录，由中华书局于 1956 年开始出版，成为至今一直广为流行的读本，与 1959 年宋云彬先生点校中华书局出版的《史记》都成为各级领导干部钟爱的读物。复旦大学姜鹏教授比喻《史记》是文学家笔下的历史，《资治通鉴》是政治家笔下的历史。作为政治家笔下的类似教科书的历史书籍，如何读，怎样读，史学名家张国刚教授积四十余年治史的功力，以“家国兴衰”为主线，为我们展示了历史的一种新读法，颇具新意和新气象。

《资治通鉴与家国兴衰》是为清华大学开设“《资治通鉴》导读”的课程，2014 年又成为开设“慕课（MOOC）”课程的新成果，而后成为一部独具心裁的专著，作者的初衷就是想用通俗的方法来展现历史带给我们当代人的思想智慧。书中旁注的文字更多体现了张教授的精彩史评，经过知名出版社编辑的编排而展示了独特的匠心，更加精炼可读，可谓点睛之笔，尤应成为广大党政干部读史鉴今的阅读精品。

张国刚先生在熟读《资治通鉴》的基础上，为读者重点讲述了治国安邦、执政为民的道理，书中的精言譬语随处可见，读来多多受益。针对某个事件、某个人物的历史细节，该书抒发着史学家的情怀与机智，比如作者认为：

> 领导素质有仁、明、武三个标准；用人要以德为先，德胜于才；一个成功的优秀人才必须谦卑、低调；既要目标坚定，又要步履稳妥，这是成事者应有的风度；秦国所以能统一天下，在于它的几代统治者的战

略思路对头，领导人本身的素质过硬很重要，而一个国家的兴衰是需要几代人持续努力的；李斯那种自我利益高于一切，个人得失高于一切的价值观，决定了他最后的命运；王莽擅权走向末路，问题在于没有处理好理想和现实的关系，缺乏操作能力；学会克制自己当下的欲望，对于胸怀大志的领导很重要；在评价曹丕曹叡时代时说，领导人个人的才能智慧，在国家的安全与治理方面，起着非常重要的作用。这些提炼与警示性语言，激发读者去进一步思考其背后的历史内涵与哲学意味。

时代的潮流决定了家国的兴衰，这是大的历史格局所决定了的。从某种偶然性来说，领导者的个人素质也是至关重要的，比如刘邦的判断力与决断力是超群的，而用人是他成功的关键；项羽作为领导者，其气度胸襟与处事则成了历史上总被人扼腕叹息的教材。

《资治通鉴与家国兴衰》一书借鉴诸多历史名人的阐发，抉微发覆，缜密思索，着力生发出符合时代特点的历史智慧。这既展现了中国传统史学的当代价值，也证明着当代史家传承与弘扬传统文化、为社会大众服务、为当代生活点赞的使命担当。

（原载2017年6月7日《学习时报》，作者曾为中华书局总经理，现任中国出版传媒股份有限公司副总经理）

为什么要读《资治通鉴》？

孙文颖

《资治通鉴》，这部“天地间必不可无之书”（清代学者王鸣盛语），毛泽东主席曾经十七次批注。全书 294 卷，300 多万字，历经 19 年编辑完成，所记历史上起周威烈王二十三年（前 403），下迄后周显德六年（959），前后共 1362 年。

司马光，历仕宋仁宗、英宗、神宗、哲宗四朝，官至宰相，一部气势恢宏的《资治通鉴》亦在他的主持下诞生。《宋史》（本传）这样介绍：“光生七岁，凛然如成人，闻讲《左氏春秋》，爱之，退为家人讲，即了其大指。自是手不释书，至不知饥渴寒暑。群儿戏于庭，一儿登瓮，足跌没水中，众皆弃，光持石击瓮破之，水迸，儿得活。其后京、洛间画以为图。”

“司马光砸缸”的故事家喻户晓，但对于《资治通鉴》

这部经典，逐页翻读，一日一卷，大约十月完工，持之以恒，谈何容易？那么，能不能用比较通俗简便的方法，展示历史给我们的智慧呢？回答是肯定的。

清华大学张国刚教授，唐史研究专家，研读《资治通鉴》数十载，在清华大学开设"《资治通鉴》导读"课程，新著《〈资治通鉴〉与家国兴衰》（中华书局2016年8月版）精心选取影响中国历史进程的二十个关键点，讲述三家分晋到大唐盛世终结的中国历史，以现世眼光审视传统文化精髓，追寻政治得失、王朝兴衰之迹，探究修身齐家、经世治国之道。

在"导论"中，张先生讲"自淑、诲人、知道而乐，就是我们学《资治通鉴》的宗旨，也是我们读《资治通鉴》要力争达到的三重境界"。读《资治通鉴》，看看一个国家的统治秩序是如何建立，并有效运转或失灵的，探讨个中原因。捧读张著，两点心得可供分享。

一是管理的角度，"人"的关怀。谈到管理，大多数人首先想到的会是泰勒（T. W. Taylor，1856—1915）、德鲁克（P. F. Drucker，1909—2005）这样的西方管理大师，其实《资治通鉴》可谓一部管理大全，充分展示了中国古代的管理学。在《〈资治通鉴〉与家国兴衰》一书中，作者评析这些管理故事，特别注重"人"。比如在分析智伯覆亡的原因时，强调智伯缺乏领导力，狂妄霸道，误判形势，而"安排正确的人做正确的事，这是领导者的能耐"。

再如分析刘邦战胜项羽的原因时，强调用人，认为“刘邦有双好眼睛，能识人”，“不拘一格任用韩信、陈平，是刘邦领导力最集中的体现”。而且，作者这些精到的分析，在本书的“边栏”中一目了然，每一讲的末尾也标明了参见《资治通鉴》的相应卷次，方便读者回溯原文。

二是对比中西文化的思维方式。“百代都行秦政法”，作者评价商鞅变法“在中国历史上的意义，怎么估计也不会过高”，认为“中国的历史，之所以跟西方发展不一样，商鞅变法是一个关键”。在谈商鞅变法同时，将其与雅典城邦的梭伦改革和伯利克里改革进行对比，指出“梭伦改革和伯利克里改革，注重工商业的发展；商鞅注重战争动员能力的提升和农业的发展。雅典改革的基本方向，在于权力的制衡，公民权利的保障；商鞅变法，注重中央权力的集中，社会管控能力的提升，不是制衡，是管控。但是有一点相同的，无论是西方的改革，还是东方的改革，都是打破贵族血统制，不按血统来”。

《资治通鉴》自成书以来，历代帝王将相、文人骚客、各界要人争读不止。读史使人明智，《〈资治通鉴〉与家国兴衰》可以启迪人生智慧，开拓心胸，开卷必将有益。

（原载2017年2月26日《威海晚报》，作者系中华书局古籍整理出版中心历史编辑室编辑）

《论语译注》读后

范明明

近年来关于传统文化的传承受到社会的关注，悄然兴起了一阵“国学热”。传统文化有着深邃的思想和文化内涵，重新拿起经典研读不是所谓的“倒退”和“复古”，而是旨在将优秀的传统文化与工作生活相融合，使之更符合当今社会的发展趋势。

《论语》作为一部传统文化的经典，在学生时代的语文课本里出现过，至今记得“三人行，必有我师焉”。这句话包含着受用终生的道理：能者为师。在日常生活工作中，每天会接触不同的人，每个人都有他的闪光点值得我去学习，亦可成为良师益友。整部书里都是这样意蕴深刻却又浅显易懂的经典名句，绝不是快餐式的心灵鸡汤。孔子的思想中很多是涉及到自己修身方面的，比如书中主张提倡的求学、孝悌、谦逊、仁义等，这些做人行事的规范对于现今社会每个人的生活和工作也具有很重大的意义。因此，我读了杨伯峻先生的《论语译注》，全书有清晰详尽的注释，重点地方杨先生还引经据典，来表达他如此翻译这段文字的原因，帮助我更好的学习理解。

学习，是一个永无止境的过程，只要开始就没有停止。只有在工作的方方面面都用心学习才能有所得。孔子说："吾尝终日不食，终夜不寝，以思，无益，不如学也。""学而不思则罔，思而不学则殆。"可见，即便整天不吃东西不睡觉，把所有时间都用来思考但不学习也是没有用的，倡导在学习的同时更要思考。这点应该延伸到工作中，作为一个行事的准则。来到书局已经有三个月了，每天跟着老师们学习如何使用南北系统，对于系统的板块了解越来越细，制单的速度比初来要快很多。但除此之外，对于南北系统销售数据的灵活使用上还有所欠缺，如果在会用的基础上进行深入的数据整理，能够在一定程度上提高工作效率、优化完成度。这便是没有花时间去思考，所以只能止步于日常流水线式的操作，而不能从根本上找出工作需要改善的地方去解决。

"子绝四——毋意，毋必，毋固，毋我。"意为孔子一点也没有这四种毛病，不悬空揣测，不绝对肯定，不拘泥固执，不唯我独是。字面意思虽然简单易懂，但要在日常行为修养上做到约束自己，实则很难。"毋意"，不能根据自己的主观去臆断，凡事讲求实事求是，按客观规律办事。

纵观历史，因盲目自信一意孤行的大多没有好结果，小则败战，大则亡国。“毋必”，就是在做决策的时候切忌贸然行事。要兼顾工作效率和落实程度，深入调研之后根据实际市场大环境做出相对应、适合自身特点的发展策略。仅为了实现一时的销售增长而忽略后续可能引发的问题是不可取的，要避免“短期”行为，做到统筹规划才能长远发展。“毋固”，就是要克服固执己见、故步自封的保守思想。善于求同存异、兼容并蓄。我对传统文化的认知和理解是特别欠缺的，所以在适应工作环境和提升工作能力上是受限的，只有多听取别人的意见建议，才能使自己更快地掌握现在的工作。“毋我”，就是要克服以自我为中心的个人思想。

“子曰：回也，其心三月不违仁，其余则日月至焉而已矣。”众所周知，孔子最得意的弟子就是颜回。颜回的优秀就在于他能长时间将仁德存于心，没有丝毫松懈，而其他人却只能偶尔做到仁德，这就形成了鲜明对比。好比“四毋”，理解起来不难，但要落实到工作中却不易，尤其是时时刻刻以这个标准来衡量自己的行为更难。其心三月不违仁，应该是能长久的保持一个状态，但在此过程中会有很多外界客观存在的因素干扰我们，如何才能做到不被境迁，就是在以后的工作中要思考和学习的。

在今天看来，《论语》所说的实事求是还是能在日常生活中反映出来，不仅如此，承担责任的精神也能渗透到工作的点滴中去。在《论语》中可以见到，他从不向别人推诿责任，而是先从自己身上找原因，正所谓“君子皆反求诸己”。初到工作岗位，对工作流程有不熟悉的地方可能会犯些小错误，这时候决不能把过错加给别人来为自己开脱，即使出错不在自己，也要“见不贤而内自省也”。尤其在对待别人的责任上，更要做到“躬自厚而薄责于人”，也就是严于律己，宽以待人，这样才能使工作进行得更加顺利。面对工作上出现的错误，孔子认为“过而不改，是为过矣”。在出现问题时，端正态度，及时纠正修改便不算是错误了。还有“过而勿惮改”，同样是在告诉我们不要对犯错误有过多的心理负担，人生在世谁能无过呢？只要敢于承认错误、承担责任、努力改正，反而是一件能够帮助自己进步的好事。

（原载《书品》2017年第一辑，作者系中华书局营销中心发行部员工）

校勘精审，笺注详密

——《杨炯集笺注》评介

马　婧

杨炯出生于军将之家，幼即聪敏博学，善属文，以其雄奇雅健之作品，成为“初唐四杰”之一。留存至今的《盈川集》十卷，诗赋各一卷，骈文八卷，整肃雄浑，格局廓大，用典繁密，在六朝至唐代诗文体制演化中有着重要的地位。但阅读障碍不小，引书既杂且偏，造语奇特，形同谜语，笺注困难重重。四杰中王勃、骆宾王，早有清人为之作注，卢集也有新整理本行世，惟杨集以其笺注之难，长期以来未见有疏解文典、便于阅读的整理本，仅上世纪八十年代，有徐敏霞先生点校本，以及傅璇琮先生《杨炯考》《杨炯简谱》、张志烈先生《初唐四杰年谱》等少数几种成果。今祝尚书先生历数年之力，继笺注卢照邻集之后，撰成《杨炯集笺注》，注释详密，征引丰富，对杨炯诗文所用典故深加考索，多有发明。又搜集杨炯残文断句、传记逸事、著录序跋，并新编年谱，附载于后。

《杨炯集笺注》的优点首先体现在校勘精审上。现存杨集乃明人重辑本，由于时代久远，屡经散聚，文字错讹甚多，聊胜于无，实难称善。当年杨炯身故，文稿由宋之问保存编集，《旧唐书》著录为三十卷。经唐末五代战乱，至南宋初晁公武撰《郡斋读书志》时，已佚为二十卷。元代修《宋史·艺文志》，所见二十卷之外，尚有《拾遗》四卷，此后也完全散佚。直到明代约弘治、正德间，有题名《杨炯集》的上下两卷传世，仅载诗赋。万历间，童佩重辑为《盈川集》十卷、附录一卷，即后日《四库全书》《四部丛刊初编》所收之本。此次整理，虽仍以童佩本为底本，没有采用打乱编次重辑的方式，但实际上所做工作同于重辑，不仅对校了明代张燮《初唐四子集》本、张逊业辑《唐十二家诗》本、铜活字《唐五十家诗集》本、清项家达本等，而且参校《文苑英华》《唐文粹》以及宋人类书等等，充分利用《英华》所保留的宋人校勘成果，参综各书，熔校勘与考证于一炉，尽力追索底本的原始出处。

如卷三《登秘书省阁诗序》“陶阴寡务，紬素多闲”句，“阴”原作“泓”，祝先生考曰：“《英华》卷七一五于‘泓’下校：‘集作阴。’今按：‘陶泓’一词，首出韩愈《毛颖传》，谓砚也，初唐前无其语。《北堂书钞》卷一〇一《艺文部·刊校谬误》‘以陶为阴’条引刘歆《七略》云：‘古文或误，以“典”为“与”，以“陶”为“阴”，如此类多。’则‘阴’

为‘陶’之错字（今按：繁体“阴”與“陶”形近），作‘泓’乃后人妄改。《英华》所校集本是，兹据改。‘陶阴’即以‘陶’为‘阴’，此用如动词，指校勘辨正文字。陶阴寡务，谓校勘书籍，其事不多。”如果没有祝先生的考证和疏解，读者直读作“陶泓”，真不知所云。

又如卷七《唐恒州刺史建昌公王公神道碑》，述墓主王义童长子王师本曾为韩王府祭酒，安喜县令，其下有“朝游楚泽，暮宿燕宫”二句与之对应，各本文字同。祝先生从李元嘉晋封韩王事入手，引《旧唐书·高祖二十二子传》，知李元嘉于贞观十年（638）改封韩王，授潞州都督。但潞州何以有“楚泽”？这很可疑。祝先生于是考《元和郡县志》卷一五《泽潞节度使·泽州》道：“汉为上党郡高都县之地也。后魏道武帝置建兴郡，孝庄帝改置建州，周改建州为泽州，盖取濩泽为名也。”又引上书《泽州·阳城县》曰：“本汉濩泽县。……濩泽，在县西北十二里，《墨子》曰‘舜渔于濩泽中’。”则“楚泽”乃“濩泽”之误，解决了“楚泽”的疑点。于是，下句“燕宫”也就迎刃而解了。《元和郡县志》卷一八《定州·安喜县》：“本汉卢奴县，属中山国。”再考《晋书·载记·慕容垂传》，慕容垂于建兴元年（386）建后燕，都中山。则所谓“燕宫”，即代指安喜县，实指王师本为安喜县令事。安喜县在定州郭下，故云“暮宿燕宫”。上引两句，如果不能破解楚泽之“楚”乃“濩”之误，碑文中的几句话就不可能读懂，当然也不可能正确地作注，可见文字校勘是古籍笺注的基础，极为重要。杨集底本文字错讹太多，全书诸如此类的考索俯拾皆是。祝先生考证文字有如侦探办案，抓住线索，多方探求，收获丰厚。

《杨炯集笺注》的另一优胜之处，是笺注详密、征引丰富。杨集的阅读障碍，除来自文字错讹外，尚有大量用典。杨炯六岁便考中童子科，也就是俗所称的“神童”。至十一岁待制弘文馆之前，朝夕于太史局，随天文生读书（见祝撰《年谱》），反映在知识结构上，便是以儒家学术为主流，融会谶纬之学，对于星历、遁甲、兵家之学极为熟悉。在创作中，他除了多引儒家典籍之外，也常涉猎术数，征引兵书，往往生僻难为人知，加之行文受制于偶俪骈体，难免牵率，因此一直以来，号称难读，故《盈川集》乏人作注，读者每以为憾。祝先生自上世纪八十年代起，即有志于斯役，但因工作关系，至2012年始专力为之，从此日日孜孜，广搜细考，一一疏解，在引证考求之外，又每每以简明的语言点明文意，摆脱了此类注释的常见之弊。

如卷二《奉和上元酺宴应诏》诗首句“甲乙遇灾年”，祝先生笺云：“‘甲’指甲子岁，即隋文帝仁寿四年（604）；‘乙’指乙丑岁，即隋炀帝大业元年（605）。《隋书·天文志》下《五代灾变应》：‘仁寿四年六月庚午，有星入于月中。占曰：“有大丧，有大兵，有亡国，有破军杀将。”七月乙未，日青无光，八日乃复。占曰："主势夺。"又曰："日无光，有死王。"甲辰，上疾甚，丁未，宫车晏驾（隋文帝死）。汉王（杨）谅反，杨素讨平之。皆兵丧亡国死王之应。'又曰：'炀帝大业元年六月甲子，荧惑入太微。占曰："荧惑为贼，为乱入宫，宫中不安。"'按上引《隋书·天文志》下所记之隋代灾变，自甲子、乙丑始，以下尚有大业三年、十一年、十二年、十三年等。句谓隋自甲子、乙丑隋文帝死、炀帝杨广继位起，即灾变不断，国运转衰。"诸如此类，若非笺注，今人实在难以明其就里。应当指出，像这种难以解读的句子或词语，在杨集中比比皆是。

又，前人注书有"注古典易，注今典难"的说法，意思是查找所用古书中的典故相对容易，而准确解读诗文中所涉当时的人与事（即"今典"）则很难。杨炯是初唐作家，其诗文涉及到大量唐初高宗、武后两朝的政治、军事，以及职官、地理等方面的知识，对此，祝先生皆一一精心稽考，准确地予以笺释，大大缩短了今人与杨炯之间长达一千三百多年的时空距离。

据估算，《杨炯集笺注》所注典故近万条，限于篇幅，以上所举例证真所谓挂一漏万。要之，为古书作注貌似容易，实则不仅要求对各篇作品及相关时事谙熟于心，还要建立起与原作者相当的知识背景；不仅对其人其作了如指掌，还要以恰当的方式，准确地传达给隔膜日深的当今读者，其间所费心力，盖倍于新撰研究性议论性文字。祝尚书先生积多年之力，日日尽心于此，终成这部一百二十余万字的巨著，对文献整理和保存，对读者研究者，皆善莫大焉。

（原载 2017 年 3 月 15 日《中华读书报》，作者系中华书局古籍整理出版中心二十四史修订办公室编辑）

三本书厘清唐代仕宦人生

胡　珂

赖瑞和先生所著《唐代高层文官》一书，近由台北联经出版公司和北京中华书局分别推出了繁体版和简体版，本书的出版，意味着赖瑞和先生构思、沉淀、撰写多年的唐代文官研究三部曲系列终于合尖。

职官制度是解读中国古代文史的一把钥匙，但历来却以繁琐、枯燥示人。唐代立国近三百年，见于文献记载的文官名目三百余种；唐代文官制度上承魏晋南北朝以来讲究“清浊”的观念，下启五代、北宋时大行其道的使职差遣之风，重要性和特殊性不言而喻。

赖先生早年在普林斯顿大学师从杜希德教授攻读唐史时，即深有感于唐代文献中职官部分之费解难读，如何才能像唐人一样亲切地阅读感知那些貌似复杂的官衔？怎样从那些“无血无肉的骨架式履历”中心照不宣地体会唐代文官的出身高低、功业大小、生活状况？唐代文官研究三部曲的出发点，乃是赖先生为了满足自己的求知欲。

三部曲的繁体版先由台北联经出版公司分别于2004、2008、2016年出版，北京中华书局亦在2008、2011、2017年先后推出简体版。三部曲虽历经十多年才最终出齐，但一直是作为一个整体进行构思的，赖先生在第一本书《唐代基层文官》出版时就已经对三本书的封面有了清晰的设计思路，那就是三本书要和唐代基层、中层、高层文官的服色相呼应。据《旧唐书·舆服志》《新唐书·车服志》《唐会要》等书，高宗上元元年（674）有敕文规定：文武官三品以上服紫，四品服深绯，五品服浅绯，六品服深绿，七品服浅绿，八品服深青，九品服浅青。所以无论是联经版还是中华版，《唐代基层文官》封面采用绿色系，《唐代中层文官》采用绯色系，《唐代高层文官》采用紫色系，让每本书的色调都与它所讲述的文官群体的服色相映成趣。需要说明的是，由于简体版每部书的出版时间皆稍晚于繁体版，作者得以汲取学界对之前繁体版的意见，在简体版中多所补充订正，如《唐代中层文官》简体版序言所说“把全书做了各种大大小小的修改，不下百处之多”，因此中华版其实是对联经版的修订本。

赖瑞和先生将唐代文职事官纵向划分为基层、中层、高层这三个层级，并不纯然依据唐代九品正从上下三十阶之高低，而是兼顾了官资之清浊、权任之轻重、职务之剧闲以及官员的仕途前景之优劣等多重因素。譬如在《唐代中层文官》中，五品的郎中，七八品的拾遗、补缺和没有品级的方镇使府之判官,都被纳入“中层”序列加以讨论，正是基于上述综合考虑。三部曲陆续出版后，学界对此分类原则有所讨论，相信用心通读过全书的读者们不难理解作者之立场。

三部曲并非对见载于《唐六典》《通典》和新旧《唐书》职官志等政书的三百余种文官做逐一的考察解说，那势必不是三册书所能容纳的。三部曲的一个总体研究思路，首先是要从林林总总的唐代文官中遴选出当时人最为看重、最常履任、最具代表性者来以简驭繁。如何遴选？一是特别关注唐人自己的表述，如封演、白居易都曾自道他们所处时代社会上最主流、令人歆羡的清贵官职和升迁轨迹。二是从史传、墓志所载大量唐人——尤其是像张说、张九龄、李巽、李德裕这样的典型人物的实际履历中寻绎规律，将封演、白居易虽未道及但客观上不容忽视的官职加以补充、丰富。这样，构建出一个“唐代常任核心文官模式”，其纵向分基层、中层、高层三级别，横向分京官、州县官和方镇使府官三板块。三部曲重点剖析之核心文官数量不过三十多种，但因这些核心文官具有较高代表性，一般读者足以凭此感知绝大部分唐人的仕宦人生。

三部曲分别讨论唐代士人常任的基层、中层、高层官职，内容相应各具特色。

唐代士人在进士、明经及第或通过门荫等途径获得做官资格后，初涉仕途，几乎都从基层小官做起。中央秘书省、集贤院等机构的校书郎、正字，仅提供给精英分子，被时人誉为起家之良选，释褐之美职，任官者进而有机会任京畿县尉或去名藩重镇担任巡官、推官或掌书记。普通士人则多担任参军或判司，或为中下县簿尉，或在某一次要方镇任僚佐，他们的前途通常要黯淡一些。作者对唐代基层文官的生活实态给予相当程度之关注，专章集中讨论一些虽然显得琐细但非常实际的问题，包括俸禄多少、职位任期、任满后的守选、宦游奔波、办公和休假等。从这些具体而微的讲述中，读者得以窥见一个唐代基层士人的鲜活人生。读过《唐代基层文官》，我们便不会再仅据官品而想当然地轻视像校书郎、正字这样前途光明的释褐官而以为任官者沉沦下僚；同时也知道像李白这样自恃诗才便想突破体制不经基层而直取公卿有多么不切实际。

在《唐代中层文官中》我们看到，已经积累了基层仕宦资历的唐代士人，其中一部分幸运者得以继续向上攀爬，升任到中层位置：若任京官，多为监察御史、殿中侍御史、侍御史、拾遗、补阙等台谏官，或郎中、员外郎等郎官；若任地方官，则多是重要州县之县令、司录、录事参军；若任幕府官，则多是判官等。然而对于绝大多数人来说，向上晋升的机会已经相当渺茫，次要州县官或普通幕职官就已经是他们的职业天花板了。

《唐代高层文官》主要聚焦透视五大类型官员，即宰臣、词臣、史臣、财臣及地方牧守，这是因为他们是帝国“最有权势，最接近皇帝皇权，最全面掌管国家财赋，且在地方上治理老百姓最重要的五大类高层文官和使职”。由于玄宗以后高层文职官大都经历了漫长的使职化过程，给当时和后世都带来了深刻影响，故本书即将使职为一大切入点。使职具有皇帝特使的身份，无官品而握实权，更专业亦更剧要，作者为使职下了一个新的极简定义：“举凡没有官品的实职官位，都是使职。”据此定义，唐代以本官充任史职的史官是使职，宰相究其实质也是使职，唐后期的节度使只不过是戴上了使职帽子的刺史。作者注意分析各类职官使职化过程中的差异，指出像史馆史官取代著作郎、著作佐郎是迅速完成的一职代一官；而词臣与财臣的使职化较为缓慢，在一定时期内呈现“双轨制”，如中书舍人、知制诰和翰林学士三种词臣并用，户部度支司曾与转运使、判度支使等共存。史臣、词臣、财臣的使职化体现为新职代旧官，可谓“取代式”的使职化，而唐后期刺史在本官并未被削弱的情况下被赋予诸多使职，这是“加官式”的使职化。

如作者所说，他对唐代官员本身的兴趣，永远大于“冷冰冰”的制度条文，体现在研究和写作方法上，三部曲的共同特色是“在传记中考掘制度史”。不满足于传统政书中记载的制度条文，作者更力图从两唐书传记、近世出土的墓志和神道碑、唐人的诗文笔记等文献中挖掘生动的制度史材料。

三部曲可读性颇佳，每个章节都用紧扣章节主题的一首诗歌或者一则史料作为引言，在正文行文之中，也常结合唐代诗文甚至现代人习见的现象加以印证。例如《唐代基层文官》第四章《参军和判司》，引言举出白居易三十九岁时获得京兆府户曹参军时的诗《初除户曹喜而言志》，“俸钱四五万，月可奉晨昏。廪禄二百石，岁可盈仓囷”，四五万的俸钱比白居易七年前任校书郎时的“俸钱万六千”多了好几倍，他喜悦之情跃然纸上，亲友也“贺客满我门”，因而他要“捧诏感君恩”。从这些制度条文之外的文献中，我们可以读出官员们鲜活的人生体验。又《唐代高层文官》第十三章论述盐铁使及其地方附属组织：“盐税完全由盐铁转运使（以及后来的度支使），和属下的一系列庞大组织和官吏，自行负责。他们要管理盐的生产、课税、运输，以及最后把盐利送缴朝廷。唐朝廷现在要做起生意来了，而且还是全国性的大生意，要组织亭户去生产盐，把盐加税后，卖给盐商，再由他们转卖给百姓。这简直就像在经营一个遍及全国的大企业。朝廷要在各州县产盐区，设置生产收购网（组织亭户，收购他们生产的盐），然后还要有课税销售网（加盐税，售给盐商）。同时，为了防范私盐，监督运输，还得设立一支全国性的盐警部队。又为了运输盐产和盐利，还得有一个完整的运输网。这就需要聘用不少自己的盐官，和数千名下层吏员。唐朝这个盐政大企业，恐怕比现代的许许多多大型国营企业，还要复杂。唐朝是第一个设立这种大型国营事业的朝代。”这种引人入胜的笔调很容易吸引读者的阅读兴趣。

《唐代基层文官》和《唐代中层文官》出版后不久，海内外的学术刊物上刊布了至少八篇以上的书评，可见颇为学界关注。即使其中持论较苛的评论者，也无不推崇作者活泼晓畅、娓娓道来的叙述风格。既往学者对唐代官制的研究专著不少，但多是就某一具体职官或制度作专门考证，虽间有力作，也多成高头讲章，在可读性方面尚有欠缺。像赖瑞和先生这样倾数十年之功致力于通盘梳理整个唐代文官体系，提纲挈领地勾勒出唐人在官场中的沉浮迁转模式，并深入浅出地为晦涩的官衔“解码”之作，着实不多。从市场角度看，同类制度史研究著作一般难得有重印的机会，而先前《唐代基层文官》《唐代中层文官》简体版颇受欢迎，都曾加印，现今又已售罄。唐代文官研究三部曲的读者面向较广，在传统文化热度渐高的今天，专业学术领域之外的知识阶层，无论从什么兴趣角度来阅读这唐代文官制度三部曲，上到治国理政，下到企业管理，应该或多或少都能获得一些私人阅读愉悦。

（原载 2017 年 12 月 3 日《晶报·深港书评》，作者系中华书局古籍整理出版中心历史编辑室编辑）

古代技术文化新见

王　亮

江晓原教授思维活跃、视野开阔，长期专注于中外科学史与科学文化的研究，向来以把冰冷索然的科技史写得兴趣盎然、引人入胜著称。《中国古代技术文化》（中华书局版）是他一部从科技史角度研究中国古代文化的专著。

古代中国到底有没有地圆学说？是谁告诉了中国人寒暑五带的知识？究竟是谁将骑士阶层炸得粉碎？中医究竟是什么？这些都是研究科技文化史中最常见的问题，江晓原在这本书中就是从这些常见问题、趣事出发，通过实事求是的客观考辨、深思熟虑的系统研究后给出了答案，并进一步阐述了一个学者眼中对于中国古代技术文化的新思考、新见解。

书中内容涉及甚广，从工程技术、天文地理及医学文化等方面，既聚焦古代技术成就，又兼顾当下社会关怀。

通过质朴的语言和深入浅出的叙述，“四大发明”的来龙去脉勾勒得赫然清晰，韩国学者提出的韩国最先发明印刷术的论断瞬间破灭，中医作为呵护中国人健康几千年的作用得到正视。书中更是运用天文学知识和古代文献记载确定了武王伐纣的年份和孔子诞辰的日期，在启人思考的同时展现了文理兼修的知识背景在研究科技史领域中独特的优势。

贯通中西是本书的另一大特点。江晓原在古代中西方学术交流上的研究和建树，使他善于以贯通中西的视角来看待中国古代技术成就，也得以以更宏观的视野思索更宏大的议题。

从宏观的视野看，“科学”的含义，本身就是一个值得讨论的问题。在西方，尤其是英美国家的传统里，科学是狭义的，若非特指，在一般情况下专指自然科学。他们的学科分类体系中，经常是科学、数学、医学三者并列，医学并不属于“科学”的范畴。因为在这种分类中，“科学”是指天文学、物理学等“精密科学”，而人类对人体的奥秘所知仍非常之少，故医学远没有达到“精密科学”的地步。但是在中国，似乎许多人——包括医学界的人士，都将医学视为科学。江晓原说，以前的思维定式，把“科学—现代化—理性”绑在一起，实事求是地看，这种思维方式是有很大问题的。

如何更好地研究和弘扬中国古代技术文化，对于民族自信和文化自信意义深远。《中国古代技术文化》一书以实事求是的辩证态度，以一份证据说一份话的求真精神探讨中国古代的技术文化，在对传统文化娓娓道来的同时，启迪读者思考对待传统文化乃至对待科学应有的态度。

（原载 2017 年 12 月 8 日《中国新闻出版广电报》，作者系中华书局上海聚珍文化传媒有限公司编辑）

通晓三百年唐史的捷径

——《唐史通俗演义》读后

罗明钢

19 世纪末 20 世纪初，已沦为半殖民半封建社会的中国，掀起了一场救国图存的革命思潮。作为中国近现代知识分子的代表人物之一，蔡东藩一生几乎都生活于中国历史上最动荡最惨烈的时期。国家的危亡、社会的紊乱、生活的艰难，坚定了这位纯粹的知识分子的救国之路。从最初的“清官救国”，到“教育救国”，再到“小说救国”、“演义救国”，蔡东藩虽未能引领时代的风潮，却一直以一位底层知识分子的担当坚定地走在以历史演义救国的道路上。从 1916 年写成的《清史通俗演义》到 1926 年完成的《后汉通俗演义》，11 部历史通俗演义著作，让其成为“中国近现代历史小说史上‘正史演义’创作的集大成者”。这煌煌 600 余万字，也见证了蔡东藩演义救国的奔走历程。而写就于 1922 年的《唐史通俗演义》，是蔡东藩演义系列小说中的代表之一，是作者有感于唐之正史难读，野史小说荒诞无稽而作的。

与蔡东藩其他历史演义作品一样，《唐史通俗演义》注重叙事讲史，很少着意于塑造贯穿始终的人物形象，因而，其“演义”系列作品，与“七分史实，三分虚构”的《三国志演义》等历史“演义”小说有一定的区别。如蔡东藩《唐史通俗演义》自序所言，《唐史通俗演义》“就唐事以为演述，共成百回，以正史为经，务求确凿，以轶闻为纬，不尚虚诬”，从而成就了本书“文不尚虚，语惟从俗”的艺术特色。

宋人吴缜说：“夫为史之要有三：一曰事实，二曰褒贬，三曰文采。有是事而如是书，斯谓事实；因事实而寓惩劝，斯谓褒贬；事实、褒贬既得矣，必资文采以行之，夫然后成史。”章学诚《文史通义·史德》亦说：“史所贵者义也，而所具者事也，所凭者文也。”故而，评述一部以“就唐事以为演述”的《唐史通俗演义》，不得不从其“事”“文”“义”“技”四个方面的独特个性说起。

事——避虚就实

“避虚就实”，简单地说就是摒弃想象而无根据的事，只叙述有确凿的历史记载事件。蔡东藩在《唐史通俗演义》第一回就痛斥了散坐瓜棚豆架旁笑谈大唐遗事者，“什么晋阳宫，什么凤凰山，什么摩天岭，什么薛仁贵征东，什么罗通扫北，什么巴骆和，什么宏碧缘，最出奇动人的，是盖苏文兴妖作怪，樊梨花倒海移山，唐三藏八十一难，孙悟空七十二变……甚且把神功妖法、子虚乌有等话，信为真有，看似与国无害，与家无损，哪知恰有绝大关系”。历史是严肃的，容不得荒诞的虚构，在他看来，一切虚假之事的传播，只会让普通大众变得愚昧、迷信。饱读经史的蔡东藩，创作演义小说的目的就是要还原历史真相，让普通读者也能从历史的镜子中发现家国与社会发展的一般规律。

为区别于“多借唐事影射”的“谈仙说怪诸书”，蔡东藩的《唐史通俗演义》一直以“无一事无来历”的严苛标准选材用事，“以不使观者往往为所惑乱”。在《唐史通俗演义》中，蔡东藩直接摒弃了玄奘除妖斩魔、杨贵妃死后与唐明皇重逢等荒诞传说，而对于张说所著的《虬髯客传》（一说为裴铏或杜光庭所著），他在第四回回末却作了大篇幅的批注，以阐明自我对史实的认识和选材的标准。他说:“红拂夜奔，虬髯让室，事见张说所著《虬髯客传》，而正史不录，论者以为近诬。窃谓张说仕唐，距李靖不过数年，说以能文著名，讵屑以荒唐不经之语，留贻后世。且后世若以说为虚谈，亦将置诸敝麓，何至流传至今，播为艳闻？是可知红拂虬髯，必有其人。曾见《隋唐演义》中，演述是事，且全载二人姓名。红拂妓名出尘，虬髯客名仲坚，而说传无之。张说犹未知其名，宁编《隋唐演义》者，顾独能知之乎？故本编详姓略名，存说传之真也。”无论虬髯客与红拂之事是否属实，蔡东藩的批注无疑是其避虚就实的选材用事态度的集中体现。

《唐史通俗演义》叙事的避虚就实，没有顺从当时的市场所需，反对“增人智识则不足，乱人心术且有余”的无稽之事，而是站在救国图存的思想高度撰叙小说，俨然是蔡东藩开民智、启民心的担当写照。

文——通俗浅白

在历史小说中，“演义”是对“正史”的通俗化写法，因而，“演义”之文，常常忌雅求俗。所谓“忌雅求俗”，既指写作题材和用语的通俗性特征，也指读者对象的大众化。作为一部旨在向国人普及历史的著作，《唐史通俗演义》避虚就实的原则和少雅通俗风格倾向，使其史笔的韵味远远胜于文笔。一般来说，史笔贵直，避虚就实，多客观性、陈述性用语；文笔贵曲，强调感性思维和想象，着意而富于感染力。因此，从写法上说，本书曲少而直多，表现出通俗而浅白的文风。

如本书第一回，为使读者方便理解作者的思想主线，直接引用了坊间流行的“汉经学，晋清谈，唐乌龟，宋鼻涕，清邋遢”之语，并对“唐乌龟”一语展开了生动活泼而通俗易懂的解释，颇具市井生活趣味。而说书人的口吻和用语，将严肃而遥远的历史变得活泼而贴近普通读者的生活，其情景性的营造，让本书文辞更显通俗、浅近、直白。书中，蔡东藩常以“小子”自谓，又常有“倒栽葱”“无赖”等俚俗之语，使得本书语言尤显生动活脱。如所谓“甚至大家夫妇，委身过贼，好一座锦绣江山，竟被那砀山无赖朱阿三，轻轻移夺了去，说将起来，煞是可怜”。想来，“江山”如何被无赖“轻轻移夺了去”？轻巧活脱的生活用语和夸张的修辞手法，使得枯燥严肃的历史有了极强的可读性。

尽管“以正史为经，务求确凿，以轶闻为纬，不尚虚诬”的原则使得《唐史通俗演义》文白语俗，但在叙述之时，蔡东藩也不忘使用“曲笔”以增加历史演义的可读性。如在第二回回末作者即点评说：“李渊发兵，非出本心，世民请之，裴寂劫之，强而后应，经作者依史叙述，叠用曲笔，写当时情事，益觉波澜层出，趣味横生。……盖小说之足动人目，全赖用笔曲折，不涉芜衍，否则依事补叙，味同嚼蜡，亦何若返观正史之为得乎？若文笔不足醒目，反凭虚臆造，假为勇力乱神之说以惑世，是尤为荒谬无稽，有乖正义，明眼人固不值一盼也。”

义——删繁就简

既名为“演义”，就需要借助历史事实来推演、阐释义理。《唐史通俗演义》亦不例外。在本书中，作者本着“即古证今，惩恶扬善”“演述故乘，期为通俗教育之助”的理想，欲借历史事件来鉴世人，以期让普通读者能够在读史中明了救亡图存的道理。由于普通大众知识结构和社会认知的局限，蔡东藩必须将纷繁复杂的社会历史演变用一种通俗浅白的语言来叙述，并从中抽绎出简单义理规律。

唐朝近三百年的历史发展，如何用简单的一两句将社会的方方面面囊括其中，这是历史演义家需要解决的首要问题。在《唐史通俗演义》中，蔡东藩开宗明义地以“乌龟”一词来形容一十四世唐祚，二百九十年唐史。这就形象生动地将唐朝繁杂的人事关系、时局变化勾勒了出来，使读者对唐朝近三百年历史形成了一个初步的认知。在此基础之上，蔡东藩继续深挖，提出唐朝演义的三段立论。他认为，女祸、阉祸、藩镇祸在唐朝历史上依次产出，终至灭亡，并说：“若从根本上解决起来，实自宫闱淫乱，造成种种的恶果。”

毋庸置疑，蔡东藩对唐朝近三百年的论调，有其可采之处，但亦有不少局限性。然从普通大众知晓历史演变的角度来说，蔡东藩将历史演义之义理用寥寥数语概括出来的做法，却是一个有效的尝试。他用道德因果律来演绎历史事变，用尽可能多的历史史实来编织成通俗演义文本的故事情节，以深刻揭示历史事变的内在本质。此举既发挥了演义作品之所长，也赋予了演义作品新的内涵，这与其演义救国的思想有着莫大的关联。

整部《唐史通俗演义》，从隋末群雄并起写起，至朱温篡唐而终，将李唐王朝二百九十年的兴衰存亡之理一一演绎。如第十九回所蕴含的纲常之义，蔡东藩认为：“三纲五常，为治平之大要，纲常不正，则内乱必生，乌乎治国？乌乎平天下？”第五十五回详细铺叙的张巡、许远殉义的忠义精神，作者回末点评说：“张巡许远，为唐室一代忠臣，不得不详叙事实，为后世之为人臣者劝。”第五十七回着重演述修身治国的关系，其认为“身修而后家齐，家齐而后国治，国治而后天下平，此实千古不易之论”。类似的道理，蔡东藩在叙述中皆从“乌龟”中推衍而出，并在女祸、阉祸、藩镇祸中逐一深入细化，形成一个金字塔形的演述治国义理的文本结构。

技——独运匠心

在演述历史故事时，蔡东藩往往独运匠心，在枯燥的史实和荒诞的小说之间寻找到一种叙事的平衡，通过不同的叙事方式来实现其欲传达的意义。《唐史通俗演义》的整体结构，是蔡东藩匠心写作的一个表现。本书先开宗明义，给读者定下一个整体的认识，而后一一铺叙说来。如第一回以“唐乌龟”之论括述唐朝近三百年的历史，以“女祸”“阉祸”“藩镇祸”为唐史演义的三个阶段特征来依次论述，这就给读者提供了把握和认知唐朝近三百年历史的主要框架。

在明确《唐史通俗演义》的书写基本框架后，蔡东藩将叙事技巧用在细节的表现上，从而使得《唐史通俗演义》

血肉饱满，逻辑谨严。蔡东藩的叙事善于做足悬念，如晋阳令刘文静为李世民出计,用“附耳密谈”而不点破“计”的内容。当李世民找到宫监裴寂，欲求裴寂帮助自己时，刘文静之“计”仍然未破。在此之时，必然要对“计”之来由与实施作一番介绍，由此又牵连到他人他事的叙述。当各人各事表述妥帖清晰后，读者对“计”之真正内容的疑问正好悬于本回末尾，直接引导读者往后一回读去。如此叙述，在紧凑并推动情节发展和观众心理的期待上，都是恰到好处的。尽管头绪繁杂，然行文却能始终做到以事带人，对表现重要人物的性格特征起着尤为重要的作用。这种以事带人的叙事方式，用重要人物串联历史事件的发展主线，并不忘以周围人物辅助、衬托中心人物从而起到推进事件发展的作用。如写李世民之英雄卓略，先由时局动荡、草头王和群盗蜂拥而起为背景，引出刘文静和裴寂对时态的分析和忧虑，进而由刘文静道出李世民。

蔡东藩叙事的详略布置，皆依情节的发展和人物的塑造需要来删繁就简或化简为详，以“免致阅者眩目”。如第三回中，正当李渊因连下数日的大雨而焦烦之时，“忽由军校呈入檄文”，一下子陡增李渊的焦烦、读者的好奇。在本书中，檄文内容仅简要地写了“文中首二句”和后文数句，正文大篇幅的内容则以“历数炀帝十罪”概括。这就将小说叙事与历史叙事区分开来，少了史实的“芜衍”，使得主线清晰，节奏紧凑。这一轻檄文内容、重李渊李世民行为表现的叙述，在情节的推动上，李密所书的这道檄文，使得“焦烦”不已的李渊“愈觉放心”，这就坚定了李渊夺取天下的志向和信心，为李氏王朝的新创起到预示和推动作用；在人物的塑造上，由檄文引出李氏父子决计谋略和胆识魄力的叙述,反映出李氏父子起兵为人心所向，侧面烘托出这一时势所造的李氏父子的英雄形象。

历史事件本就头绪纷繁，尤其是风云变化的改朝易代之际，因此，历史演义小说如何叙述好时势时局，是作者最为棘手的问题。蔡东藩此书在对时势时局的叙述中，不但思路清、条目明，颇有小说意味，而且其在叙事中将矛盾聚集起来而形成一波三折的叙事之法，增加了情节的紧迫性。如,当李渊为连日大雨而焦烦时,“忽由军校呈入(李密）檄文”，此事刚议定，又“不意探骑突来急报”，作者有意将各类事件聚集起来，考验着李氏父子二人时势英雄的胆识谋略。

唐太宗李世民所说:“以铜为镜，可正衣冠;以古为镜，可见兴替；以人为镜，可知得失。”在众多史书中，这部以演义救国之心写就的《唐史通俗演义》，无疑是了解唐朝近三百年兴亡成败史最便捷最有效的途径之一。本书除在“事”“文”“义”“技”上颇有创获外，中华书局新版本还保留了蔡东藩的全部注释、夹批和后评，并用不同颜色、不同字体字号加以区别，还针对部分少见的偏字僻字作了注音，方便了读者的阅读。同时，为保存原版风貌，新版《唐史通俗演义》还收录了石印线装本中的全部人物绣像和插图，图文并茂，读来颇为赏心悦目。

（原载《书品》2017 年第二辑，作者系中华书局大众图书出版中心编辑）

以时代精神，编传世文选

——读《中华传统文化经典百篇》

白爱虎

2015 年春，国务院李克强总理在国务院参事、中央文史研究馆馆员座谈会上提出“一代人做一代人的事情”，倡议用“百篇”的形式编纂一部关于中国传统文化的文选，以起到推广传统文化、避免断章取义的作用，用以育人资政、传诸后世。这个倡议得到馆员们热烈的响应。参事室党组将这项工作确定为当年的重点工作，召集馆员和馆外专家就此进行深入研讨，并迅速成立了组委会和馆内外专家共同组成的编委会。确定由国务院参事室、中央文史研究馆编，袁行霈、王仲伟、陈进玉主编，并由古籍学术出版重镇中华书局承担编辑出版任务。

这部书就是《中华传统文化经典百篇》。

在出版座谈会上，作为主编之一的袁行霈先生表示：“我们清醒地认识到，只有用时代精神激活中华传统文化的生命力，只有以社会主义核心价值观为引领，着眼于中华传统文化的创造性转化、创新性发展，我们的‘解析’才能呈现出超越前人的新风貌，才能推动传统经典的普及传播，才能更好地服务当代，面向未来。”

袁先生的发言很好地阐述了“中国共产党在领导人民进行革命、建设、改革伟大实践中，自觉肩负起传承发展中华优秀传统文化的历史责任，是中华优秀传统文化的忠实继承者、弘扬者和建设者”的重要论断，很好地贯彻了中共中央办公厅、国务院办公厅印发的《关于实施中华优秀传统文化传承发展工程的意见》的重要指示精神，体现出很强的历史责任感和现实使命感。

《中华传统文化经典百篇》，就是为传承中华民族的历代文化经典，弘扬中华民族优秀传统文化，展现传统文化在当代的意义，并为构建中华民族的精神家园，实现中华民族伟大复兴的“中国梦”提供精神助力而编辑出版的。毫不夸张地说，这是一部按照时代精神编选的中华优秀传统文化经典读本，是一部不难想见可以流传的经典文选。我认为这部书值得称道的有以下数点。

一、选篇精当，内容丰富

本书按照思想性、现实性、学术性和可读性统一的原则，选入 101 篇经典作品。从内容上来说，包括先秦诗歌、辞赋及历代论说、语录、史传、奏议、碑志、杂记、序跋、尺牍等各种文体，不仅涉及哲学、社会科学，还涉及科学技术、中外关系、军事思想等领域，尤其注重那些关乎修身立德、治国理政、伸张大义、嫉恶刺邪、亲情伦理的传世佳作。从时间上来说，上起先秦，下迄近代，从《尚书·皋陶谟》一直到梁启超的《少年中国说》，历时数千年，既是历代名著名篇的精粹选本，也是中华民族优秀传统文化的一个较小体量的缩影，更是中华民族精神发展、成长史剪影，基本上可以从各个角度、各个层次，很有代表性地反映出中华优秀传统文化的面貌和深邃的精神内核。

以“五经”为例，《尚书》选了治国之要在修身、知人、安民的《皋陶谟》，治国九条根本大法的《洪范》，以及告诫成王治国应当勤政的《无逸》。《周易》则选了代表刚健、厚德精神的《乾》《坤》二卦。《诗经》则选了四始：“《关雎》之乱以为《风》始，《鹿鸣》为《小雅》始，《文王》为《大雅》始，《清庙》为《颂》始。”（《史记·孔子世家》）《左传》所选《子产不毁乡校》《子产论政宽猛》《邵公谏厉王弭谤》颇具思想性，很有现实意义，值得我们今天借鉴。而《礼记》所选《礼运》《大学》《中庸》其重要性更不待烦言而自明矣。此外，特别是选了我国最早论述典籍成书流传及各类思想学派源流演变的《汉书·艺文志序》，和我国第一部分析字形、说解字义、辨识声读，被认为是“经艺之本，王政之始”的《说文解字》，尤其能见出编者的眼光、识见。凡此种种，无不表现出选篇精当，内容丰富的特点。

二、结构合理，体例恰当

从全书的编排顺序来说，本书所选文章，涉及门类很多，怎么安排顺序，必须统筹考虑，合理安排；确定的编排顺序必须能够贯彻到底，而不自相攻伐自乱其例。有鉴于此，编选委员会确定所收篇章的编次，不分文体类别，概以作者时代或成书先后为序。凡同一时代的作者，则按其生卒年先后为序。成书年代或作者生卒年尚存异说者，则暂取一说，并在【题解】中予以说明。正因为确定并贯彻以时代先后为序的原则,所以看目录就可以发现《左传》后面跟的是《国语》《管子》《老子》,而作为五经之一的《礼记》则被安排在《公羊传》的后面。这样做的好处是，可以鲜明地看出各家各派的历史先后和源流演变。

从文本处理来说，选篇既定，则慎重确定各篇底本。处理的原则是，古今字、通假字一概不作改动，保留原貌，异体字和古籍中混写的字则根据上下文环境，改换为今天的规范用字。选文一律注明底本和篇卷数，则读者有疑，更可覆按也。所谓用古籍整理的方法来做优秀传统文化的普及工作，本书就是这么做的。

从篇章的解读和阐释来说，本书对每篇选文，均设置【题解】【注释】【解析】三个栏目。【题解】撮要介绍作者、成书、篇题以及写作背景。【注释】解释难懂词义、注释生僻字音，串讲文句大意，尤其对典章制度进行详细训解，沟通古今方俗，进行必要转化。【解析】则从时代精神出发，阐明文章主题，阐发精神内涵。要之，【题解】能让读者迅速了解一书之大概；而【注释】则妥帖详尽，绝无当注不注、不当注乱注之情况；【解析】则精彩阐发与当下精神高度契合的篇章主旨。正如袁行霈先生在后记中所说："我们既立足于现实的需要，追求学术的高水准，又坚守学术的规范，并兼顾读者的需要，对每一篇文章都做了详细的注释和解说。"这是时代的要求，这是读者的需要，也是中华书局的追求，正如党的十九大代表、中华书局总经理徐俊在接受《光明日报》记者采访时所说："文化自信其中的应有之义就是，要对民族自身的文化有更准确的理解、更高度的认同。对出版人来说，就是要做好更精准的阐释，出版的本质是内容选择和价值传播。所以我们提倡经典阅读和有价值的阅读。"本书从文化认同、价值传播的高度出发，并追求学术的高水准，胜义纷呈而新人耳目，是当得起可读、可学、可信、可传的评价的。谓予不信，请读此书。

三、作者强大，编辑负责

本书的编委会相当豪华，主编由袁行霈、王仲伟、陈进玉先生担纲，副主编则为冯远、陈来、陈祖武、许逸民四位先生，编委（以年龄为序）也都是各自领域的泰山北斗：李修生、王蒙、孙钦善、杨天石、王宁、陈高华、刘梦溪、白少帆、安平秋、赵仁珪、赵德润、詹福瑞、刘跃进。可能有人会有疑惑，这些编委只是挂名吧？不是的！袁行霈先生在后记中交代得很清楚："编委会确定选文的范围、读者对象、时限、体例等等。经过会上和会下的反复研究，最终确定了 101 篇作品。此后编委们指定了一些助理（引者按，指王贺、方韬、申祖胜、冷卫国、张丽娟、张芬、张志勇、张国旺、林嵩、凌丽君、袁媛、曾祥波等 12 人），这些助理都有博士学位，他们在编委的指导下起草初稿，编委审阅后，主编和副主编再逐字逐句地反复修改，最后由主编会议定稿。承担出版任务的中华书局接到稿件后，又认真加以审校，连同编委和主编，本书前后共经九审三校才付印。"可见这是作者、编辑通力合作，谨慎从事，从而完成的富于时代精神的中华优秀文化经典选本。

金无足赤，人无完人。本书也不会十全十美，如所选《苏武传》存在一处标点问题。上册 392 页有一段话：

> 后陵复至北海上，语武："区脱捕得云中生口，言太守以下吏民皆白服，曰上崩。"武闻之，南乡号哭，欧血，旦夕临。数月，昭帝即位。数年，匈奴与汉和亲。

查标点本《汉书》2465 页，正与此同，是本书完全依据底本。董洪利先生主编的《古典文献学基础》336 页已指出其误：

> 按照这一段标点阅读，会使人理解成汉武帝死了数月之后昭帝才即位，这不符合史实。实际上昭帝是在汉武帝死后的第二天就即位了。《汉书·武帝纪》："丁

卯，帝崩于五柞宫。”《昭帝纪》：“戊辰，太子即皇帝位，谒高庙。”标点者对这一段史实不太熟悉，随手点断，故有此误。正确的标点应当是：“……武闻之，南乡号哭，欧血，旦夕临数月，昭帝即位数年，匈奴与汉和亲。”意思是，苏武听到武帝死讯，日夜哀痛达数月之久。

爱之深，责之切，我们希望本书再版时这类问题可以改正，使其成为更加完善的承载中华传统文化精神的读本。

综上所述，本书具有选篇精当，内容丰富；结构合理，体例恰当；作者强大，编辑负责的优点。正因为如此，我们有理由相信，《中华传统文化经典百篇》一定会成为展现传统文化当代意义、构建中华民族精神家园的优秀传世选本。

（原载《书品》2017年第四辑，作者系中华书局学术著作出版中心学术著作编辑室编辑）

郁达夫的手稿及其他

余佐赞

在汉口路的酒店大堂咖啡吧，和郁达夫嫡孙峻峰兄一边啜饮着咖啡，一边闲聊着新出版的郁达夫的《她是一个弱女子（手稿本）》（中华书局版），说到这部中篇小说的遭遇，我们都唏嘘不已。1932 年 4 月它由上海湖风书局出版，出版后就一直连遭厄运：1936 年 6 月被当局指为“普罗文艺”，湖风被封，此书遭禁；1932 年 12 月改由现代书局重印出版，这回“罪名”是“妨碍善良风俗”，再次遭禁；1933 年作者对“妨碍善良风俗”处进行了一些删改，并改名为《饶了她》，再次由现代书局出版，1934 年 4 月当局依然没有“饶了它”，认为此书“诋毁政府”，禁止出版并查抄了存书。自此以后，这个中篇再没有单独出版过。翻看着这部高仿真手稿，当年簇新挺括的稿子，扬尘沧海八十多年后，如今已经是蓬松发黄，还偶有油渍，直到如今才以手稿的形式单独面世，一直未能尽情绽放的花儿终于可以无拘无束地开放了。摩挲手稿再三，能不感慨吗？

这部中篇小说，除了遭遇奇特，还有就是其中内容也一直颇多争议。《她是一个弱女子》到底有没有影射王映霞，这一问题就一直都很有争议。郁达夫和王映霞两位当事人是各执一词。王映霞在她的《他又出走了》一文中说，《她是一个弱女子》是郁达夫因为怀疑她与她的同学刘怀瑜之间有什么关系，郁达夫就是在“上述这种奇异的情绪下写了这一本小说”。可郁达夫在出版《他是一个弱女子》的《后叙》中说这本书的题材是他在五年前就想好的：“《她是一个弱女子》的题材，我在一九二七年（**见《日记九种》第五十一页一月十日的日记**）就想好了，可是以后辗转流离，终于没有功夫把它写出。”前者言辞凿凿，后者也有日记为证，外人谁能说得清。

鲁迅说，讨论作品“最好顾及全篇，并且顾及作者的全人，以及他所处的社会状态，这才较为确凿”。或许两位当事人说的都对，或许这部中篇小说是作者很多年前构思的一个作品，因为一个诱因：1932 年 3 月 14 日（农历二月初八），刘怀瑜和她的女同事来上海参观十九路军上海战果，住在三马路（汉口路）慧中旅馆，王映霞和郁达夫去看刘怀瑜，吃过晚饭后王映霞就留下来陪同学了。再加上近期发生的那些：1932 年 1 月 28 日晚上海发生了震惊中外的“一・二八”事变，日本侵略者于斯日突然向上海闸北的国民党第十九路军发起了攻击；1932 年 2 月，杭州也发生了一件陶元庆妹妹陶思瑾杀死刘梦莹的情杀案。于是作者有了一个清晰的框架，就用“十日的空闲”写就了这个中篇。聊及小说中有没有影射某个人，我们觉得这篇作品肯定反映了作者当时的生活和思考，但作品中的人物往往也是“嘴在浙江，是脸在北京，衣服在山西，一个拼凑起来的角色”（鲁迅语），小说毕竟是小说，不宜简单地对号入座。

《她是一个弱女子》中写了一个弱女子，其实还写了一个弱男子，那就是郑秀岳的丈夫吴一粟。由吴一粟我们聊到了郁达夫，郁达夫的后半生远渡南洋，还有高调离婚（《毁家诗纪》发布于 1939 年 3 月香港《大风》创刊一周年号上），其实也是一个“弱男子”迫不得已之举。短短的一篇《毁家诗纪》，自注中出现“许君”、“许厅长”和“许绍棣”这位浙江省教育厅长多达 20 多处。于郁达夫来说，如果许绍棣带给他的是面子上不堪的人，那还有里子里让他不寒而栗的人，那就是那个据说名字来自“卿虽乘车我戴笠，后日相逢车下揖”的戴笠。湖畔诗社的汪静之晚年撰文《王映霞的一个秘密》，说了戴笠和王映霞之间当时不敢公开的秘密。其实在郁达夫的日记中，也能发现一点草蛇灰线。1936 年 2 月 2 日，郁达夫应福建省主席陈仪邀请赴闽，2 月 7 日被委任为福建省政府参议，郁达夫 1936 年 2 月 14 日的日记：“发雨农戴先生书，谢伊又送贵妃酒来也。”戴笠，字雨农。郁达夫前脚刚到福州，戴笠后脚就送来贵妃酒。戴笠的身影如鬼魅一样，躲都躲不掉，最后郁达夫才会选择去南洋并离婚。聊及此，峻峰兄说，郁达夫其实是很可怜的。

和郁达夫后人谈郁达夫，他有很多都是从家人出发的视角，所以也就有很多独特的解读，听后也确实让人获益。郁达夫一生作品很多，恋爱不少，并且两者都非常精彩。他与三位妻子留下十一位子女，他给自己和原配孙荃生的孩子都按照辈分取名，即名字都有一个民字，如黎民、天民、正民，小时候男孩子的绰号都是动物，如早逝的龙儿，还有天民是熊儿。还有，郁达夫终生没有同孙荃离婚，对孙荃也一直身怀愧意，生前也多寄钱物回去。聊及此，峻峰兄觉得郁达夫有名士思想，封建观念严重，虽然是留学日本，但骨子里似乎还有妻妾思想。——这句话让我想起郁达夫在《毁家诗纪》其八下面的自注，其中就有一段这样的文字“长夜不寐，为题‘下堂妾王氏改嫁前之遗留品’数字于纱衫，聊以泄愤而已”。

和峻峰兄聊郁达夫，有时也会忘记了是在和郁达夫嫡孙在谈论郁达夫，因为他不像一般人那样一口一句我爷爷，而是郁达夫或者达夫地称呼着，仿佛说着一个不相干的人。不过就在恍若时，再一看眼前的聊友，又猛然清醒，不得不说，郁达夫的基因很强大，到了他的孙辈，那长相看起来还是和照片中的郁达夫很像。

暮色四合，杯中的咖啡已经狼藉得不愿再啜一口。和峻峰兄辞别后，开车穿过长长的延安高架，来到自己住的沪西陋室。饭毕，迫不及待地翻阅起这本手稿，这次从手稿中读到了很多隐隐约约的东西：开篇的献词有涂抹，如果没有手稿，真看不出作者曾经删掉了那么重要的一句话；主人公郑秀岳在手稿中多次被作者写成郑秀侠，是因为侠与霞同音吗？平生最恨是强解，当然不会无聊到去发掘所谓的小说表面所掩盖的“本事”。其实，单纯地去感受郁达夫手稿中的流畅和凝滞、迟疑和反复、删改和涂抹，就已经很有乐趣了。蓄好书能娱老，读手稿能怡情，此中乐趣，呵呵，我只与读者诸君说。

（原载 2017 年 3 月 29 日《中华读书报》，作者系中华书局上海聚珍文化传媒有限公司编辑）

为人孤傲　为文恬淡

——读《中国文化传统是宽容的》

余佐赞

孙犁晚年虽说是野味读书，读得比较杂，但细索其购书记录和读书笔记，还是能发现他的一些读书的规律。比如他买书，早年是率性而买，甚至总结经验是“进大书店，不如进小书铺。进小书铺，不如逛书摊。逛书摊，不如偶然遇上”(《野味读书》)。后来进城后，购书一般是按照鲁迅书账去买书：“《鲁迅日记》的书账上，不记得有没有这部书。有很长时间，我是按照他的书账买书的。”(《买流沙坠简记》)又,比如他读书,早年是学以致用，但进城以后，就感叹：“为什么进城以后，我又爱好起古书来呢？”(《我和古书》)

孙犁喜欢读书，也喜欢写读书感想，但写得最多，最为动情的，还是读史笔记。在他的读史笔记中，写得最感人的又是读人物传记。由此，对于怎么写历史和怎么写传记，都有很多自己的见解，比如："历史与小说之分野，在于虚构之有无。"（读《燕丹子》）又说："文学家不宜修史，因为卖弄文才，添枝加叶，有悖于删削之道，能使历史失实。"（《与友人论传记》）还说"一个作者，有几分见识，有多少阅历，就去写同等的生活，同类的人物，虽不成功，离题还不会太远。自己识见很低，又不肯用功学习，努力体验，而热衷于创造出一个为万世表、为天下法的英雄豪杰，就很可能成为俗话说的：'画虎不成，反类其犬。'"（《三国志·诸葛亮传》）孙犁关于历史人物的评价，也常常是联系人生境遇，发别人之未发之高论，深刻而又动人。

孙犁在《读〈旧唐书〉》其中的《陈子昂、宋之问》篇文末，有议论曰：

> 汉高祖听任吕后杀人，唐高宗听任武后杀人，包括他原来的妻子和亲娘舅，都是为了保住自己。再以后的事，他们是想不到也管不了。遇上这样的时代，做官和作文，都是很不容易的。正直的，自取灭亡，趋媚者，也常常得不到好下场。

宋之问还是唐诗名家，留下了一本薄薄的诗集。中国的文化传统是宽容的，并不以人废文。文人并无力摆脱他所处的时代。也不是每个文人，都能善处自己的境遇的。

孙犁觉得中国的文化传统是非常包容的，这个观点在很多地方都曾经说及，比如在《辽居稿》中，说罗振玉当时在辽东忠心于溥仪，往来日本，为建立一个傀儡小朝廷而奔走，而后评论说：

人之一生，行为主，文为次。言不由衷，其文必伪；言行不一，其人必伪。文章著作，都要经过历史的判定与淘汰。

但行文到最后，孙犁还是说：

当然，学术也要与政治有所分别。罗振玉写的金石跋尾，后世一些专家学者，还是要参考的。

孙犁是一位真实的作家，他读史书看到了中国文化的宽容，在他自己评定别人时，也是非常宽容的。孙犁也是一位敏感的作家，其晚年偏好阅读史部的传记，也是有原因的，“读中国历史，有时是令人心情沉重，很不愉快的。倒不如读圣贤的经书，虽然都是一些空洞的话，有时却是开人心胸，引导向上的。古人有此经验，所以劝人读史读经，两相结合。这是很有道理的”（**清代文献二**）。孙犁的气质决定了他阅读的选择，他就是一位比较凝重的人，所以尽管读史使人沉重，但他还是选择了读史，他说：

我的读书，从新文艺，转入旧文艺，从新理论转到旧理论，从文学转到历史。这一转化，也不知道是怎么形成的。

阅读孙犁的读史笔记，我们发现，孙犁宽容的历史观和现实中人们说的所谓自私冷漠形成强烈对比。这是一位内心善良而又无比冷静的作家。

这本《中国文化传统是宽容的》收录的主要是孙犁阅

读史部书的文字，这些文章有读书笔记、有题记还有书衣文字，四库全书中的史部有15大类，即正史、编年、纪事本末、别史、杂史、诏令奏议、传记、史钞、载记、时令、地理、职官、政书、目录、史评，本书大致按照正史、纪事本末、诏令奏议、传记、政书和目录等这一顺序编排。书的附录部分，还收录了和史部书相关的议论文字，对于更好理解作者读史书的心得有所裨益。

孙犁的文字，尤其是读书札记、书衣上的文字，随笔遣兴，性情随见，如醇醪美酒，弥久弥香，越发让人爱不释手。如《建炎以来系年要录》的书衣上写道："昨晚台上坐，闻树上鸟声甚美。起而觅之，仰望甚久。引来儿童，遂踊跃以弹弓射之。鸟不知远引，中二弹落地，伤头及腹。乃一虎皮鹦哥，甚可伤惜。此必人家所养逸出者。只嫌笼中天地小，不知外界有弹弓。鸟以声亡，虽不死我手，亦甚不怡。"至于编选这样一部孙犁读史的文集，来呈现孙犁宽容的历史观，也是非常好的，因为这样我们就能理解孙犁其为人之孤傲和为文之恬淡了。

（原载2017年8月14日《文汇读书周报》，作者系中华书局上海聚珍文化传媒有限公司编辑）

文化的回望者

——读《字看我一生》

余佐赞

中国文化至今几千年，回顾所来径，苍苍横翠微。快节奏的时代很多人都在气宇轩昂阔步向前，滚滚人流中有一位文化老人悄然凝立，这些年作为喧闹时代的退隐者，他一直在钩沉稽古、发微抉隐，为我们讲解着中华文化汉字的奥秘和其中包含的历史。

每次读到流沙河先生的这句话，都会有很深的触动："感谢古老的汉字，收容无家的远行客。感谢奇妙的汉字，愉悦避世的梦中人。"作为历史长河中的远行客，他在古老的汉字那里找到了自己的归宿；每个人都是庄周笔下避世的梦中人，他却在汉字解析中找到了自己的快乐。繁华把所有的旧时痕迹都吞蚀殆尽，只有古老的汉字那里还留有先民走过来的印记，他通过解析古老的汉字向我们解说着古人的生活方式、劳作方式、人际关系，回顾着中华文明一路走过来的坎坎坷坷。

自古至今，汉字经历了甲骨文、籀文、金文、古文、篆文，最终演变成大家熟悉的正字。汉字的演变就如猴子进化成为人，今天已经从人的身上看不到猴子的神态和习性了。拿汉字“子”字来说，流沙河先生是这样解说的，三千五百多年前，那时洪荒，生存不容易，育子更不容易，乃有生殖崇拜，一个氏族兴衰主要是看子孙多寡，人口多就强盛，人口少了就灭亡。商朝时候贵族都姓子，原因就在此。子字甲骨文是一个方脸头上三根胎毛，下面是个孩子的坐具，籀文时候还有两只小手，可是越到后面越简略，到了篆文，头发、脸庞、手指、坐具都省掉了，双腿也简化成了一腿，那一腿其实不是下肢，是襁褓，裹成一筒。这就是“子”字的演化史，知道了“子”的历史，就知道以前的生殖崇拜，也知道了以前带孩子的坐具，还有裹着襁褓包裹孩子的方式。

还有汉字也是慢慢地脱离茹毛饮血的。比如常见的教育的“育”字，甲骨文是左边画了一女蹲着，臀下有一子倒置，表示她在分娩。子倒置表示顺产，倒置的子下有三点是羊水。到了金文的时候，蹲着的女人加了两点变成了母子，羊水不雅，用三竖表示胎发了，比较雅观了，篆文时候不画产妇形象，子依然是倒置，表示顺产，其下是篆文的肉字，表示产道。到了后来正体字，其上倒置的子形也看不出来了，其下面就是一个肉字表示自那里生产孩子，则完全没有血肉模糊了。

我们都知道是劳动创造了文学，其实汉字最早也是劳动创造的,早期的汉字创造就是就近取譬。比如“妊”字，女人怀孕有妊娠期，这个妊字怎么和怀孕联系起来的，流沙河先生解释说，妊字左边女，是形旁，右边是声和义。壬字从甲骨文字形来看，是一个挑子，金文时候中间加了一横，这一横是一拄着的棍子，挑子和拄棍组成的壬字，加上人字旁是任，就是一个人挑着挑子拄着棍。女人怀孕也是负重的事情，这里借来表示怀孕。你再看那个分娩的娩字，女人怀孕好像男人挑着重担，所以叫做妊，十月临盆，一朝产子，腹中重担放下，到此免了，所以娩字还是借男人干重活这事来比喻。关于这个字，哑谜三千年，一直都不能做出比较有说服力的解说，老先生这样一说，让我们也就多了一个途径去理解这个字了。

我们今天读古代诗歌时发现，按照诗词格律，这个应该是押韵的，可是读起来就是不押韵，原因是今天读音和古代读音差别很大，所以很多字诗词读起来都不押韵了。比如：母和妈两个字，我们现在分的很开，唐代呼母，宋代叫妈，到现在我们都叫妈了。流沙河先生解释说，原来“母”和“马”两字古音都读 mǔ，因为《诗经》里同午和处押韵，所以妈与母同音，后来才读音古今不同，字义所指相同。再比如“孔”字，流沙河先生解释说这个字应该读 hǒu，意思是孩子吼闹索奶，是很的意思。《诗经》

里“孔嘉”是“很佳”,“孔棘”是“很急”，如果还要有旁证，那么今天渝州人说很好还是说 hǒu 好。

流沙河先生解说汉字，主要是从民俗的角度入手，看书中作者解说那些汉字的同时，我们也会了解很多我们已经不清楚的民俗。比如“家”字,“家”字下面不见人,是猪,为什么？流沙河先生说,“家”原来是动词,女的就男曰嫁,男的就女曰家。这个和古代生活有关，公猪牵来给母猪播种，就是男来就女，招郎上门。后再转为名词，指家庭。比如，今天我们都知道生孩子要进产房，要躺在床上，可是根据造字法，比如育字，我们知道早年生孩子都是蹲着生为主。还有说到重阳日，就是“九”字，古代“九”字并不吉祥，因为是单数，不利于狩猎人分配猎物，所以很多人都认为遇到“九”就不吉利，所以这一天很多人去利用登高躲避这个日子。这些民俗，听起来真是恍若隔世，难以置信。

流沙河先生一直非常尊崇许慎和他的《说文解字》，自己也读了无数遍。但因为甲骨文是最近一百多年才发现的，许慎那时候没有机会看到甲骨文，所以在新的文献的帮助下，现在对文字也有了更多更新的解读，从这个角度看,说《说文解字》难免有错也就有一定的道理。比如“庆”字。繁体字“慶”，原来一般的解说都说是送礼，上面是送鹿皮，中间是送心，下面是走着去。流沙河先生认为，这个看似说得滴水不漏，其实错了。慶即麒麟，是长颈鹿，是象形字。读得慢是“麒”“麟”二音，如果急读就是“慶”一音。古人视麒麟为瑞兽，见则可喜可贺，所以名字慶（麒麟）转字义为贺喜——这个确实是流沙河先生大胆而又新奇的解说。又比如说，我们平时很多自以为是的解释其实是可笑的，如“美”字一般都说是羊大为美，其实美是在头上装饰了野鸡翎子，上面那个是象形，插了野鸡翎子就像今天京剧中的人物那样。美字从大，这个大是正面站立的人。

《字看我一生》中的内容确实丰富，为了解说汉字，流沙河先生找了一个好的角度，就是以小说的方式去叙说一个人的故事，然后在他生命路途中遇到了什么汉字，他再顺道讲解这些汉字。作者说，如果你对解说汉字不感兴趣，那么就作为一个小说去读，跳过作者解说汉字的内容去读，就是一篇情节曲折的小说，读者读完后依然会觉得非常有趣，当然，也会明白普通人的一生都是“幼有神童之誉，少怀大志，长而无闻，终乃与草木同朽”。古今一理，令人唏嘘。

（原载 2017 年 11 月 20 日《藏书报》，作者系中华书局上海聚珍文化传媒有限公司编辑）

古典诗词，吾与子之所共适

——读《诗国神游——古典诗词现代读本》

吴艳红

反复品读中华书局 2017 年 10 月出版的李元洛著《诗国神游——古典诗词现代读本》，如古人般涵咏玩味，渺渺兮余怀，时光悠然而止。称赏之余，不禁联想到苏轼在《前赤壁赋》中的喟叹："惟江上之清风，与山间之明月，耳得之而为声，目遇之而成色，取之无禁，用之不竭，是造物者之无尽藏也，而吾与子之所共适。"既而心下念之："古典诗词，真乃无尽藏也。"古典诗词，非造物者之功，乃人类妙笔杰作，属中国文化之无尽藏也。这部诗学专著集系统性、开放性、可读性于一书，置于当代众多诗词鉴赏著作中，木秀于林，不遑多让。

一、系统性

本书从诗词创作的主体与本体出发，分为五大篇，即襟抱篇、构思篇、技巧篇、语言篇、风格篇，构成了一个完整的系统工程，而非零敲碎打互不相关。以文本（诗词）为中心，勾连起作者（诗人）和读者（欣赏者），形成“作者—文本—读者”的完整结构。五大篇共108篇小品美文，每文以一个诗学问题一首诗为中心，旁征博引古今中外诗论、文论，相参以他诗，既独立成文又相合为篇。襟抱篇，顾名思义，侧重于书写创作主体的人格、襟抱、风骨。“有第一等襟抱，第一等学识，斯有第一等真诗”，人品即诗品，庶几无差。不晓诗作者，不足以品诗也。如《“天下士”与“岳阳楼”——魏允贞〈岳阳楼〉》一文，即以明朝诗人魏允贞的古绝句《岳阳楼》为中心，书写古代爱国志士的伟大胸襟。有抱负有操守的诗人，其心声发而为诗：“洞庭天下水，岳阳天下楼。谁为天下士？饮酒楼上头！”语浅意长，慷慨悲歌，有余不尽。李元洛先生在追溯魏允贞身世遭遇，描摹国事蜩螗的时代背景之余，重点寻绎“天下”、“天下士”二词的由来，令读者瞬间抓住“诗眼”。再以其他诗人诗作相参，以国事为己任的志士群像顿时跃然纸上。另外四篇，即构思篇、技巧篇、语言篇、风格篇是对文本的全方位扫描，是诗词鉴赏的大而全的法门。

凡此五篇，高屋建瓴地品评了作者与文本，那么读者在哪里呢？其实，李元洛先生在自序中已详细分析了创作与欣赏的关系，以及欣赏者应该具备的素养。欣赏者应该“提高到但丁的水平”，即要有“必要的知识储备”。当然，还要有“丰富的生活阅历”。就具体的欣赏过程而言，则是从“感性的投入，直觉的印象”到“理性的参与，知性的分析”再到“欣赏者的艺术再创造”，一步步升华。可见，读者（欣赏者）不是“作者—文本—读者”中可以阙如的一环，而是至关重要的一环。而且，细心的读者会发现，其实108篇小品文中蕴含了历代诗论家，包括李元洛先生自己对文本的解读，融入了生命体验，他们不就是读者这一环的代言人吗？毋宁说，读者这一环渗透于全书，完美地阐释了接受美学所谓的读者在文本接受中居于主体地位的观点。

二、开放性

本书引用五四以来的新诗与旧体诗词，以古鉴今，以今证古，古为今用，呈现出古典诗词在现当代的继承与发展。大量引用现当代诗人作品，如苏曼殊、郁达夫、徐志摩、丰子恺、朱湘、戴望舒、臧克家、郭小川、卞之琳、启功、吴兴华、曾卓、丁芒、李汝伦、郑愁予、洛夫、余光中、叶嘉莹等大家，可寻古典诗词之余脉。如“七月派”诗人曾卓的名作《我遥望》：“当我年轻的时候 / 在生活的海洋中，偶尔抬头 / 遥望六十岁，像遥望 / 一个远在异国的港口 // 经历了狂风暴雨，惊涛骇浪 / 而今我到达了，有时回头 / 遥望我年轻的时候，像遥望 / 迷失在烟雾中的故乡！”即暗合明代杨慎《宿金沙江》时空交错、回旋往复的诗艺。

接续古今而不忘融汇中西，援引西方诗论、文论，中外互证，让古典诗词焕发现代的光彩与生机。自序中提到明代袁宏道初读徐文长作品时，“读未数首，不觉惊跃”，“读复叫，叫复读”，体现了作品的“惊颤效果”。“惊颤效果”是德国美学家本雅明评论现代派诗人波德莱尔时提出的，指优秀文学作品给读者带来的惊异与震颤的美感体验。袁宏道虽未出之以“惊颤效果”之阅读体验，但相仿佛矣。再如，“移情”指移人之情于物，广泛运用于古典诗词中，如“相见两不厌，只有敬亭山”。古人虽未用“移情”一词加以总结，却也有相应的理论，如刘勰《文心雕龙·特色》曰：“……是以诗人感物，联类不穷；流连万象之际，沉吟视听之区。”王国维在《人间词话》中说：“有我之境，以我观物，故物皆着我之色彩。”可见，中国古典诗歌并不缺乏移情论，并远远超出西方移情理论的内涵，赋予了独特的意境色彩。又如贺知章的《回乡偶书》，可用“典型瞬间”的美学原理解读。莱辛的美学名著《拉奥孔》提出文学作品宜表现高潮来临前的顷刻。“儿童相见不相识，笑问客从何处来”拈取回乡这一瞬间，“少小”至“老大”几十年间的往事、诗人如何回答儿童的“笑问”等未置片言，留下丰富的悬念，激起读者的审美期待。以西解中的诗歌鉴赏方式令人耳目一新。

古今中外诗论互参互证，我们发现中国古典诗词中有许多尚待发掘的深刻内涵，它们可能不在专门的诗话、词话中，而是广泛夹杂于古人的笔记小说、小品文等中，值得广大诗词研究者披沙拣金。李元洛先生在书中大声呼吁：一味鼓吹“横的移植”，而不去作“纵的继承”，不等于“藏金于室而自甘冻饿”吗？可谓警钟长鸣，动人心魄！

除了以诗歌为鹄的沟通古今中外，更旁搜博采其他艺术门类的长处以说诗证诗，表现了广阔的包容性和现代的艺术视野，为同类著作所罕见。引书法、绘画、音乐、摄影、戏剧等艺术门类的术语入诗歌，“跨界”拓展诗歌鉴赏的广度与深度。如将“提笔”、“顿笔”等书法概念引入诗词鉴赏，形象地描绘了句子间的节奏。李元洛先生在《提笔与顿笔——陈人杰〈沁园春〉》中说道：“书法的用笔之道，讲究‘提按顿挫’，提主要指起笔，按主要指收笔。”“在词中，提笔，就是篇中之起，笔所未到而气已吞，提纲挈领，笼罩下文；顿笔，就是篇中的停顿转折，作用是欲尽未尽，使笔势回旋，言外有意。”这实在是很有见地的说法，在古人诗论中已有痕迹。关于起笔，李元洛先生援引了沈祥龙《论词随笔》中的“诗重发端，惟词亦然，长调尤重。有单起之调，贵突兀笼罩，如东坡‘大江东去’”。关于收笔，《古今词论》引张砥中语：“后结如众流归海，要收得尽，回环通首源流，有尽而不尽之意，方能使通体灵活，无重复堆垛之病。”虽非李元洛先生戛戛独造，但将书论妙入诗论的古典诗论方法介绍给读者，功莫大焉。

诗画素来被称为姊妹艺术，古人早就深有体会，如苏轼之言:“味摩诘之诗，诗中有画;观摩诘之画，画中有诗。”将“白描”、“点染”等画法引入诗论,实为一大特色。“白描”本是绘画概念，指笔墨朴实简练；针对诗歌而言，则指无华丽之词藻,有真切之感情,即鲁迅所言“有真意,去粉饰,少做作，勿卖弄”。元结的《舂陵行》即是用“看似寻常却不寻常”的白描手法，写出统治者之恶，百姓之苦，诗人之忧。同样，“点染”本是传统绘画的专门术语，李元洛先生说：“点，即用中锋把笔端如蜻蜓点水般落到纸上；染，是同时用一支色笔和一支水笔，先着色笔，然后用水笔把颜色由浓至淡地染开。”接着又援引清人刘熙载《艺概·词曲概》中的说法:“词有点,有染。柳耆卿《雨霖铃》云:‘多情自古伤离别，更那堪、冷落清秋节。今宵酒醒何处，杨柳岸、晓风残月。’上二句点出离别冷落，‘今宵’二句乃就上二句意染之。点染之间，不得有他语相隔，隔则警句亦成死灰矣。”并运用于南宋词人侯寘的《水调歌头·题岳麓法华台》中，“晓雾散晴渚，秋色满湘山。青鞋黄帽，忺与名士共跻攀”开篇运用点的笔法，点明事由；余篇皆为景物与情境烘托，末句“山鬼善呵护，千载照层峦”呼应开头，首尾环合，巧用典故，再次渲染“幽邈的氛围与情境”，一抒登临豪气。

中国自古有诗乐同源之说，诗歌来自民间，有入乐的性质。古典诗歌的音乐美主要指“韵脚的安排、韵式的选择、节奏的变化、双声叠韵的配置、喉牙舌齿唇五音的谐和、平上去入四声的效果等方面”。音乐性在诗中的表现多种多样，如同字叠字的回环往复，如从民歌中学习明快、健康、野趣等雅俗共赏的诗风。刘禹锡的《竹枝词》即深得民歌三昧：“瞿塘嘈嘈十二滩，人言道路古来难。长恨人心不如水，等闲平地起波澜！”“俚情野语”清浅韵浓，更添音乐性。

摄影艺术与古典诗歌看似无甚关联，实则亦属有缘。李元洛先生在《角度与构思——张固〈独秀山〉》中，拈出“角度”一词加以评说。角度在摄影艺术中指“拍摄点与相机角度的俯仰高低及左右远近”，古典诗词中的景物描写也有远观、近察、仰望、俯视等多种角度。宋代山水画家郭熙在《林泉高致》中总结了“高远”、“深远”、“平远”等视角。当然，诗歌的角度比摄影更具包容性、综合性、思想性，是后者难以企及的。

戏剧与古典诗歌看似篇幅悬殊的艺术门类，亦可用戏剧的语言来分析古典叙事诗。如崔颢《长干行》的戏剧性表现在“时空压缩”、“单纯的情节”和“潜台词”。萍水相逢的两只船上的青年男女，瞬间的交会，欲说还休的“羞涩”，“或恐是同乡”的期待，高度浓缩的时空、单纯的情节和丰富的潜台词都聚集在这首五绝中了。

三、可读性

本书旁征博引诗词创作的趣闻逸事，出之以颇具文采的美文，故非程式化的枯燥之文可比。如《大小相形 巨细反衬——孟浩然〈望洞庭湖赠张丞相〉》中，援引新出土文献——20世纪初发现于甘肃敦煌石窟的唐诗抄本，说明此诗原来题为“洞庭湖作”，且只有前四句。李元洛先生据此大胆合理推测：“敦煌抄本所录应该是此诗的原始版本，而且可能是孟浩然年轻气盛时之作，系游览岳阳时所写的纯粹的风景抒情诗。后来为了得到张九龄的援引，他便顺水推舟，由四句而扩展为八句，由绝句而曼衍为律诗，由写景诗变化为干谒诗，由‘洞庭湖作’而转题为‘望洞庭湖赠张丞相’。”真乃妙解，可谓一扫我辈后四句诗风缘何大变之惑。

再看一公案。柳宗元的七言古诗《渔翁》，结句“回看天际下中流，岩上无心云相逐”是否蛇足，千百年来聚讼纷纭。苏轼最早提出：“诗以奇趣为宗，反常合道为趣。熟味此诗有奇趣，然其尾两句，虽不必亦可。”严羽、胡应麟、沈德潜等皆持坡论。主张“神韵”说的王士禛亦说：“‘渔翁夜傍西岩宿’一首，如作绝句，以‘欸乃一声山水绿’结之，便成高作，下二句真蛇足耳。”沈德潜也表示附议：“东坡谓删去末二语，余情不尽，信然。”唱反调的是李东阳：“柳子厚‘回看天际下中流，岩上无心云相逐’，坡翁欲削此二句，论诗者类不免矮人看场之病。予谓若止用前四句，则与晚唐何异？”这段公案见仁见智，难以定于一尊。李元洛先生以“终点与起点”立论，认为若“欸乃一声山水绿”为结句，末尾“绿”字即为诗的终点，可以成为“读者欣赏的更有诱发力的起点”。而且，“绿”字具色彩美，形容词兼动词，倒装于结句最后，“造语新奇”，“富于动感”，更能“刺激读者的联想”。“如果全诗至‘欸乃一声山水绿’便戛然而止，让那充满生命的绿色扑入读者的眼帘和心田，让读者展开丰盈的想象，那不正是以少胜多，一语百情，能留给人们更多的回味吗？”在我看来，这段公案在李元洛先生这里当可了结。

在《诗不厌改——苏轼〈念奴娇·赤壁怀古〉》一文中，除了能了解苏轼《念奴娇·赤壁怀古》诗不厌改的来龙去脉，还能看到几个关于“一字师”的小掌故。如清人施闰章《蠖斋诗话》载：“元萨天锡诗‘地湿厌闻天竺雨，月明来听景阳钟’，脍炙于时，山东一叟鄙之，萨往问故，曰：‘此联固善，“闻”、“听”二字一合耳。’萨问：‘当易以何字？’叟徐曰：‘看天竺雨。’萨疑‘看’字所出，叟曰：‘唐人有“林下老僧来看雨”。’萨俯首，拜为一字师。”古人砥砺学问之真性情可见一斑。

李元洛先生不仅是诗论家，亦是散文家，有《唐诗之旅》、《宋词之旅》等多部“诗文化散文”著作行世，“美文之誉”不必再为词费。此外，先生还是诗作者，书中偶见其诗作。今日岳阳楼之侧洞庭湖之滨，沿湖石上镌刻有自屈原以来昔贤今人之诗。李元洛先生亦“奉命”作《咏洞庭》:“范相文章北斗高，杜公诗得凤凰毛。洞庭借我新台砚，好写胸中万古潮！”这亦可称为先生的小掌故了。如果你去洞庭湖滨“按石索诗”，必然也能一睹这首杰作。

品读之余，深感开卷有益，所受教益远不止于此，却也只想“一曲终了”，留待他人说。李元洛先生在后记中充满深情地说，古典诗词是“当代人蓦然回首灯火永远也不会阑珊的精神家园”，默而识之，信有之也。

古典诗词是中国文化的无尽藏，吾与子之所共适。读古典诗词，如采矿于山，煮盐于海，蕴藏既富，取汲无穷。诗词研究者、创作者及爱好者，均可各取所需，为己所用，“曾益其所不能也”。日月流逝，文章百代，振古如兹，此书或可成为诗词鉴赏著作中长销不衰的经典之作。

（原载《创作与评论》2017年12月号下半月刊，作者系中华书局上海聚珍文化传媒有限公司编辑）

秋声如诉，秋山远渺

——读《秋籁居忆旧》

刘 新

《秋籁居忆旧》是古琴大家成公亮先生的口述回忆录。此书还是2016年中华书局“4·23读者开放日”的时候买的，放在床头却一直没怎么读，只随便翻了开头的几篇。由于是一部回忆性的作品，风格一如成先生的曲风，平和、疏缓、随性，多了一些絮絮的日常。可能也就是这个原因，感觉读这样的书，需要悠闲的心境，就这么一直放到现在。如今把这本触手可及的书重新拿起来，也算是一种缘分了。

这本书的前三分之一，都是成先生对家乡、童年、少年时期生活的回忆。讲到家乡宜兴丁山镇制陶业的发达，龙窑的形制“大部分从平地上矗立而起，夹杂在民房中间……一般四五十米长，自平地向土坡上延伸……龙窑的底部有很大的灶膛，可以投入大量松枝和桩头燃烧”，而这样的龙窑在他的家乡有十几个；家乡大王庙旁“蛤蟆桥”结构的精巧；童年的学校生活，无论是打弹子、跳白果，还是放“鹞子”，都让人感受到一种浓浓的乡情，简单、质朴的快乐。而自己也在这种阅读中，无数次脑补出各种童年生活的乐趣，跳房子，踢沙包，各种吃食贯穿的童年生活场景，常常有种让人不知身在何处的恍然。而这些最后都变成了一种最终失去，无处可寻的怅惘。从苏东坡的“买田阳羡吾将老，从来只为溪山好”，到作者“晚年经常带着希望与乐趣旅行，就是想在故乡的水乡或山村寻访终老的安身之处……”然而却终于没有实现。让人感叹田园不在，时光流逝的同时，深切体会，正是江南的水乡田野，孕育了成先生这样一位曲法自然、天真随性的琴人。

此书的大部分是成先生对少年学琴经历的追述，及对音乐实践和音乐理论的阐述。这些内容对于古典音乐学习者及爱好者都可说是精辟中肯，且使人收获良多。

有对上世纪50年代上海音乐学院附中兼容并包，开放活泼的教学风气的肯定。当时的附中，除了开设一些专业课程外，还教授了民歌和戏曲，“这两门课不是一般配性地讲讲民歌、戏曲音乐的理论和历史，教授者也不仅仅是学校里的专业老师，而是把一些名家和剧团的演员……请到课堂来给我们上课”。其对京剧余派唱段，咬字归韵的叙述，让人印象深刻。

书中对琴曲《平沙落雁》的学习心得，使我对此曲和中国古琴曲的理解，上了一个新的台阶。虽然我当初学习时的老师是虞山派弟子，但这首《平沙》是梅庵派的代表作，所以我学习的也是梅庵派琴谱。当初我学习时，老师只是比较详细地讲解了演奏的技法，而对全曲的意境没有仔细的分析,对于“六、四弦”的空弦反复,这样鲜明的“雁鸣”主题，竟没有引起过足够的重视，自然弹的也是门外汉的水平。其实这也反映出来，我们现在的音乐教育，过于注重指法、技法的训练，音乐专业理论知识的培养，而对于文化和意境的熏陶还是非常欠缺。

诚然，作为一门独奏艺术，像古琴这样的中国传统乐器，相对于西乐的钢琴、小提琴，由于演奏曲目少，演奏技巧也相对比较简单，在发展上也形成了一个瓶颈。但现在很多专业古琴演奏者，将大部分精力用于开发新曲目、新技法。比如中央音乐学院的老师进行了一些与少数民族音乐和西乐的结合尝试,但结果总让我感觉有些格格不入。

此书给我印象最深的是对广陵派琴家张子谦先生的描述。虽然张子谦先生的代表作是他的《龙翔操》，甚至为他赢得了“张龙翔”的美誉，但我最喜欢的还是张先生的《梅花三弄》。这首中级程度的简单曲子，把张先生潇洒活泼、天真浑然的风格表现得淋漓尽致。主旋律的泛音，用简单的旋律，使梅花空灵、高洁、淡雅的形象呼之欲出，正如他自己在诗中写的“今年嫩蕊何时放，不听琴声不肯开”。

中国的传统音乐由于记谱的特点，只能标注音的高低，而无法标明音的长短，自己最初也是为了进一步印证这个论点，而生出了学习古琴的想法。这个特点，给中国古乐的流传造成了很大的困难，我们现在听到的，即使是有古谱流传的曲子，也只是在一定程度上，反映了曲子原始的面貌，而这却给演奏家们提供了广阔的发挥空间，造就了广陵派的活泼生动和虞山派的高古旷远，中国音乐的“自由和不均衡的节拍节奏”形成了丰富多彩的意蕴。而在成先生的叙述里,张子谦则是“爱说话,话多得不得了”,乐观豁达的老师。

成公亮先生的音乐教育背景，形成了他中西融会的特色，故乡的山水，成就了他平和天然的曲风。他最爱的琴名为“秋籁”，名自秋声，曲法自然，真是文如其人，曲如其人。

（原载《书品》2017 年第一辑，作者系中华书局古联数字传媒科技有限公司员工）

北京话是活的

——《北京话》读后

梁　彦

老舍先生曾说过，“北京话是活的”。笔者理解，含义有二：一、北京话的根在民间。和其他各地方言一样，北京话是生活在北京的老百姓日常生活中所用的语言，出我之口，入您之耳，交流沟通，鲜活生动。二、北京话是不断更新变化的。因为男男女女、老老少少时时刻刻都在用，所以难免会出现“新北京话”，一传十，十传百，流传开来，最终为大家通用。

继《北京老规矩》（中华书局 2015 年 6 月版）后，著名京味儿作家刘一达将四十多年搜集到的关于北京话的素材进行全面梳理，融入自身的研究体会与感悟，同时注重分析阐述，《北京话》（中华书局 2017 年 3 月版）一书由此而生。该书涵盖北京话的探源、发展、特点及应用等各方面，书中每篇都是随笔小品，具有很强的可读性，如同老友晤谈，春风拂面，心旷神怡。

关于“儿化韵”，作者写了六篇随笔，不惜用十几页的篇幅作阐释，信息量之大可见一斑。比如作者提到，有三褒一贬四种情况，通常是要带儿化韵的。三种褒义即表示细小、喜爱、亲昵的，如花儿、鸟儿、发小儿、老伴儿、脸蛋儿等；表示灵巧、俏皮、诙谐的，如小孩儿、痒痒挠儿、小猫儿、蛐蛐儿等；表示随意、幽默、亲切的，如有缓儿、张头儿、逗你玩儿等。一种贬义即带有轻蔑、反感、厌恶的，如光棍儿、老泡儿、傻帽儿、托儿等。可以说，这是作者根据生活实际总结出来的一点规律，哪儿该用，哪儿不该用儿化韵，一目了然。再有，针对带“门”的地名，作者也介绍得很清楚。老北京的城门，除去城中之城紫禁城外，有“里九外七皇城四”一说，即内城九座城门，正阳、宣武、崇文、朝阳、阜成、安定、德胜、东直、西直；外城七座城门，永定、左安、右安、广渠、广安、东便、西便；皇城四座城门，天安、地安、东安、西安。那么，什么门该加儿化韵，什么门不该加儿化韵呢？因为老北京的城门楼子高大巍峨，说的时候自然不能加儿化韵。有些人不明就里，觉得什么门都该加儿化韵，结果就把西直门、东直门说成“西直门儿”、“东直门儿”，这当然是不对的。那么，有没有加儿化韵的呢？有，只有三个，即广渠门（儿）、东便门（儿）、西便门（儿）。为什么只有它们加儿化韵呢？因为广渠门的城门楼子比别的都小，而东、西便门不但城楼小，且是便门，不是正门，所以才要加儿化韵。

由这个例子亦可看出，作者虽然表面上写的是北京话，但实际聊的是北京城的历史文化。作为六朝（燕、辽、金、元、明、清）古都和中华人民共和国首都，北京的历史悠久，文化底蕴深厚，世态民俗包罗万象，风土人情精深入微。要想做到世事洞明、人情练达，绝非朝夕之功，而最基础的一环就是语言，从北京话里就可以领略到北京多元而独特的文化特征。

之所以说“北京话是活的”，还有一点是因为流行语、网络语言和热词近年来对北京话的冲击无比巨大。作者在书中对北京话的嬗变作了梳理阐述，他认为，“改革开放以后，多元文化的浸淫和互联网时代自主语言的泛滥，对北京话的冲击就是一次大‘换血’了”（295 页）。比如流行语具有语言的创新性、俚俗性和流行性，有些老的流行语，像“嗅蜜”现在变成了“泡妞儿”，“靓仔”现在变成了“帅哥儿”“帅呆酷毙”“小鲜肉”；还有些流行语经过时间的淘洗，至今依然在使用，而且成为新北京话，如搓火、二货、红包儿、逗咳嗽、点儿背、煽情等。以网络语言为代表的新生代语言，则大胆颠覆传统，毫无束缚地创造和编造新词汇，不但使传统的语言书写习惯和发音规律瓦解冰消，而且大行其道，迅速成为生活中的主流语汇。作者在书中举了一些网络时代语言变化的例子，如过去叫“开会”，现在叫“论坛”；过去叫“目录”，现在叫“菜单”；

过去叫“家蹲儿”，现在叫“宅男”；过去叫“叫花子”，现在叫“犀利哥”；过去叫“搞小团伙”，现在叫“建朋友圈儿”；过去叫“欣赏”，现在叫“点赞”等。

以上是笔者大致浏览《北京话》后的一点粗浅体会。北京话博大精深，字字有学问，个个有深意。说句北京话，坑坎儿麻杂儿的地方儿太多，绝非几个人十天半个月就能琢磨明白的，所以需要大家共同努力，不断研究，添砖加瓦。众人拾柴火焰高，大海架不住瓢儿舀——笔者相信，通过对北京话的持续研究解读，北京文化的传承与发展自然水到渠成，深入人心。

（原载《书品》2017年第三辑，作者系中华书局党群工作部员工）

光阴如是可玩

梁五童

在不急不躁的秋雨声中，我用一整天的时间读完了李娟的这本新书《记一忘三二》。关于书名，作者在《自序》中写道：

> 偶尔看到古人的一句诗："记一忘三二"。觉得还算贴切，便拿来用作书名，为这些文字小小地归一个类。我发现，很多刻骨铭心的记忆一旦形成文字，似乎就只剩强烈的情绪鼓动其中了。读起来可能还不如自己平时随手记录的流水账精彩。可随着时光流逝，忘记的反而是后者。

诗句来自黄庭坚的诗，诗题很长《用明发不寐有怀二人为韵寄李秉彝德叟》，加上现在的标点就是《用"明发不寐，有怀二人"为韵，寄李秉彝德叟》。"明发不寐，有怀二人"是《诗经·小雅·小宛》里的句子，"明发"是指天刚刚亮的样子，“二人”依朱熹的说法是指爹娘，意思是说，一夜都睡不着，因为怀念爹娘。黄庭坚用这八个字各为一韵，一气写了八首诗，可见他当时枕上失眠的程度或许也是“明发不寐”。这是其中的第七首：“少时诵诗书，贯穿数万字。迩来窥陈编，记一忘三二。光阴如可玩，老境翻手至。良医曾折足，说病乃真意。”诗读完了，总不自觉想到一本书的名字《追忆似水年华》，一本“流水账”的精彩，只有隔着时空的玻璃回头看时，才会体会到光阴的“可玩”，正如李娟的这本“某某记”。

翻开目录，便可明白，这“某某”可以是一次旅行、一种记忆、一个人、一件物、一次琐事，虽都是打着独一无二的李娟印迹，但却总能于其中记起自己的一些经历，关于母亲的，故乡的。

母亲是这本书的主角，《台湾记》《信仰记》《藏钱记》《猫馆记》等多篇，无不是母亲的故事。女儿为母亲报团去了趟台湾，回来后与人无论聊什么天儿总能绕一个弯儿聊到自己的台湾之行，然后一个人绘声绘色地讲下去；在机场免税店，母亲在团员的裹挟下，买了一支香奈儿的口红送给女儿，给女儿时一副轻描淡写的神气：“才二百多块钱，便宜吧？国内起码三四百。”本是一张白纸的母亲，在一次旅游之后，被涂上了色彩。讲述时，李娟的文字是幽默的，但也是复杂的，复杂在质疑这色彩的来源，竟有如此强大的“感染力”。好在红墩乡的风、雪，过不了多久便会擦掉这些色彩，母亲又回到了她本来的幽默和朴素的生活信仰里，继续收养流浪的猫狗，给牛打草，买花养鱼，给生活添彩。

一个人的生活里总少不了母亲的影响，讲一个我生活中的细节，每次洗完衣服，我总会把衣服掏过来反着晾晒，因为记得母亲每次河里洗完衣服，回来在院子里晾的时候，都是这样。多年后偶然在一件深色衣服的洗涤说明上看到"建议反面晾晒"的话，还感慨母亲丰富的生活常识，便打电话和母亲说这件事，没想到母亲直接的回答却是，村子里鸟多，飞来飞去，万一拉上面鸟屎怎么办？离开故乡多年，虽然现在生活的家里有阳台，但在晾衣服时我还会像母亲那样。

书里的地点，除了第一篇母亲去的台湾，区域总不出新疆，且大多又是在一个叫红墩乡的地方，一座房子，一片牧场，住着母亲和女儿，在天地间照料着牛羊猫狗。想到这样的画面，都市生活的人一定会拿出一串的词来，田园牧歌、世外桃源、人间天堂、回不去的乡村，诸如此类用来感慨。然而在书里，李娟却从来没有这样形容过，她的阿勒泰就是阿勒泰，红墩乡就是红墩乡，似乎不曾离开，也不会离开。在一篇《过年记》里她说自己"像是没有行李的旅人，又穷，又轻松"。是啊，生活在故乡的人不需要行李，喊着故乡回不去的人是因为舍不掉他的行李。

想到几年前李宗盛的一首歌《山丘》，"想说却还没说的，还很多。攒着是因为，想写成歌，让人轻轻地唱着，淡淡地记着，就算终于忘了，也值了。说不定我一生涓滴意念，侥幸汇成河”。读完李娟的书，再来听这首歌，或许用心经历的男人和女人都一样，恋着自己的故事，过往的生活，记下来，写成歌，回头看时，又是天凉好个秋。

（原载2017年9月5日《北京日报》，作者系中华书局总经理总编辑办公室编务与质量控制部员工）

《玉出昆仑》：峭壁与石莲

刘　晗

在电影《1943—驮工日记》中，还原了抗日战争时期这样一段鲜为人知的历史，新疆驮工队为了运送抗战物资，翻越险峻的昆仑山徒步驮运。如今时代不同于往昔，战争硝烟散尽，但驮工的身影始终蜿蜒于山间之中。大约半个世纪之后，文化行者尚昌平前后十几次进疆，《玉出昆仑》正是以女性独有的视角和细腻的笔触勾勒出独属昆仑的那颗心——从远古神话走来，穿越几个世纪依然被人珍视如初的玉石，晶莹剔透，温润无瑕，不曾沾染一丝尘世的浮华。她一次次重走昆仑路，探访"玉使者"的踪迹，作为昆仑山上最有风险的职业，他们守着群玉之山，却又因此历经重重磨难，为了运输玉石出山，世世代代将生命系在玉石上，和死神擦身而过，成全了玉石不同寻常的命运。

精美的石头会说话，却道不出这一路从质朴无华到熠熠生辉的华丽变身之中历经的诸多坎坷。在尚昌平的笔端，既有对当地人文感性的观察，亦不乏对古今人文地理的考据和对比，颇有考古的意味，不时还有纪实摄影作品穿插其中，凸显一种在场感。身兼作家、诗人、摄影家、杂志主编的她，深入罗布泊荒漠、楼兰遗址、古丝绸之路，在那些常人鲜少涉足之地拍摄了不计其数的作品，但她仍对摄影抱有一种对未知神秘的敬畏，如她所说，“摄影艺术对我而言，至今仍是一个陌生的或者说是一个浑沌的词汇，如果说是稍有理解必然是先有生活，才能谈得上表现生活，再现和升华生活终究是有限度的，真实的纪录最容易做到——如果不附加创作的意识。摄影师所表现的不是自我，而是被拍摄的景物，那个自在的真实才是需要摄影师为之揿动快门的”。那定格的一瞬被称做永恒，于创作者和被拍摄之人或物而言，再也无法复制，这就是摄影的魅力。

在尚昌平的性灵之旅中留下了数不清的令人过目不忘的影像：阿拉玛斯玉峰的陡峭，山地间归途的羊群，克里雅河中打捞出来的沁蓝子玉……镜中容易换年华，对于山里人来说，正是长期浸淫于这般纯净的自然氛围中才保持着淳朴不变的面庞。山里的女人们没有机会用照片留存下自己年轻时的容颜，影像对她们有着难以抵挡的诱惑。有美好的记忆，也有血腥与残酷的传说。坠落断崖上的两只羊，饥饿时互相吞噬对方身上的毛，直到生命终结，最后变成和岩石一样的颜色。

采玉路途上的惊险不只在于峭壁悬崖，更多的是动态的、不可预知的危险。在昆仑山中，狼并非兽中之王，却是山中嗜杀成性的动物。不过大多数时候，形单影只的狼会和驮队保持着一定的距离，然而狼在这条路上也并非安然无恙，采玉人曾在途中救下一只濒死的幼狼，虽目睹过狼伤害羊群，但是为了生存而落下残疾的采玉人对它这样的处境感同身受。也正是因为这个凶猛的动物，采玉人也将与它们狭路相逢的路冠以“狼道”之称。狼道是一条单行的路，就像森林中行者留下的树号，他们在林中路上铭刻的印记，砍掉树皮，露出树的本真之色，也为后来者指明方向，循着一个树号走向另一个，从小径分叉走向更加开阔的营地。俄国作家阿斯塔菲耶夫说过：“树号像蜂蜜的斑点一样闪着光亮。那些像萤火虫一样闪烁的斑点，在我的面前是那样生动、友善。这些白色斑点、标记在引导我、吸引我、召唤我，有如在荒凉的冬夜，温暖的灯光呼唤孤独而又疲惫的行路人，援救他，给他温暖的住所。”狼道上亦然，每一个落点都是过往采玉人的足迹打磨出来的，每一个足迹都记录着他们背负玉石艰辛的烙印，好像一枚枚九死一生的赌注。

在阿拉玛斯这个世界尽头的冷酷仙境，玉石遍布，似乎在无限期地等待着采玉人的采撷，它们的命运正暗示了尤物与珍宝的命运，身居高不可攀、人迹罕至之地，等待伯乐的赏识。有的玉石经过采玉人的粗选而惨遭淘汰，而有的玉石却能脱颖而出，被他们几经波折带出大山，经过制作、贩卖，几经辗转，身价翻番。如果说峭壁是采玉人获得玉石崎岖的途径，不如说它是玉石改变命运的屏障，还有山顶绽放的石莲更像是玉石的陪衬人，为白玉之山平添几抹生机的同时，也陪伴玉石度过它们在山中高冷的岁月。尚昌平捕捉到的不仅是昆仑山上特有的景致，还有隐藏在其后关于人性与命运的种种耐人寻味的隐喻。

（原载《中国周刊》2017年第八期，作者系中华书局营销中心发行部员工）

学林散叶

追记俞明岳轶事

张忱石

俞明岳（1909—1985）是中华书局的老职工了，还是中华书局的股东。1954 年中华书局迁京前，他任驻京办事处主任；迁京后，他又任办公室副主任、财务组组长。20 世纪 70 年代末中华书局与商务印书馆分家后，他任总编辑办公室（简称总编室）主任。俞明岳的一生，是对中华书局的发展做出过贡献的，但记述他事迹的文章甚少。李侃《我与中华书局》一文（以下简称李文）对其仅有数十字的记述，实在是太简单了。

一、股票经纪人

李文在谈到俞明岳的籍贯时，说其是“温州人”。其实，俞明岳是镇海人。镇海位于浙江甬江口，是宁波的港口，原是宁波的属县，今为宁波的一个区了。中华书局图书馆有一本《上海时人志》，挂名主编是当时国民党上海警察局长戚再玉。书内有俞明时、俞明岳兄弟的传记，亦云“镇海人”。

俞明岳自上海南洋高级商业学校毕业后，即从事证券交易，他是有名的股票经纪人。在“五·七”干校闲聊时，我曾向他请教小说《子夜》里的股票买空卖空。20 世纪 80 年代，电影《子夜》上映，中华书局组织全体职工观看。有一天，我对他说：“老俞，上海证券交易所是电影《子夜》里的那样子吗？”他说：“不瞒你说，《子夜》剧组找过我，解放前的股票交易，导演、演员根本不懂，我专门给他们上了一次课。电影里的上海证券交易所，大体如此吧，其实上世纪 20 年代末到 30 年代初，比电影里还要紧张忙碌。”他又说：“电影里股票跌了，吴荪甫急急忙忙跑到交易所去抛售，这就错了，哪儿有大亨亲自上交易所的啊！”他言外之意，买卖股票得找股票经纪人。股票经纪人，买卖双方都要向其支付佣金，只赚不赔。俞明岳的财产因此急速增长。然而就在此时，病魔袭来，他得了伤寒病，躺在床上有半年之久。等到病好了，上海已解放，证券交易所关闭，全部财产没收。他说：“那次我损失惨重，约相当人民币 2000 多万元吧。”不能再搞股票交易了，他这才进入中华书局工作。俞明岳的经历十分简单：中华人民共和国成立前，在上海从事证券交易；中华人民共和国成立后，随中华书局迁京，一直从事出版工作。

二、三件小事

俞明岳做事认真，无论什么事，他总会尽力去做。1969 年，他正好 60 岁，与我们一起去了湖北咸宁文化部"五·七"干校。像他那样身份的人，一直生活在上海、北京，别说上农村劳动了，可能连农村都不一定去过。到了干校，他也同我们一样，能吃苦，能干活儿，只是劳动技能差些。咸宁那个地方是胶泥土地，经常下雨。当地有句口头禅："天晴一把刀，下雨一团糟。"形容晴天土坚如刀锋，雨天土粘结湿滑。干校有一种排子车似的运输工具，一人在前驾辕，前面有一两个人用绳子拉车。要是雨天，粘土碾粘在车轮上，越粘越多，以至车轮停转，无法行走。有经验的人总会带上一把洋镐，随时清除粘土。俞明岳哪里知道这些小诀窍，车子粘得拉不动了，以为只要加大力气就可以了，结果一味使劲发力，以至拉车绳索崩断，一下子冲到前面摔了一大跤。一般人摔倒会用手撑地，可他却来了个面朝地，把鼻子跌破了，流了不少血。在医务室上好药，鼻子上贴了一块白纱布，远远看去，仿佛京剧中的小花脸，十分滑稽。我同他开玩笑说："老俞，几天不见，怎么变成肯尼迪（啃泥的）了？"他苦笑笑，不以为忤。俞明岳在干校还是"鸭司令"，负责放养连队百十来只鸭子。一清早要到鸭棚，打开栅门，这些鸭子叽叽嘎嘎、摇摇摆摆，到附近的一块沼泽地觅食。鸭子是夜间产蛋的，俞明岳便要打扫鸭栅和捡鸭蛋，等一会儿连队送饭来，带回食堂腌制，留到农忙时食用，俞明岳再到沼泽地看护这些鸭子。咸宁地区高温湿热，犹如蒸笼，就是不干活儿，在太阳下晒上一天也是盯不住的，像他过去在上海是极有钱的人，有人伺候，吃惯用惯，居然能在这样艰苦的环境中勤勉劳动，实属不易。

“五·七”干校的劳动十分辛苦，每当休息时，不少男同志聚在一起抽烟聊天儿，借此消除疲劳。有一位女同志说：“你们这些烟鬼，也不学学老俞，钱没有人多，还抽烟，还不节约点儿。”俞明岳说:“我年轻时也是老烟枪，上私塾时就抽烟，还把毛笔的铜笔套一头儿磨通，当烟嘴儿。”我问：“怎么又不抽了？”他说：“有件事让我受益终身。过去有个朋友盖了新房，亲友都去祝贺，吃过酒席，打几圈麻将。打着打着，突然一股焦枯味儿扑鼻而来，不知谁扔的烟头儿,把新地毯烧了个窟窿。打麻将的四人中，有三人彼此推诿，都说自己的烟头儿放在烟缸里了，弄得大家很不愉快。只有一个人默不做声，置之度外，因为他不吸烟,不言自清。自此我立誓,决不再抽烟,一直至今。”由此可见，俞明岳真是有毅力的。

俞明岳是股票经纪人出身，头脑精明会算账，曾经当过中华书局财务组组长。可他居然跟我说，他曾经算错过稿费。他说：“邓之诚先生的《中华二千年史》字数多，表格亦多，有的表格一页只有几个字，计算稿酬极为费事，稿酬又是以千字计算的，我自以为聪明，表格中有空白的地方，全部视作无字，这样算下来省却几十万字，也就是说，可少算一大笔稿费。邓先生收到稿酬，认为计算不当，写信给金灿然。灿然同志叫我到邓府做些沟通，这样我见到了邓老夫子。邓先生说：‘我设计的表格都是有史料根据的，凡是空白的地方，是不应当有文字，是对的。假如有文字，反而是错了。而我对的地方反而要扣稿费，这就不应当了。’我回来以后反复思考，认为邓先生的话是有道理的，便向金灿然作了汇报，同意如数补付稿酬。邓先生很高兴，来信表示感谢，还邀我到他家叙谈，请我吃了一顿便饭。”俞明岳又说：“出版社同作者关系极为重要，不仅编辑，其他部门亦应当注意这个问题。”像表格空白处如何计酬，还真是有点儿学问，是否对今日计算稿酬亦有借鉴之处呢？

从以上三件小事，有的是我看到的，有的是俞明岳告诉我的，可以看出，俞明岳是一个做事认真、有毅力和坦诚的人。

三、做好总编室的工作

中华书局1971年下半年恢复业务，也仅仅是点校“二十四史”而已。那时商务印书馆、中华书局两个单位一套领导班子，共分为四个编辑室，第一、三、四编辑室出版的均是商务印书馆的书，只有第二编辑室是中华书局的业务。1976 年粉碎“四人帮”后，1979 年两个单位分开，中华书局仍旧是文学、古代史、近代史、哲学、丛书五个编辑室，后来丛书编辑室改为综合编辑室，又新增语言文字和《文史知识》两个编辑室。工作一段时间后，发现政令不通畅，部门之间缺乏了解、协调，有人形容犹如一部老爷机器，缺少零件，虽然运转，但效率低下。造成这种状况的原因有三：一、出版业务中断了十年，新老人员都有一个熟悉业务的过程；二、“文革”后遗症，怕犯错误，工作缩手缩脚；三、尚属于计划经济大锅饭，没有奖惩制度，工作缺乏主动性。为了改变这种状况，俞明岳想方设法制订了各种不同类型的报表。每年年底，总编室通知各个编辑室主任报送下一年发稿和出书计划；每季度伊始，总编室会向各部门发放发稿、排校、出书等各种统计表。这些报表是极其精细的，具体到书名、作者（包括古人及整理者）、字数、繁简、责编姓名、发稿月份等等。此外，财务处有已经出版图书的盈亏报表。可别小看这些报表，把它们积存起来，每种书的发稿、校次、付型、出版、印数、盈亏等情况一览无遗。若以编辑室为单位，每个编辑组稿种类、发稿多少、阅审校样字数亦十分清楚，工作谁好谁坏，不言自明。这些报表起到了提纲挈领的作用，扭转了通而不畅的积疾。

俞明岳不是编辑人员，但有相当的旧学根柢，对中华书局的出版物十分关心，经常翻翻看看。他有时拿一两册唐宋史料笔记来对我说 :“你看看这里标点是不是错了？”十有八九，他是对的。1981 年《文史知识》创刊，因为经过“十年动乱”，不少年轻人失去了学习的机会，这个杂志正好可以补习中国文学史、古代史方面的知识，俞明岳觉得自己是总编室主任，理应做好宣传工作，创刊号他自费购买 1000 册，通过民进组织分发给亲朋好友，扩大宣传，以广为人知。当时任《文史知识》编辑室主任的杨牧之曾说 :“就凭俞先生这一壮举，《文史知识》要记他一辈子，感谢他一辈子。”1985 年 12 月 27 日，俞明岳突患心肌梗塞逝世，中华书局同仁十分悲痛，尤其是《文史知识》编辑室的同志，在他逝世一周年后还在刊物上发表“襄助创办《文史知识》的俞明岳同志逝世一周年”的纪念报道。此后，中华书局多位总经理、总编辑等领导离世，尽管级别高于俞明岳，但皆没有受此哀荣。《文史知识》编辑室的同志还撰写了悼念俞明岳的文章，我就不在此言述了。

四、资助贫困儿童入学

从恢复高考到 20 世纪 80 年代中期，很多学生毕业了，其中不乏优秀的青年才俊，尤其是理工科方面，需要进一步出国深造，以赶上世界同步发展。香港中华总商会会长王宽诚是一位爱国实业家，捐赠 1 亿美元，在教育部设立“王宽诚教育基金”，专门培养出国留学的高科技优秀人才。而教育的另一方面，国内一些贫困地区的青少年，因为家境贫寒而失学辍学的现象时有发生。俞明岳是民进中央文教委员会副主任委员，捐赠 1 万元，为解决贫困儿童上学问题尽自己一份力量。20 世纪 80 年代，一般职工月工资不过几十元钱，1 万元是不小的数目了，那时形容财富多叫万元户。有一次我同他讲起此事，他说："小意思，没法同王宽诚比了。"我问："王宽诚你认识啊？"他说："老朋友了，还是同乡。你知道他原来是干什么的吗？"我摇摇头。他说："王宽诚抗战前在上海做生猪生意，上海话叫贩猪猡，要说本钱还不如我哪。"我说："那怎么发了呢？"俞明岳说："1941 年 12 月日军攻陷香港，把汇丰银行的金库打开了，日本人把原来港英政府准备发行的百元大钞拿到市面上，强迫市民使用，香港人根本不认，日本人就拿到上海使用。上海人倒是认了，不过要大打折扣，百元仅顶两毛钱用，如同废币。王宽诚大量收购，甚至叫我也收点儿，我没理他。1945 年 8 月，日本投降，英国人又回到香港，居然承认这百元大钞，王宽诚着实发了一笔大财，也就把经商地转到了香港。由于财力雄厚，经营金融、地产、百货、食品等等，搞得风生水起，赚得盆满钵盈。我当然没法同这位王老兄比了，只能捐点儿小钱，帮助一下贫困的孩子吧。"俞明岳捐资扶助贫困失学儿童的事，是他通过民进捐赠的，是他晚年做的一件极有意义的事，但中华书局知道的人不多。受他帮助的人现都步入中年，活跃在工作岗位上。在他已经离开我们三十二年之后记述出来，亦是对这位老职工的缅怀吧！

（原载《书品》2017年第二辑，作者系中华书局退休编审）

顾颉刚先生的一篇佚文（附致姚绍华信）

张　巍

按：近日整理我馆档案，得顾颉刚先生手书《我家藏书的经过》一文，文后附有写给姚绍华的短信。文章与信俱用四百字方格稿纸抄成，共三页。姚绍华先生曾任中华书局图书馆馆长，这无疑是他遗留之物。

顾先生晚年欲将他的全部藏书移让给中华书局，与其接洽者正是姚先生。翻检顾先生1962年日记：10月30日"草《卖书与中华之愿望》八百字",31日"钞《卖书愿望》毕，访姚绍华，未遇"，11月1日"到中华，将贺次君、姜又安等所编我家书目统看一过，写姚绍华信"，11月2日"到中华，与姚绍华谈卖书事"。日记所载与今之所见，时间、字数若合符契，只是"卖书与中华之愿望"并非成文后的标题罢了。

今将这篇佚文用现行规范字排印发表出来，致姚先生的信仍旧附后，两者间空一行，以示分别。原文及信署名处均钤有“顾/颉刚”之白文方印，排版时以“(印)”略识位置。

顾先生的藏书最终未能售与中华书局，而是在其身后由家属捐献给中国社会科学院，成立了“顾颉刚文库”，实现了他“藏书不要分散，以便后人利用”的遗愿。

张巍记

我家藏书的经过

先祖一生好金石学及文字学，关于这方面的藏书约5000册。先父则好经学及文学，藏书约20000册，手自圈点，数十年如一日。我少年时濡染此风，日跑书店，成为癖好。三十以后，以古代史为研究专业，兼及古代地理，这方面的书有见即收。又以古籍为古史基础，凡是整理古籍的著作也都不肯放过。1954年，重到北京，把两方面藏书集中一处，除碑帖、杂志外约有50000馀册。计从先祖开始收书到我现在，整整经历了100年。

我家历世清贫，故虽笃好旧籍，终究无力收藏宋元本书。除明刻本100种左右，皆清刻及近代刻本。但其中亦有稿本、批校本、精抄本以及若干稀见本，为图书馆所未备的书。藏书的重点是经学、子学、文字学、古史学、地理学、目录学、丛书等项。

现在我年已七十，诸病丛生，自知工作时间已不能很久。为了不愿把这个包袱推给儿女们，因此想赶速处理，期于付托得所，增加使用率，不负三世积书的苦心。你局以整理古籍为专业，而我家的书以研究这个专业为中心，我又在你局工作，所以这批书移让你局最适宜。

我的希望

1. 我愿意把全部书籍、碑帖、杂志移让你局，价值及付款期均由你局决定，我全不计较。

2. 我在 1955 年曾嘱人编一草目，但此数年中因贴补生活，曾将复本书及一部分文学书出售，售出数量不多，而且这数年来又添置了不少新书，在种数上约略相抵。

3. 因为我尚在工作，所以不能不留下一点参考书，希望这些书由你局登记、编目后再借给我使用。将来我不能工作或无须使用时，即按借单归还。在使用期间，如有人要借，亦可取出。

4. 木版书都无标点，为了便于使用，请给我以点校的权利。

5. 我最大的愿望，是由你局工作人员助我编出一个书目，作为三世藏书的纪念。

6. 书箱约 200 只，全数赠与你局。

顾颉刚（印）1962.10.31

本册目录系 1955 年假手他人所为，编好后我因事冗亦未看。今日粗翻一过，其中错误、重出、杂乱之处不可枚举，只能看一个大概。

其中上端加 × 号者，系我记得已出售或赠人者，早不在我架上。其加√号者，系尹如濬同志以为重复，可出售者。有的我照他意思办理，有的则因版本不同，或有批校，还留在家里，一时也分别不出来，须细点方可知其有无。

自编目后，到今已七年，我又收到不少新书，但因未登记，现在无法开单。须俟总清点后方可明白。

尚有碑帖、杂志目，容检出续奉。

此致

姚绍华同志

顾颉刚（印）

1962.11.1

（原载《书品》2017 年第三辑，作者系中华书局图书馆员工）

王国维朋友们的来信

朱兆虎

尺牍文献具有史料、学术、辞章、书法等多方面的价值，零散易失，片纸只字，犹足珍贵。古人书札类多行草，文字难识，又事涉琐细，非谙情实，不易连贯，欲充分准确利用此类文献，整理本必不可少，但也需与原件对读，方敢尽信，这是整理书札文献亟须公布原件的主要原因。

国家图书馆近期公布了馆藏 1200 多通王国维及其 90 馀位友朋的书札，亦多未经公布者，结集为《国家图书馆藏王国维往还书信集》，由中华书局出版，全部彩色影印，最大程度地呈现了这批珍贵文献的原貌，如与大师晤谈，言笑晏晏，跃然纸上，亲切可喜。

兹撷取缪荃孙、柯劭忞、沈曾植、陈衍、章梫、吴昌绶、张尔田、陈叔通、容庚九人的九通首次刊布之札，爰为整理，先作分享。定有疏误之处，敬请是正为感。

缪荃孙与王国维书

信札原文：

静安仁兄大人阁下：

前奉手书，并读太后挽辞，佩服之至。用典切实，用笔高华，与虞山吊瞿稼轩百均媲美矣。暇日读经，必有撰著。前日与菊生撰词曲源流考（新名忘却，五字杜撰），想已交卷，未知已印行否？弟亦借秋枚《古学》催赶笔记，顺治、康熙两朝粗了，将来尚要补缀，易名另行，非持板不能持久也。弟今年为刘、张二君刻丛书，盛杏公又约撰编书目，刻无暇晷。樊山、子培邀入诗社，每月一二次，友朋之乐极欢。其奈枯肠搜索，不成樵唱。社中诗以子培、吴絅斋为最，馀皆与弟等耳。樊山挽词太艳，子培佳。弟以为亡国遗恨，与太平时不同，读大作，方觉与鄙意吻合。草稿呈教，才短可怜。《古学》四期已出，日本尚有人看否？我辈苦心，日本人或知之，新党便不知也。此复，敬请著安百益。

弟缪荃孙顿首

廿四日

大意：

1913年2月22日，隆裕太后病逝，也就是慈禧太后钦点的光绪帝皇后，3月31日，在日本的王国维给长他

33 岁、时在上海的缪荃孙写信，说“我这几天为太后写了一首挽诗，颇为满意，但有 900 字，太长了，不便抄上一份给您寄呈，等将来把我在日本写的诗编成一册出版后，再寄您请教。”没过三天，日本报纸将挽诗发表了，王国维就剪报寄奉缪荃孙。

缪荃孙读后佩服之至。“你的挽诗典故运用得当，文笔高华，可以和钱谦益给瞿式耜写的 1100 字的挽诗媲美了。你的《宋元戏曲史》要在商务印书馆出版，应该已经交稿，不知道书出了没有？我的《云自在龛笔记》，你在《古学汇刊》上读到一卷，说‘有裨于一代文献者至巨’，问一共要写几卷。我这段时间也是趁着要在邓实的《古学汇刊》上继续刊发，赶着往出写，顺治、康熙两朝大体写完了，准备将来再补充一些材料，改一下书名，出版个单行本。”

“我近来很忙，今年给刘承幹校刻《嘉业堂丛书》，给张钧衡校刻《适园丛书》，盛宣怀又请我给他编书目，忙得不可开交。樊增祥和沈曾植组织了诗社，邀我加入，每个月举办一两次雅集，朋友欢聚，开心极了，奈何我诗思枯涩，写得不好。诗社中只有吴士鉴和沈曾植写得好，其他人跟我写得也差不多。”

“给隆裕太后的挽诗，沈曾植和樊增祥也都写了，沈写得好，但樊的文辞显得华丽了一些。隆裕太后退位让国，大清云亡，郁郁而终，尚有遗恨，写挽诗应该与太平之时皇后崩殂不同，读到你的大作，感觉文辞间和我的这个观点相同。我也写了《隆裕皇太后挽词》五律二首：‘神驭三山杳，悲怀四海同。徽音殊未远，火德已云终。名免佥降表，魂犹恋故宫。无穷家国恨，邢尹更交攻。（闻瑜妃、瑾妃尚争管理。）’‘揖让开新室，威仪尚汉官。凄凉衔玉诏，郑重奉金棺。地老鹃啼血，天悲鹤语寒。（连日大雪。）苍梧修祔典，稍胜会稽攒。’才短韵卑，寄上一份草稿，请指正。”

“我和邓实合编的《古学汇刊》，上次你说日本那边很多人想买，现在已经出了第四期，不知道还有没有人看？我们这帮人尽力保存国粹，日本还是有一些人理解这份苦心的，国中新派人物却不能明白，可惜呀可惜。”

柯劭忞与王国维书

信札原文：

静庵仁兄大人左右：

献岁发春，惟增履万福为颂。承示钟鼎文字不能强识，名言至论，自阮太傅以下皆当倾首，不仅为初学箴砭也。敝著《新元史》凡二百五十七卷，现排印将讫，俟装订毕，当寄呈教正。时事日棘，祸难相仍，弟浮沉人海，等燕雀之巢幕，聊藉丹铅以为排遣，不敢言撰述也。小儿昌泝近作《曹真碑跋》一首，命别纸录呈，敬祈改定。肃此，即请

著安不一。

愚弟柯劭忞顿首

大意：

你告诉我释读商周金文，要谨于阙疑，不能强作解人，真是至理名言，从阮元以来的古文字研究者们都当颔首称是，不仅仅是对初学者的规劝。

我写的《新元史》很快就要印刷完了，等到装订成书后，就给你寄来一部，请不吝赐教。时事一天比一天危急了，我在人海沉浮，像把鸟巢建在帷幕上的燕子，苟且偷生，只能借着掉弄文墨消遣时日，不敢奢求著述名世，以永年不朽。

沈曾植与王国维书

信札原文：

清词拜读，公真重光再世，千年来无此作矣。（向来总觉饮水未是。）止此已足独步一代，不必再多，亦不能再多。卷尾识语，尤为凄绝。幼时授诗，至此数章，辄觉窗前风悲日惨，吾侪沦铺有前定耶？尊恙未痊，殊为系念。报载四方，弟服第一方而愈，似避风，稍服凉散轻剂为宜。去年岁杪，检得旧词二十馀首，录出呈教，不知有可存者否？与公有仙凡之隔，然惟真仙或能度凡人耳。此请

静庵先生晚安

植顿首

大意：

你的《履霜词》二十四首，我拜读了，真真是重光再世，五代北宋以来，没有这样好的词作了。这些作品已足够让你独步一代，不必再多，也不能再多了。都说纳兰词掩盖一代,我一直觉得并非如此。《履霜词》的卷末跋语说：“呜呼！所以有今日之坚冰者，非一朝一夕之故矣。”尤其凄绝悲凉。我小时候便学习吟诗，读到《周易·坤卦》“履霜坚冰至”的卦辞时（抑或是读到王国维《履霜词》时的感受），就觉得窗外风声悲号，日色惨淡，我们悲望故邦、沉沦民国，难道是命中注定的？

陈衍与王国维书

信札原文：

静庵先生左右：

久阔不相闻，辄用笃念。比稔清华学校将开大学，并设研究院，先立国学一科，已聘执事与任公诸君为讲师。当此人不说学，即说学亦指导无人、进修无路之际，如绝壁之得天梯，汪洋之遇巨筏矣。衍十数年来一切谢绝，独矗没各大学教授者数年，自顾生无益于人，惟稍扶书种于绝续交，犹劣能之。然千俊万杰，稀若晨星，有志者一知半解，末由深造，心私悼焉。厦门大学国文系学生百十人，可蕲成就者，廑得二人，曰叶俊生，曰游骞。游生籍贵州，郑子尹同邑人，究心周秦诸子学，治诗古文词，有《释墨》一文，寿鄙人四诗，曾刊报上。叶生福建侯官人，诗文祈向皇甫持正、孙可之，亦能为文从字顺者，有自序文二，寿鄙人文一，已有刷印。潜心考据之学，所著有《闽方言考》，已出版；《续考》、《文字学名词诠释》，有油印本，尚当修补；文字学、音均学口义，《版本学考》，印未毕。以本大学三年级高材生，拔充国文系助教，僭任国文法学、文字学、形义、音均各门功课。衍老矣，喜其勤奋，然其孤寒犇走，不能常共几席，极欲其肄业研究院，受诸大师陶成。惟须乞清华校长特别待遇，准予免试入院，而特别免试，非由九鼎之言则不可得。所以求免试者，一则考试者一日之短长，李程、杜牧非关节且不得第，罗江东金榜无名，东坡尚失李方叔；二则叶生寒士，方充助教，脱考不入选，何颜返校再作都讲。往者北京国立大学将设分科，衍充教授，奏记张文襄，请经科、文科学生由各直省大吏保送举贡诸生之尤者，从之，厥后得学位者，经学、小学若陈汉章、刘复礼、黄式渔、徐道政；古文词若复礼、姚梓芳；史地若丁作霖等，特出者尤多，至今皆蔚为大师，主各地讲席，亦足征学生之不尽由考试矣。先生宏奖有素，伏望齿牙馀惠，将叶生、游生荐诸校长，乞特别待遇，准其免试入院研究，幸甚。如两名嫌多，则叶俊生一名尤要，游生未充助教，且已

转学上海，尚可就近赴考。倘得俯如所请，盼复福州南三官堂敝寓。其详细履历，当由厦校公函保送。专布，即颂

著祉

弟陈衍顿首

大意：

近年清华学校设研究院国学门，聘请你和梁启超做导师，我给你推荐叶长青、游骞两位学生，他俩勤奋好学，是厦门大学百十号学生中，将来能有所建树者。游骞研究先秦诸子，叶长青潜心考据学，写了很多书，给我写的祝寿文章也极好，大三就被选拔为国文系助教。他俩家境不好，四处奔走，我老了，不能经常指点他们，希望能到清华继续深造，受你们这些大师们的熏陶。但需要你请贵校校长允许免试保送入学，一是因为考试是一次性的，有它的弊端，难免遗漏人才，像李程没有杨於陵的巧荐，杜牧没有吴武陵的激厉举荐，早就落榜了；罗隐十上未第；苏轼任考官，“苏门六君子”的李廌仍没能得第。二是因为叶长青刚当上助教，万一没考上，传出去说老师考不过别的学生，还有何脸面再回厦大教学生。当年我在京师大学堂当教授，大学堂设置分科，我奏请张之洞，让经学和文学的学生由各省推荐保送，张之洞听了我的建议，后来培养出了陈汉章、刘洙源、黄式渔、徐道政、姚梓芳、丁作霖这样的人才，现在都已然是大师级人物，在各地掌教，

可见选拔优质生源不完全得靠考试。但要是两个人嫌多，就只把叶长青推荐给贵校校长吧。至于他们俩的简历，将由厦大公对公送呈。

章梫与王国维书

信札原文：

静安先生台鉴：

大喜，欣慰之至，敬贺敬贺。敝同年金息侯前次信来，称台从北上，渠处可以下榻，因公回海宁，未及转达。顷又得其十五日信，称王、杨二君均久无北上之信，内廷诸公颇为盼望，属转致意等语，敬以奉闻。祇请

喜安

弟梫顿首

十八日

吴昌绶与王国维书

信札原文：

外《定盦年谱》稿样，亦求两公赐阅一过，其陋可哂，其诚可矜，祇为邦贤存一二故事，无学派意见于其间也。编定《龚集》二十四卷，（另日呈阅。其未定者，一有所待，因尚有未见之文，一限于力也。）亦即此意。封面之后尚有杏孙书札一通，弟又附数语，

日内当刻成，请三五日内鉴定付还，以便刷印。急欲告蒇，以竢同人订补。有大谬处请指示，至感至感！

张尔田与王国维书

信札原文：

静莽先生左右：

前谭殊快。鄙著《玉溪年谱会笺》，刊刻将次断手，弁首鸿文，拟得君加墨数行，以志纪念。序中但述我辈交谊及十年来踪迹，惟有一意甚佳，似可畅发。弟之学有宗主而无不同，生平极服膺康成家法，而诗谱、诗笺皆郑氏所创。此书其于谱也，经纬时事即用诗谱之例；其于笺也，探索隐赜即用诗笺之例，似可即以此义引端。至两浙学派，亦可略叙。浙东自梨洲、季野、谢山以迄实斋，多长于史；浙西自亭林、定宇以迄旁出之东原、若膺，多长于经。浙东博通，其失也疏；浙西专精，其失也固。弟初从若膺、怀祖入手，后始折入季野、实斋，故虽尚考据而喜参名理，有浙东之博通而不至于疏，有浙西之精专而不流于固，此实弟一生为学之大旨，于序中能插叙数句，尤善。此外则君对于学问之见，及与弟相同之点，皆可一为发挥。至关于玉溪，略为映带可耳，以益莽诸序已详言之也。近见君文兴殊酣，故敢以为请。如须阅原书，容当将红样呈览，但所出未全耳。手肃，敬颂

著祺，不一一

弟制尔田顿首

大意：

我正在守孝，我的《玉溪生年谱会笺》很快就要刊刻好了，你写给我的那篇序言，是否可以再修改一下？序言中只说了咱俩十年来的交游，对我的学术成就谈及略少。其中提到一点特别好，请再发挥开来，多说几句。就是我做学问是有所宗主，但不设门户。平生最佩服东汉郑玄，《玉溪生年谱会笺》便是综合郑玄的《诗谱》和《毛诗笺》而设计的体例，这一点请阐发一下。

另外请再论述一下两浙学派的情况，浙东学派从黄宗羲、万斯同、全祖望到章学诚，擅长史学；浙西学派从顾炎武、惠栋到戴震、段玉裁，擅长经学。浙东博通但粗疏，浙西专精但拘泥。我的学问从段玉裁、王念孙转向万斯同、章学诚，虽然崇尚考据，但也发挥义理，可谓会通两浙，既专且博，避免了粗疏、拘泥的弊病。这是我一生治学的宗旨，请在序里补充上这一点，就再好不过了。还有你对学问的看法，与我观点相同的，也再多写几句。

至于涉及李商隐的笔墨，感觉稍有点多，请删掉一些，略微提提就可以了，这一方面孙德谦的序言中说得已经很详细了。实在不好意思，但见你这几天状态很好，就请你再改一改。如果需要参考原书，好表达得更准确的话，我把样书给你拿来，但不是全本。

陈叔通与王国维书

信札原文：

手示敬悉，乃承奖勖，愧对愧对！样本已见排，比时尚多错误，预约竟达五百以上，可免受商务之责言矣。散盘阮文达曾仿制一器，洪杨之乱，吴平斋曾于扬州见之，以其笨重，难于搬移，故未购，见平斋散盘跋中。长沙所见，或即此器，决非原物也。先生以为何如？

静安先生阁下

敬拜手

十二日

培老家事，言人人殊，能由慈护禀承母训，一力主持，可变为现款皆变之，遗著则为之辑刊，回嘉兴原屋，一切收缩，当可有办法。凡劝慈（下缺）

大意：

那本书预约订购了五百多部，销路还算不错，可以不用受商务印书馆的埋怨了。

散氏盘，阮元曾经仿铸过两件复制品，其中一件太平天国时，退楼主人吴云在扬州见过，太重了不好搬，所以没有买下。这件事在吴云写的散氏盘跋中提到过。易培基所见到的，可能就是这件仿制品，肯定不是原器。

沈曾植去世之后，身后事各有各的说法，他的儿子沈慈护听他母亲的话，主持局面，能卖的都变成现款，沈曾植的遗稿则搜集刊布。

容庚与王国维书

信札原文：

静安先生左右：

金文中图象文字，寓意至繁，如“”，先生谓象大人抱子置诸几侧之形，旧释“析子孙”三字固非，即“”、“”诸文，皆所以旌武功，“”象陈豕于屋下而祭，释“戈”、“斿”及“家”，函义较狭，不如原义之广，亦未为得也。庚欲将拙著《金文编》中之图象文字，皆改入附录，略著其义，先生于意云何？再庚欲作《金文中所见国名地名考》一篇，地理之学，未尝学问，赐示书目，俾资参考，幸甚幸甚！此请

撰安不餳！

后学容庚顿首

一月四日

大意：

金文中的图象文字，涵义丰富，要是定成某字，涵义反而变得狭隘，如此考释金文是不得当的，不如原样保留为宜。我将在我编著的《金文编》里，更改一下体例，将这一类图象文字以附录的方式收入，不知老师意下如何。

我还想写一篇考证金文中涉及的国名、地名的论文，但之前对地理之学涉猎较少，请您给我开列一个书目，好研习参考。

（原载 2017 年 11 月 24 日“澎湃·翻书党”，作者系中华书局古籍整理出版中心文学编辑室编辑）

张宗祥点校《国榷》之稿酬风波

俞国林

张宗祥先生（1882—1965，字阆声，晚号冷僧，海宁人）一生主要从事文教、图书事业，学识渊博，生平钞书成癖，一生钞校九千馀卷，前无古人。经校勘出版的重要古籍有《说郛》《国榷》《罪惟录》等，其中《国榷》的点校整理，可以说是张宗祥费力最为深厚的，时间跨度也比较漫长。张宗祥曰：

此书予假蒋氏五砚楼旧钞本过录。蒋氏书，生沐先生（光煦）别下斋所藏。……

甲子（1924）至永嘉，承假携行箧中，因得全钞；中有二三空页。后至江南图书馆检视八千卷楼本，所缺亦同，乃知同出一源。丙寅（1926）、丁卯（1927）流寓沪上，颇思借刘氏嘉业堂所藏明历代实钞，一为校补。悠忽至今，竟未着手。以视先哲劬学著述之勤，愧悚奚似。乙未（1955）又据一钞本校补，并为分卷。

张宗祥《大小戴礼记合纂序》：

> 解放之后，即来杭州，任省图书馆职务。从公之暇，忙于整理谈孺木先生《国榷》稿者，几及三年。

是知张宗祥早年即已着手校勘《国榷》，及至1955年又据另一钞本校补，并为分卷，故有“谈先生有知，当不责予鲁莽也”一句戏谑之辞！

张宗祥后来之所以重拾校勘重任，盖古籍出版社有印行此书之计划。按，古籍出版社成立于1954年6月，是出版总署直属社，社长由出版总署副署长叶圣陶兼任，编辑不足十人，有徐调孚（平湖）、张静庐（镇海）、章锡琛（绍兴）、陈乃乾（海宁）等。1956年12月，文化部关于中华书局、商务印书馆独立经营的请示报告，称根据周恩来总理和陈云副总理的指示，拟加强中华、商务的出版工作，将古籍出版社并入中华书局，组成中华书局的编辑部。1957年3月，古籍出版社正式并入中华书局。中华书局社址迁至北京东总布胡同十号，编辑部设古代史、近代史、古典文学、哲学等四个编辑组，组长分别由徐调孚、张静庐、姚绍华（金华）、傅彬然（萧山）担任。

由于一方要出，而另一方也已做了很多校勘整理工作，故双方一拍即合，也商定好了稿酬数额。

但是因时代、政策等因素的变化，二十世纪五十年代，新中国在稿酬标准上以国家行政发文的形式调整过数次，而该书的出版恰好在调整之后，所以在点校、钞写费用的标准核定上，古籍出版社与张宗祥彼此产生了分歧。经过前后三年多的协商与内部讨论，中华书局从信义、承诺以及团结作者诸方面考虑，为张宗祥补足了之前“口头约定”的稿酬数额。

一、交稿时间与当时之约定（附稿酬核算标准）

据徐调孚的记载，张宗祥将整理好的谈迁史学名著《国榷》交给古籍出版社，时间为1956年（月份不详）。

当时的点校费是3元/千字，《国榷》字数可能超过4000千字，但张宗祥只负责校勘整理，后期的校对审核工作由出版社负责，故副总经理王乃夫于1956年12月15日批发徐调孚所拟的文件中有“拟送人民币壹万元”的批示。由徐调孚与张宗祥做了“口头约定”（未见文字凭证），总稿酬计为10000元，并于1957年7月预付5000元，馀款将在《国榷》正式出版后再行支付。按，《国榷》共4284千字，以10000元稿酬计，则2.33元/千字。9月4日，张宗祥与古籍出版社函，大概讲到稿酬事。9月16日，徐调孚拟稿给张宗祥复信，曰：“依照我社规定，此类校勘旧书，一律不订合同，希谅。稿酬当以前函所定为凭。”据此可知，稿酬标准或总数，在之前的公函中（或即1956年12月15日），曾有约定。

古籍整理书稿的稿酬标准，举例如下：

点校稿：

资治通鉴　3 元 / 千字。金灿然 1956 年 4 月 17 日所拟与陈述先生函曰："工作报酬问题，《资治通鉴》一书加工报酬是万字卅元。所以定为万字卅元的原因是：为了标点《资治通鉴》，由范文澜等十几位同志组成了专门委员会，这个委员会负责了加工原则的设计、某些原则问题的和具体的组织工作。为执行这一工作，又以顾颉刚等十一位先生组成了专门小组，这个小组用具体办法进行了标点和审校工作。这样，可不必再另外请人审校，从而也就没有审校费的支出。这本书工作报酬是包干性质的，除了标点和为标点所必须的校勘工作之外，其他许多校勘工作，广钞稿、标点说明、最后详校清样等，均未另外计酬。"

四裔传　1 元 / 千字。金灿然 1956 年 4 月 17 日所拟与陈述先生函曰："《四裔传》的工作报酬所以定万字十元，主要是单指标点和为标点进行的校勘一项说的。另外的校勘工作和注释工作以及前言等，是要另外计酬的。我们以为，仅标点工作费用万字卅元，那太高了，把校勘工作、注释工作等包括在万字十元，一般的说，又嫌偏低了。因此，《四裔传》的工作费，标点部分按万字十元，其他工作另外计酬，我们以为不仅标准上和计算方法上都是比较合理的。诚如陈先生指出的，这里不是为了钱的问题，而是为了追求合理。"这种将古籍文本和校勘、注释内容区别标准的核算方式，在后来的古籍整理书稿中运用较多。

历代各族传记会注　3元/千字。徐调孚1956年7月17日所拟与中央民族学院关于《历代各族传记会注》的协议书："（一）学院负责编辑加工工作，将本书进行编辑、标点，并加注释。完成后，分批交与出版社进行出版工作。（二）全书共分四编，分四册出版。第一编的排校印装日程如下：1、学院于六月底以前将最后改定稿交至出版社。2、出版社于七月交印厂付排，于八月起，陆续将清样送交学院校对，于九月全部送毕。3、出版社于十一月以前，将本书第一编出版。……（六）第一编之报酬办法，议定按每千字三元计算，于签订此协议书后，先按原稿字数致送百分之五十，于出版后再按排印页字数全部结算付清。第二编以下各册，临时再行协议。"

著作稿：

尚书通论　陈梦家著，1962年签订合同，12元/千字。

海瑞的故事　吴晗著，1962年签订合同，8元/千字。

根据上述文件，大致可以看到二十世纪五六十年代稿酬标准的情况。而《国榷》以最初约定的总稿酬万元，也是合乎标准与情理的。

二、1958年7月文化部颁发稿酬之《暂行规定》

如前所述，新中国初期高标准的稿酬（所谓高稿酬，是相对于普遍收入者而言的），陆续引起多数人的不满。政府职能部门也因此经常讨论，及五七年反右对知识分子打压之后，稿酬标准逐渐降低，至 1958 年 7 月 14 日，文化部颁发《关于文学和社会科学书籍稿酬的暂行规定》(草案)，于同年 8 月 1 日起在北京、上海试行。正式采用“基本稿酬加印数稿酬”的付酬原则。1958—1962 年，基本稿酬的标准：著作稿 4—15 元 / 千字，翻译稿 3—10 元 / 千字。(参见陈明远《知识分子与人民币时代》，文汇出版社 2006 年)

该标准“试行两个多月后，北京和上海的一部分作者和出版社提出倡议，要不计报酬的共产主义式的劳动，建议降低稿酬标准。文化部根据上述建议于 10 月 10 日发出通报，将《暂行规定》的稿酬标准降低一半”(王泽泗《我国稿酬制度的历史与现状》，载《中国出版》1992 年)，稿酬再次降低，即著作稿 3—8 元 / 千字，翻译稿 2—5 元 / 千字。一年后，文化部发现降低标准不妥，不利于繁荣创作和提高作品质量，于是进行更改，继续实行 1958 年 7 月制定的《暂行规定》。

由于是普降稿酬，古籍点校稿的稿酬降低至 2—6 毛钱每千字。

三、图书之成本、定价

1956 年，文化部颁布《全国出版社一般书籍、封面、插页定价表》，确立了正文分类别、按印张定价的基本模式。自此后的二十八年间，除在 1958、1963 和 1973 年基于政治目的对定价标准向下调整，印张定价模式一直延续到 1984 年，成为完全计划经济时代图书定价的基本模式。

其制定的“保本微利”原则，或曰不能按照实际生产成本定价；或曰没有让出版社所创造的利润全部转化在价格中，而是让一部分利润（通常是大多数）有计划地让渡给社会，实现利润的重新分配。

定价类别分了十一类，共二十六个分类项目，最后都有相应的定价标准。古籍整理图书属于第六类，定价标准为：0.09 元 / 印张（新闻纸。若使用更好的纸张，可稍作增加）。

由于未能找到《国榷》一书的定价原始卡片，现参考中华书局两种书的“图书出版记录卡”，以为当时图书之定价情况：

《三国志》（平装）：49 印张，4 插页，5 册，1963 年 12 月 14 日发印，1 版 3 次。“备注”一栏之下，罗列定价计算公式：49 印张 ×0.09 元 / 印张 + 0.015 元 / 插页 ×4 插页 + 0.035 元 / 封面 ×5 封面 = 4.645 元。而在左侧的实际定价里，写着“5.30 元”。

《辽史》（护封精装）：50 印张，12 插页，3 册，1974 年 10 月出版，1 版 1 次。罗列定价计算公式：49.8125 印张 ×0.09 元 / 印张 + 0.01 元 / 插页 ×12 插页 + 0.01 元 / 封面（平装）×3 封面 + 0.85 元 / 封面（精装）×3 封面 = 7.453125 元。实际定价里，

写着“7.50 元”。

上述两书之定价，其实只根据所用纸张以及按印张数核算印刷、装订之直接成本，并未考虑其他成本，如排版、校对、编辑、设计、稿酬、管理等诸费用。

当时古籍整理图书之直接成本各项费用名目与标准如下：

印装费：0.023 元 / 印张

纸张费：0.021 元 / 印张

排版费：4—8 元 / 千字

稿　费：按约定。

《国榷》于 1958 年 12 月正式出版。1 版 1 次版权页：

字　数：4284 千

印　张：195.25

印　数：1—1000

定　价：29.00 元

出版社：古籍出版社

印刷厂：中华书局上海印刷厂印刷

根据《定价表》核算：

196.25 印张 ×0.09 元 / 印张 + 0.85 元 / 封面（精装）×6 封面 = 22.7625 元

实际定价是 29.00 元。但根据此书之成本组成如下：

印装费：0.023 元 / 印张 ×196.25×1000 套

纸张费：0.021 元 / 印张 ×196.25×1000 套

排版费：4 元 / 千字 ×4284 千字

布面精装费：0.40 元 / 个 ×6 个 ×1000 套

稿　费：5000 元（以另外 5000 元不付计）

不算校对、编辑、设计、管理诸费，总成本为 33171 元。发行折扣是 70%，则总实洋 20300 元。《国榷》第 1 版 1 次亏损 12871 元。

四、出版时间与最初之沟通

《国榷》出版的时间，版权页标明是 1958 年 12 月，出版社依然署“古籍出版社”，而在中华书局的档案里，却都是以“出版于 1959 年 1 月”来记录的。且其出版时间，都晚于 1958 年 10 月 10 日文化部颁发的《关于文学和社会科学书籍稿酬的暂行规定》（草案）的通报。

徐调孚 1959 年 1 月 19 日所拟与张宗祥公函，其事由内写“《国榷》稿酬作为结清”，文曰：

宗祥先生：

《国榷》一书，我局已经出版，样书二部业已寄奉，想早收到。稿酬标准，在整风以后已普遍降低，本书按照新标准，该致送断句费和校勘费共二千六百元正，因前已预支伍千元，我们即作为付清，不补亦不退。又，原书仍行寄还，请收。

此致

敬礼。

此公函22日经财务组会签，曰“同意”，并于是日签发。

宋云彬1959年1月日记：

二十四日：昨日徐调孚语余，阆声钞校之《国榷》，原定致送稿费一万元，已先后汇去五千元，现在稿酬办法另有新规定，不拟再付。余谓应再酌付若干。金灿然在旁，谓余言甚是，当再考虑云。

二十五日：上午，写信给阆声。

按，宋云彬先生（1897—1979）与张宗祥同为海宁硖石镇人。1952年，宋云彬回浙江任文联主席、省文史馆馆长，张宗祥时任浙江省图书馆馆长、省文史馆副馆长，且二人还有姻戚关系。1957年宋云彬被打成右派，次年举家迁北京，任中华书局编辑，参与“二十四史”的点校、编辑工作，两人书信往返频繁。

1月28日，张宗祥复宋云彬函，曰：

老姻丈：

手书敬悉。近来多病，嫌烦，一无兴致可言，遂至稽覆。《国榷》稿费，已得中华来书，据云五千元已支领过头，旧说一概抹杀。这也好玩的事，我想不再过问，如有良心和信义，再寄一些来，我也不拒。……

2月28日，张宗祥又与宋云彬函，曰：

云彬姻丈：

近略能多坐，且亦从事《本草经》疏解矣。《国榷》一部，计六册，另邮奉。书局赠两部，一送图书馆，一自留作纪念。此乃另购,以践宿诺,到请哂存。……

此事至此，及其后两年左右的时间里，未有再发现相关记载。

从上述张宗祥的信里，我们能读到他的不满。中华书局在此事的处置上，虽说是根据文化部规定执行，并不违规,但也有“失信”之嫌。而对于处置结果,从张宗祥“不再过问”四字推测，双方似已默认了此事到此为止。

五、中华书局最终之处理意见

转眼到了 1961 年岁末，张宗祥与宋云彬函，旧事重提，希望中华书局“能补足稿费一万元”，宋云彬并告诸古代史编辑室或局内负责同志，谓张宗祥“当时对此种做法，认为编辑部对钞校者的劳动不够尊重，任意降低稿酬,是不满意的”(具参见谢方《〈国榷〉稿费检查报告》)。所以在 12 月 11 日中华书局内部召开征求读者意见会议期间，关于是否补付张宗祥《国榷》稿费事，又再一次讨论。

据宋云彬 1961 年 12 月日记：

> 十一日：上午，局中有小会，谈征求读者意见问题，也谈到了补送阆声《国榷》稿费问题。
>
> 十二日：致张阆声函。

中华书局讨论后，即安排编辑部谢方将《国榷》稿费问题作一梳理，并拟出处理意见。

会议次日，谢方写了一份《〈国榷〉稿费检查报告》。该《报告》分两部分，第一部分为“情况及问题”；第二部分是“处理意见”：

> 我们认为对《国榷》稿费的处理，是不够慎重的。按一般钞校费，千字三元，这是很高的标准（一般断句和校误费仅千字二—六角）。按《国榷》的性质，工作的难易，千字二元比较合理。但我们没有向作者说明这个理由，而是用另一种不讲道理的片面“通知”，说要将钞校费改为断句费和校勘费共计二千六百元。又竟说过去已付的五千元，不用退回，而将原来最初定的千字三元或共付稿费一万元的事却一字不提。这显然是对钞校者的劳动没有应有尊重。我们认为应该补给他稿费。补的办法是全部按新的标准，千字二元，并向他说明过去的标准不合理。计全书共四百二十八万四千字，以钞校费千字二元算，合共八千五百六十八元，除已付稿费五千元外，应补稿费三千五百六十八元。

此《报告》同日经丁树奇副总编辑圈阅后，即交萧项平副总编辑批示。

萧项平副总编辑同日批示：

> 《报告》所叙情况及问题符合事实，但处理意见仍不妥。应照王乃夫同志十二月十五日批发徐调孚同志所拟的一函中约定“拟送人民币壹万元”的数字，再

送五千元。片面废除合同，无论如何是不应该的，补就要补足，补得有理由，否则仍达不到团结作者的目的。

按，“王乃夫同志十二月十五日批发徐调孚同志所拟的一函”未详所以（王乃夫曾于 1945 年任大众书店经理；1951 年西北人民出版社成立，任副社长；1956 年任古籍出版社副总经理；1958 年 4 月任中华书局副总经理，同年 7 月调甘肃省文化局工作。稿件是 1956 年交到古籍出版社的，稿酬总计万元也是那时商定的，故王乃夫的批示时间应为 1956 年）。

梁涛然副总编辑 1962 年 1 月 5 日批示：

连钞写费在内千字三元致酬，不足之数全部补上。请调孚同志写信。

是月 9 日，徐调孚即据《报告》并诸领导批示，拟公函，有之前种种“不合情理，不尊重您的劳动是不应该的”，此番按“千字三元的标准致酬，共应付 12852 元”，“除已预付 5000 元外，特再补奉 7852 元”云云。此份拟稿函，未见签发，可能是大家对于超乎约定的标准付酬，又有不同的意见。

另有一份由王季康 1962 年 2 月 10 日拟的公函，事由是“补付《国榷》稿费事”：

出书后没有按照原先约定的稿费数额支付。另根据新的稿酬标准计算，片面的决定。……这种处理是很不合理的。……

除之前曾致付5000元外，再补付5000元。此款即由银行汇奉，请惠收，并盼示覆。

此份公函，经潘达人副总经理、张北辰副总经理、徐调孚、傅惠时（财务科）会签，潘达人副总经理旁批曰："此件请打字，发出前再请王季康同志校对一遍。"梁涛然副总编辑2月12日签发，批曰："请交灿然同志，电话汇报后再发。"在天眉，有金灿然2月14日的签名。按："再补付5000元"原作"再补付7852元"，看笔迹，应是金灿然最后修改的。

由这份经编辑部草拟，并经组长徐调孚、财务科傅惠时会签，由副总经理潘达人、张北辰签阅，副总编辑梁涛然签发，并由总经理总编辑金灿然最终签字核发的文件，足见中华书局对此事之重视。尊重作者，尊重作者的劳动，这是中华书局从创办到现在，一百多年来，一直秉承的精神（也可参看《中华书局藏近代名人手札》）。

据宋云彬日记，1962年2月4日、15日分别有寄张宗祥函，第二函即在上述发文之后，有可能即将书局会议讨论按3元/千字标准支付的情况告诉了张宗祥。

张宗祥3月3日复宋云彬函曰：

云老姻丈：

两书敬承。伍仟元已到，此即意外；且照原约，不必再望意外。

两个"意外"，第二个前冠以"不必再望"四字，疑似对宋云彬信里所提的回应（按，即原来约定的 3 元 / 千字标准重新核定支付）。

至此，《国榷》稿酬问题，终于落下了帷幕。

乙未孟秋朔，个厂于仰顾山房

（原载 2017 年 9 月 12 日澎湃新闻，作者系中华书局学术著作出版中心编辑）

老舍与罗常培

齐浣心

老舍，著名作家、语言大师；罗常培，著名语言文字学家、第一届古籍整理出版规划小组成员。两人都生于1899年的北京，生日相差半年，老舍比罗常培略大，二人后来成为一生挚友。

老舍是这样总结二人的友谊的："我们俩为什么老说得来，不管相隔多远，老彼此惦念呢？我想首先是我俩在作人上有相同之点，我们都耻于巴结人，又不怕自己吃点亏。这样，在那污浊的旧社会里，就能够独立不倚，不至被恶势力拉去作走狗。我们愿意自食其力，哪怕清苦一些。"

1926年底到次年年初，罗常培在厦门大学讲授经学通论、中国音韵学史两门课程，老舍彼时正在英国教书，业余时间开始写小说。虽然远隔万里，但二人之间的联系并未中断，老舍更是在首部长篇小说《老张的哲学》脱稿后，将其寄给罗常培。罗常培看了之后，又将老舍的这部小说拿去给鲁迅看——罗常培当时与鲁迅同在厦门大学任教，鲁迅看后，对二十多岁的老舍评价道："地方色彩浓厚，但技巧尚有可以商量的地方。"

老舍之后走上文学创作的道路，作品创作得越来越多，但让罗常培没有想到的是，自己也成了老舍作品中的"主人公"。

1933年，老舍的创作手法日臻成熟，这一年他写了短篇小说《歪毛儿》——一篇受英国作家贝雷斯福德的影响，有着明显的奇幻色彩的文学作品，但《歪毛儿》的主人公，却是地地道道的中国人，而且正是以罗常培为原型。《歪毛儿》中这样描写小时候的仁禄，也就是歪毛儿的："（和歪毛儿）下了学总到小茶馆去听评书。"老舍在罗常培去世后的悼念文章中也提到此事："下午放学后，我们每每一同到小茶馆去听评讲《小五义》或《施公案》。出钱总是他（罗常培）替我付。我家里穷，我的手里没有零钱。"小说中歪毛儿的形象是这样的："他的脸正象年画上的白娃娃的，虽然没有那么胖。单眼皮，小圆鼻子，清秀好看。一跑，俩歪毛左右开弓的敲着脸蛋，象个拨浪鼓儿。青嫩头皮，剃头之后，谁也想轻敲他三下——剃头打三光。就是稍打重了些，他也不急。""每逢背不上书来，他比老师的脾气还大。他把小脸憋红，鼻子皱起一块儿，对先生说：'不背！不背！'不等老师发作，他又添上：'就是不背，看你怎样！’老师磨不开脸了，只好拿板子吧。仁禄不擦磨手心，也不迟宕，单眼皮眨巴的特别快，摇着俩歪毛，过去领受平板。打完，眼泪在眼眶里转，转好大半天，象水花打旋而渗不下去的样儿。始终他不许泪落下来。过了一会儿，他的脾气消散了，手心搓着膝盖，低着头念书，没有声音，小嘴象热天的鱼，动得很快很紧。……奇怪，这么清秀的小孩，脾气这么硬。”

从歪毛儿的人物形象，到人物性格，活脱脱就是幼时的罗常培，无需特别关注即可对号入座，罗常培本人在回忆文章中说："因为直到现在我还没穷得摆地摊卖破书，所以那篇（《歪毛儿》）后半所写的是另外一个人物型。"从而也间接地承认了他就是"歪毛儿"的原型。罗常培在他的自传里也专门提及："一九〇七年投考'京师公立第二两等小学堂'。……每次考试都名列第一。当时的同学现在还保持友谊的只有老舍（舒庆春）一个人。"

此后，罗常培在老舍的小说中不时还会发现自己的影子："并且我的朋友胡佐勋赵水澄也都改头换面地做了登场人物。"这种创作—阅读—寻找的过程，更像是老舍与罗常培之间在玩一种文字游戏。

罗常培与老舍的友谊长达五十年，从小学开始二人就是好朋友，后来老舍和夫人胡絜青的相识，也是罗常培做的媒人。胡絜青在《缅怀罗先生》一文中专门提及此事："我二哥和罗先生是第三中学同班同学。他常到我家来，他们气味相投，结成四个人的盟兄弟，罗先生是最小的一个。……我和老舍共同生活了三十五年，是他热情撮合成的，每一想起，我不得不缅怀他对我的一生起了不寻常的作用。”老舍与胡絜青相识于1930年，老舍31岁，胡絜青25岁，按当时的标准来看，俩人都算是“大龄单身青年”了，罗常培与双方都很熟识，便经常组织饭局请老舍，而胡絜青也每次都适时地出现在老舍面前，几次饭局之后，老舍和胡絜青便很自然地走到了一起。

老舍对罗常培的帮助也很大，老舍说过：“莘田（罗常培字莘田）是学者，我不是。他的著作，我看不懂。”但两人之间在学术上扎扎实实合作过一次，那是1941年秋天，老舍到昆明讲学，当时正热情洋溢地做着改写旧曲艺的工作。罗常培因前往大理调查少数民族语言途中发生车祸，彼时正在昆明市龙泉镇的宝台山上养伤，老舍常去看望罗常培陪他养病。这期间老舍看到了罗常培已完成的书稿《北京俗曲百种摘韵》，便鼓励罗常培出版，并且亲自为这部书稿作序一篇。罗常培在自序中写道：“受了他（老舍）的鼓励，我才费了一个多月的时间加紧修订。”老舍在序言中写道：“罗先生以前的许多著作，都是音韵学上的专门研究，而此书虽然还是以学术研究为出发点，可是它可以直接应用到通俗文艺的写作上去。”“这本书在一方面使我们看见了十三辙，足为参考；在另一方面也使我们看到其中的变化，教我们既辙有所依，而还能各善其用——活文艺绝不是语言音韵的奴隶，而是它们的主人。”老舍说：“莘田虽是博读古籍的学者，却不轻视民间文学。他喜爱戏曲与曲艺，常和艺人们来往，互相学习。他会唱许多折昆曲。”的确，相声大师侯宝林，艺术家于是之、焦菊隐、蓝天野等都是罗常培和老舍的朋友。和这些艺术家一起，罗常培有时也会高唱几折昆曲，如《长生殿》《夜奔》等。《北京俗曲百种摘韵》正是罗常培搜集了一百种曲艺唱本，采用“丝贯绳牵法”对这些唱本进行归纳总结的一部韵书，对曲艺创作者和诗歌创作者来说，很有实用价值，罗常培所作引言，对语言学家研究普通话语音发展规律也是一部重要的参考文献。1942 年，由老舍作序、语言学家罗常培唯一一部大众化语言学著作《北京俗曲百种摘韵》在重庆出版。1950 年，罗常培重新校订这部专著，作为郑振铎、魏建功、傅惜华和老舍主编的“古今民间文艺丛书”之第一部，由来薰阁出版，书名题签为郭沫若，封面底纹图案则是经典的“别还价百本张”——这是来薰阁从傅惜华那里借来的戳记底样，校稿等工作则得到了吴晓铃的大力帮助，这一版本的《北京俗曲百种摘韵》，真可谓阵容豪华。

上世纪 50 年代，罗常培患上了高血压症，头晕头痛影响到正常工作，他为此感到颇为焦急，这种焦急可能反过来又进一步加重了他的病情，但所有的亲朋好友都没想到，罗常培在 59 岁的年龄就与世长辞。老舍得知罗常培去世这个消息,含着热泪写下“与君长别日,悲忆少年时”,然而“想写好几首诗，哭吊好友。可是，越想泪越多，思想无法集中，再也写不下去”！老舍怀着悲痛的心情，担任了罗常培治丧委员会委员，之后，他用情极深地写了催人泪下的纪念文章《悼念罗常培先生》。

（原载 2017 年 4 月 12 日《中华读书报》，作者系中华书局学术著作出版中心学术著作编辑室编辑）

听张守常先生讲课

李洪超

张守常先生是山东高唐人，我们同乡，不是一个县。而我的导师李志英老师是跟张先生读的研究生。这样，关系就更近了一层。

1999 年本科毕业后，我被北京师范大学录取为研究生，圆了自己一个梦想。张守常先生是研究太平天国和义和团运动的著名学者，在中国近代史学界很有影响。当年学习中国近代史课程时，没少听到、看到张先生的名字。入学不久，李老师便告诉我们，一定要选张先生“中国近代史料学”这门课，这可是做学问的基础。当时张先生已年近八十，不过只要身体允许，一直坚持在教学一线。

选课之前，印象中碰到过张先生。他着装很有特点。夏天，一般是那种白色的确良短袖衬衫，春秋多为蓝色中山装；到了冬季，穿一件深蓝色大氅，戴一顶蓝色帽子，手提一只上世纪70年代产的黑色人造革提包。这在历史学系（现在叫历史学院）也算得上一个景观。远远看去，就知道是张先生来了。

因为先生身体不是很好，遵李老师嘱咐，每次上课由我负责接送。在我看来，这也是一种“殊荣”——能与仰慕的学者“近距离接触”。每次敲门进去，他已穿戴完毕，看见我，就拎起那个黑色提包，里面装着讲义和一些资料，说我们走吧。张先生拄拐杖，走得慢，但很稳。虽是接送，但基本未搀扶过他，一般就是提提包、开关门什么的。

张先生上课，语速适中，声音洪亮，即使坐在后排，也听得清楚。有时还会写板书，潇洒飘逸。据说，张先生精于书法。

课的内容十分丰富，涉及中央官书（如实录、圣训等）、各级官员文书（如奏议、公牍等）、人物史料（如传记、年谱、职官录等）、地方志、其他私家著作（如文集、尺牍、日记等），以及各类“经世”文章选编（如《皇朝经世文编》）等，还重点讲述了清代职官和科举制度。史料之类，按说很枯燥，无非作者、内容、价值、版本。然而，张先生却讲得趣味盎然。他自编的讲义，对每种史料都有概述，如作者简介、编辑缘起、主要内容、史料价值等。这些讲得不是很多，只是到了关键处拿出讲义提醒我们注意。他讲得更多的，是与史料有关的史实人物、典章制度，还有自己的见闻、感想。

先生专治太平天国史（特别是太平军北伐史）和义和团运动史，发表多篇高水平论文（后结集为《太平军北伐丛稿》，齐鲁书社1999年版；《中国农民与近代革命》，大象出版社2005年版），编有史料集（《太平军北伐资料选编》，齐鲁书社1984年版），并出版专著（《太平天国北伐史》，广西人民出版社1997年版），饮誉学界。所以讲课时，经常穿插一些他对太平天国和义和团的认识与看法。第一堂课，先生即以《太平天国文书汇编》（南京太平天国博物馆编）切入，讲解怎样阅读各类史料。在张先生眼中，“没有没用的史料”，关键在于如何运用。他认为，对任何一条史料，都要分清是什么人、什么集团，在什么情况下，为何目的，针对什么写出来的，这样才能准确理解、使用；并告诫我们读书要抓重点，写别人没有做过的东西。他还谈及对一些影视作品的看法，认为“既不尊重历史的太平天国，又不尊重当代的电视观众”。后来又讲到客家文化与太平天国的关系、太平天国运动与江南土地重新分配等问题，很有启发性。对于北伐军的失利，他也有自己的认识，由于信仰问题和拜上帝会的排他性，太平军北上时，没有得到白莲教的响应和支持，这对北伐进军产生一定影响。说起义和团，他认为其弱点当然“不足为训”，但后人也无理由大加责难。先生治学严谨而自信。有一次课他讲到，北京师范大学历史系编的那本中国近代史教科书（“义和团运动”部分由张先生撰写）我通读过，地图用的是其他书上的，八国联军侵华那幅出了错（按：指八国联军系从正定西进，而不是石家庄）。

讲职官时，谈及幕宾（师爷）问题，张先生说，周恩来总理的先祖就当过师爷。讲河道总督时，提及薛福成是经济学家薛暮桥的祖父，曾任江南河道总督。赵朴初的祖上赵文楷曾任山西按察使，系嘉庆元年状元，出使过琉球。讲科举时，张先生提到，历史系赵光贤先生的父亲是乙未科（1895）翰林。还讲到启功先生的祖父毓隆、俞平伯的父亲俞陛云曾做过四川乡试的主考与副主考，而且前者还是后者的房师。鲁迅的祖父周介孚中进士后出任翰林院庶吉士，散馆时下放为知县。他为人耿直、倔强，而鲁迅恰恰遗传了这些性格。还讲到张爱玲，她的祖父是著名“清流”张佩纶，外曾祖父则是李鸿章。这种讲述，亲切自然，历史与现实的距离一下子缩小了许多。

因为当时自己对“状元实业家”张謇关注较多，所以特别留意讲课时提及张謇的地方。张謇系甲午恩科状元。甲午即1894年，为庆祝慈禧太后六十寿诞，特意开科考试，张謇以“南元”（顺天乡试第二名）身份中得状元。1901年，张謇参与写作刘坤一、张之洞联名上奏的《江楚会奏变法三折》。奏折揭露了当时各个方面的弊病，对了解晚清政治有重要参考价值。张先生还讲了张謇“兼祧”与“冒籍”故事。弟兄五人中，张謇排行第四，最为聪颖。塾师邱大璋因张朝彦兼祧吴家的缘故，为张謇取名吴起元，小字长泰。原来，张謇的祖父张朝彦因父母早逝，受同族唆弄，家产破落，被吴家收留，并招赘为婿。因张家三代未有功名，这在当时被称为“冷籍”，报名考试会遭到刁难、勒索。为顺利应试，张謇就冒充如皋人张驹之孙张育才，中了秀才。“冒籍”属非法，如被揭发，不仅取消秀才资格，还可能受牢狱之灾。张家因此被敲诈勒索，几乎倾家荡产。听了这些，不禁对这位状元多了几分同情与理解。

先生一生甘于清苦，淡泊名利。像许多学者一样，又有很深的现实情怀。记得有次讲《筹办夷务始末》，提及《平定罗刹方略》。罗刹，是元明时代对俄罗斯的称呼，一直沿用至清初。他谈到中俄两国传统文化及领导人对马克思主义的态度，认为这对两国历史发展进程有很大影响。他还多次谈到中华文化的包容性。张先生有很深的桑梓情结。其家乡高唐，有家生产农用车的厂子——时风集团，规模很大。他多次提及，这个厂子解决了很多人的就业问题，对当地经济发展贡献巨大。

对于时下职称评审制度，他也有自己的看法。有次讲中法战争的史料，他说北大的邵循正教授是中法关系史专家，著述不多，发表的文章均有新意、有新发现。当时看重文章的质量，而现在则要有专著，否则评不上教授。他说，郑天挺先生也没有专著，但不妨碍他成为清史大家。

不久前，我看到一篇刘家和先生回忆齐世荣教授的文章，提及齐先生这么大学问，为什么不写专著的问题。文中写道：齐先生说，“现在我们很容易把一部书写大了，把东西一拼一凑就是一部专著。你说这个就叫专著吗”，“专著应该是以一个问题作为中心，从多方面、多层次，原始材料、二手材料、三手材料……所有关于这个问题的讨论，你都清楚。这样写出来的一个东西叫专著”，“陈寅恪先生，有什么专著？都是文章，也不多。再看看陈垣先生，写的也都是文章”（刘家和《狷者与狂者的友谊》，http://jds.cass.cn/Item/32739.aspx）。以前，还读过龚书铎先生回忆著名近代史学者胡思庸教授的文章。胡先生著述也不多，文中说：“思庸对研究成果不是追求数量（现在评什么都以数量计，叫‘量化’，思庸一本论文集，要参评教授还有点玄乎），而是厚积薄发，不轻易下笔，发必言之有物，严谨缜密，多有创见。”（《忆思庸》，载《求是室漫笔》，广西人民出版社 1998 年版）

老一辈学者的谆谆之言，对当今学界、学人，不啻为一副清醒剂。

张先生的家，离教学楼不远。每次接送先生途中，先生说了什么，自己又是如何答对的，已记不清了。其实，这是问学的最佳时机。张先生是史学大家，早年就读于北大历史系，亲炙陈垣（时任辅仁大学校长，在北大兼课）、郑天挺、张政烺等大师门下。讲课时，少不了穿插一些与他们的交往经历。

对于陈垣先生，张先生特意提到期末考试得最高分的事。当时有两个 93 分，他是其一。至于得高分的原因，除了用功以外，他特意讲了另一个因素：他当时用文言文答题，钢笔字像毛笔字，而且模仿陈先生的写法。这样，陈先生“读着顺心,看着顺眼,自然就多给了几分了”(《回忆听援庵先生讲课》，载《中国农民与近代革命》)。字里行间流露着真性情。今天读来，也不免为之一笑。新中国成立后，高校院系调整，辅仁大学并入北京师范大学，陈垣先生继续担任校长。两人又有了同事之缘。

张先生特别强调了郑天挺先生对自己的关怀。1948 年，张先生从北京大学毕业。郑先生和他商量上研究生的事。当时先生已经成家,为补贴家用,在一所中学兼课（后来，张先生从事历史教学法教学与研究，与此经历有关）。而上研究生虽有“公费”，但不许在外兼课。权衡利弊得失，就没有选择上研究生。郑先生又说，北京图书馆在北京大学办图书馆专修科，不限制学生做兼职，而且还可以争取“公费”名额。这样，先生就上了这个专修科。他在回忆文章中写道：“郑先生为我考虑得周到，亲切，使我感铭不忘。”(《怀念郑天挺先生》，载《中国农民与近代革命》)后来又是在郑先生的推荐下，调到北京师范大学工作。上课时，他讲了好几种郑先生组织整理、编写的史料，如《宋景诗起义史料》、蒋良骐《东华录》等。值得一提的是，上世纪60年代，国家号召编写高校文科教材。郑天挺、翦伯赞主持了一套“中国通史参考资料”。这套书由中华书局出版，其中的近代部分，就是北京师范大学近代史教研室编写的，张先生是主要编纂者。后来，还出了修订版，重印多次。

说起张政烺先生，印象最深的，当属为《中国近世谣谚》题写书名事。因教学之需，先生平素注意搜集历史歌谣。二三十年下来，积累了几十万字的稿子，编辑成书，交出版社。书名《历史谣谚》，是张政烺先生定的，并写了书名。因订数不够，久拖未印。后来，他请钟敬文先生写了篇序。为准确、严谨起见，钟先生提议改名《中国近世谣谚》。张政烺先生也表示同意。可能是钟先生的序起了作用，出版社决定“赔钱出书”。又请张政烺先生改写书名。这时，张先生已病了，手颤，怕写不好，不同意写。在他的力持下，最终还是同意了。在设计封面时，设计者想把书名放在扉页。他说，别的我不管，题签必须放在封面。书印出后，他给住院的张政烺先生送了一本。当时，张先生神智已不很清楚，见到书，指着书名，说了一句“我记得”。先生讲述这些时，饱含深情，为之动容。那情景胜过千言万语。

期末考试，先生让我们几个学生每人写篇文章，与近代史料有关即可。我当时正对张謇“用功”，于是写了篇比较“张謇日记”与《啬翁自订年谱》的短文。张先生给了个不高不低的分数。不过，我没有请教具体的意见，留下遗憾。

2001年，张先生八十大寿。翌年初，系里举办了“祝贺张守常教授执教六十周年暨八十华诞座谈会”。张先生的同事、友好、学生，集聚一堂，共话先生的道德学问。张先生的发言不多，提到2000年在《历史教学》上发表的一篇关于历史教学法的文章（即《“历史教学法”的理论结构》）。先生在北大读书期间即在中学任教，对历史教学有很多自己的见解，这篇文章是其教学实践的总结，他很看重。会后拍摄的合影，我一直珍藏着。照片上，张先生怀抱鲜花，神态平和。

在先生遗体告别仪式上，不经意间听到一位老先生说：“真正的大师走了。”我想，在这个“大师”满天飞的时代，张先生或许不会接受这个“称谓”。而对先生的道德学问，我本无资格与能力指点、评判，写下这些片段文字，只为表达一个晚辈对前贤的怀念与敬仰之情。

张先生是中华书局的老作者。除了上文提到的《中国通史参考资料·近代部分》，他还是高校教材《中国近代史》的重要作者之一。这两种书的出版，惠及众多学子。他给《学林漫录》也写过稿子。

时间过得真快，转瞬已毕业十多年；而先生遽归道山，亦逾五载。为写这篇短文，翻阅上课时的笔记，因记得简陋，很多东西都想不起来了。这宛如历史，有的已经消失了，成了所谓“他处”。但消失，不代表没有意义。先生的教诲，记住的与没记住的，都影响了我。

仿佛间，又看见先生走来，穿着深色大氅，提着人造革包……

（原载《书品》2017年第四辑，作者系中华书局大众图书出版中心编辑）

百川学海

睹物思人

——简论丝路人物

柴剑虹

“睹物思人”是中国汉语里的一个成语，源自唐代裴铏所著传奇《颜濬》篇：“贵妃赠辟尘犀簪一枚，曰：‘异日睹物思人。’”[①]尽管其重点是强调在物是人非之时“物”的精神感念作用，实际上涉及“物”与“人”的内在关系。本文试借以说明丝绸之路文化研究中一个不可或缺的课题——“丝路人物”与“丝路文物”（包括以石窟艺术和文献遗存为主的敦煌文物）的血肉关联。

文物作为历史文化的物质遗存，是重要的文化载体。人是文化的创造者，也是文化传播、传承、发展的本体与核心。我们通过丝路文物对丝路文化的探索，自然离不开对相关人物的研究。

① 见宋代李昉等编、汪绍楹点校本《太平广记》卷三五〇，中华书局，1961 年，第 2772 页。

笔者将“丝路人物”分为丝路文物的创造者、发现者、传播（包括劫掠）者、研究者四类。而本文的叙述中心则是研究者之中的浙江学人。

丝路文物的创造者中，我们过去直接关注得最少，这是因为其中大多数人并未留下姓名（例如丝路上所发现的丝织品设计者、制作者，各种古城与窟寺遗迹、器物、塑像、壁画、简牍等等的“主人们”：建筑者、制造者、创作者等），少数有名有姓的，也往往因相关资料的缺失增加了考究的难度。我这里要特别提出的是：这些人物的人文背景，他们本身的文化涵养，他们和整个古老文明的关联，应该是我们研究丝路文物时不应忽视的重要内容。例如我们所知曾经活跃在丝路上的各族高僧，他们各自的文化背景，他们所翻译的佛经，所开展的讲经说法及文化教育活动，究竟对丝路文化的交流起了哪些重要作用，至今论述还相当薄弱。即便是名闻遐迩的法显、鸠摩罗什、玄奘、慧超等，在对他们与丝路文物关系的研究上也并不充分，更不消说数以百千计有名无名、西去东来的一般僧人了。方广锠曾在《敦煌遗书与佛教研究》一文中提及公元 8 世纪初任北庭龙兴寺都维那的汉僧法海，敦煌本 P.3532 号《慧超往五天竺国传》中说他“虽是汉儿，生安西，学识人风，不殊华夏”，而国图藏 BD3339 号《金光明最胜王经》卷五末尾题署又标明他在义净译本里担任“转经”角色[1]。诸如法海这样在西域生活的汉人高僧,学界的研究确实不足。又如对我国西北地区丝路沿线所出纺织品的研究，近些年来我国学者（特别是江、浙两地与新疆的学者）有很丰硕的成果，包括对其中丝绸织品产地及技艺特点的研究有了长足的进展[2]，但是遗憾的是如何通过深入挖掘它们蕴含的人文内涵来研究他们的制造者与使用者,则还明显欠缺。诚然，认定缺乏明确标识的丝织遗物的产地是相对困难之事，而如何判断制造者与使用者的身份，更非易事。另如举世瞩目的敦煌彩塑、壁画的绘制者，基本上没有留下姓名，也难以知晓他们的籍贯、族别、国别，研究者只能从这些作品的技法、风格来做推测、判断和分析；曾经轰动国内外舞台的现代舞剧《丝路花雨》中塑造了一位画师“神笔张”的形象，其之所以感动观众，就在于这个艺术形象具有一定的典型性。但是，如果我们今后能够对这些丝路瑰宝的创造者与文化交流的大背景更紧密地联系起来，与传世艺术史文献资料更充分地结合起来，进行更全面、深入的探究，应该会有更多更好的收获。

丝路文物的“发现者”，是一个比较复杂、模糊的个体与群体的概念。既有主观因素，也不乏客观原因，且有

---

① 参见《方广锠敦煌遗书散论》,上海古籍出版社,2010年,第213—214页。

② 参见赵丰《丝绸之路上的纺织品》一文，赵丰主编《丝绸之路美术考古概论》，文物出版社，2007年，第122—160页。

相当大的偶然性。因这些人往往与文物的流散关联密切，其中也不乏杰出的专家学者，故这里将他们与“传播者”、“研究者”放在一起叙述。对这三类人，现在人们主要将眼光集中在19世纪60年代以后活跃在我国新疆和甘肃河西地区的外国考察队、探险家身上。对他们毁誉参半的评价已经进行了一个世纪，此类评述恐怕还会继续下去，还有可能仍旧莫衷一是。例如对国外的斯文赫定、克莱门兹、格伦威德尔、勒柯克、斯坦因、伯希和、科兹洛夫、奥登堡、橘瑞超等人的“发掘”，对他们的劫掠（或曰“盗运”、“获取”、“将来”、“买走”等），如何将动机、目的、行为、效果、影响结合起来，对他们做社会学、文化学、考古学意义上的综合性评价，目前还是比较欠缺的。又如对莫高窟藏经洞的“发现者”王道士王元箓（或曰发现者另有其人），确实是敦煌写卷外流的一个关键人物，讲敦煌文物的书几乎都要谈他；但是对他究竟如何呈献、搬移、翻动、“出卖”、藏匿藏经洞文献的许多细节其实并无深入探究，而这对真切地还原事实是不可或缺的。金荣华教授曾经出版过《敦煌文物外流关键人物探微》一书[1]，将王道士与斯坦因、蒋孝琬、潘震、汪宗翰等人联系起来，以冀探寻其中的细枝末节，虽然还只是初步的尝试，却提供了可供借鉴的思路与不少线索。近些年来荣新江、王冀青等

① 见“敦煌学导论丛刊”⑩，台北新文丰出版公司，1993年。

教授也进而从查阅国内外的原始档案入手去深入探究[①]，将相关研究推进了一大步。但是，如何将王道士、蒋孝琬等人的行为置于晚清河西地区社会政治、文化学术的大背景下，做社会心理学的分析，又怎样从探寻藏经洞发现、原貌、变动的若干细节入手[②]，去还原莫高窟文物流散的真实情况，还是有很大的研究空间的。这里还要特别提及1927—1932年间中瑞联合西北科学考查团成员的研究问题。众所周知，这次与丝路文化密切相关的科学考察称得上是上世纪中外合作科考的典范，成果丰硕，所获文物甚夥也很珍贵。其后，以黄文弼先生为代表的中国考古工作者又多次到新疆地区进行考察，有很多收获。但是，大半个世纪以来，不仅对考察所获文物做全面、系统、深入的研究还多所欠缺，而且对这些在新疆地区进行考古发掘的中国学者的研究，相比对前述那些外国探险家的评述而言，

① 参见荣新江《敦煌学十八讲》（北京大学出版社，2001年）、王冀青《国宝流散：藏经洞纪事》（甘肃教育出版社，2007年）等书。王冀青新近在“2015敦煌论坛：敦煌与中外关系国际学术研讨会”上发表的论文则首次述及蒋孝琬于1908年6月11日至7月9日所编的英藏敦煌汉文文献目录（计1318号）。

② 例如敦煌藏经洞地面结构，张宗祥撰于上世纪20年代之《铁如意馆随笔》记曰：“敦煌石室，在甘肃敦煌县。室甚穹，地下铺鹅卵石子，厚一二尺。有友人知县事者游之，为道如此。归装载石子甚富，盖亦好事者。予丐其一，归予敦煌片羽之匣。”如果真如此，则发现者或盗宝者曾掘地寻宝的可能性即不能排除。或曰藏经洞地面铺设的系西夏时期的小莲花纹样砖，则又关联该洞窟的营建及封闭时间。

可以说更为薄弱[①]。2013 年 10 月新疆师范大学与北京大学中古史研究中心联合举办“黄文弼与中瑞西北科学考查团国际学术研讨会”，发表了 59 篇论文[②]，创建了“黄文弼特藏馆”，可以说开了一个很好的头。我认为，与西北科考所获文物的收藏、整理密切相关的中国国家博物馆、北京大学、新疆博物馆、中国地质图书馆等单位，亦应以此为契机携手合作，加强相关文物与文献资料的研究。我上世纪六七十年代在新疆工作期间，结识了一批优秀的考古工作者，可以说他们为丝绸之路遗址及文物发掘贡献了智慧与精力，他们对所发掘遗址、文物的研究也有不少论著问世，但如果加强对他们本人考古经历、学术思想、学术成果的研究，那些遗址、文物就会注入新的生命，栩栩如生，更加灵动。他们既是发现者，又是传播者、研究者，而许多遵循科学手段进行发掘（包括进行抢救性发掘）、保护的人，也是维护文物、传承文化的有功之臣，理所当然都应该列入“丝路人物”名录而加以研究。

近百年来，在人数众多的丝路文物研究者中，浙江籍及长期在浙江工作的非浙籍学者可以说是一个特别值得

---

① 2005 年，当年西北科学考查队成员陈宗器（1898—1960，浙江新昌人）之女陈雅丹在昆仑出版社出版了《走向有水的罗布泊》，引起笔者关注，曾撰写书评。请参见拙著《品书录》（增订本），甘肃教育出版社，2011 年，第 244—248 页。

② 参见荣新江、朱玉麒主编《西域考古·史地·语言研究新视野》，科学出版社，2014 年。

关注与探究的学术群体。这里暂且冠以“浙江丝路人物”之名。

自20世纪初至今，活跃在中国与世界学术文化舞台上的“浙江丝路人物”似应以罗振玉（1866—1940）、王国维（1877—1927）为丝路文化研究的开创者；后继者则大致按年龄及研究年代、领域至今已经历了三代人。如：

第一代：向达（1900—1966）、姜亮夫（1902—1995）、贺昌群（1903—1986）、常书鸿（1904—1994）、赵万里（1905—1980）、方豪（1910—1980）、夏鼐（1910—1985）、王仲荦（1913—1986）等。他们的研究主要起始于上世纪30年代，大多完成于80年代，有的则一直延续到上世纪末、本世纪初，如潘絜兹（1915—2002）、蒋礼鸿（1916—1995）、王伯敏（1924—2013）。

第二代人数较多，年龄差距也较大，出生于上世纪30年代的，基本上是从50、60年代开始从事这方面的研究工作，如：常沙娜（1931—）、施萍婷（1932—）、陈践（1933—）、黄时鉴（1935—2013）、樊锦诗（1938—）、齐陈骏（1936—）、黄永武（1936—）、朱雷（1937—）、郭在贻（1939—1989）等。出生于40年代的，如张金泉、项楚、徐文堪、卢向前、吴丽娱等（包括笔者），以及50、60年代出生，70年代末、80年代初进入高校学习的，如董志翘、张涌泉、黄征、刘进宝、赵丰、王惠民、许建平、施新荣等，则基本上都是在“文革”十年期间或之后才起步的。恐怕也有人会将后者另列一辈，似不无道理；但考虑到我国学术界 50 年代后期到文革期间的停滞状态，将他们列入第二代似更为合适。

新一代的研究者主要是我们习惯所称的 70 后、80 后乃至 90 后，大多是近十几年高校培养的浙江籍的硕士、博士，或浙江大学培养的非浙籍学人，已经有不少学术成果问世，也是丝绸之路与敦煌文化研究大有希望的后起之秀，有的已经成为学术带头人，分布在全国多所高校或研究机构，如曾良、冯培红、余欣、张小艳、窦怀永等。

近百年来，中外学术界对罗振玉、王国维的研究成果，可谓积案累牍，其中虽不乏对他们在丝路敦煌文物研究上所做贡献的评析，但若将其置于晚清民初浙江学者的政治与学术背景下细究，恐怕还有不少工作可做。例如不可避免地涉及罗、王的政治态度，恐怕不能简单地以“保守”乃至“反动”去论定，也不能轻易地用“民族气节”去度量。众所周知，两人的家庭背景、经济境况有相当大的差异。王出身书香门第的“中人”之家，从来都是“读书人”，清朝覆灭十二年后方充任溥仪的“南书房行走”，得以检阅“大内”藏书，说其殉清并无充足理由；罗一生充满官宦气息，效忠清廷、以“遗老”身份流亡日本、醉心伪满，是其政治品质的真实反映。二人的政治态度，王氏模糊，罗氏清晰，这与他们的治学似乎并无多大关联。但是如果细究起他们的治学视野，尽管都具备深厚的“国学”

基础，都擅长于传统的古文字与名物研究，都对 19 世纪末、20 世纪初的“四大发现”（殷墟甲骨、流沙简牍、内阁档案、敦煌遗书）有很大的研究志趣，而在借鉴东西方“新学”方面，恐怕有相当大的差异：罗氏早先致力于引进日本的农学与教育改革理念，而后作为一名文物收藏家，通过对大量出土文物的鉴赏、考究、交易促进了近代日本东洋学、中国学的兴起，看不到有多少“西学”对他的影响。王氏则是最早受到资产阶级改良主义影响，自觉将眼光投向西方学术的中国近代学者之一，他以康德、叔本华、尼采哲学为切入点，兼及西方伦理学、心理学、美学、逻辑学、教育学等，又涉猎俄罗斯文豪托尔斯泰《战争与和平》等代表作，并对英德莎士比亚、但丁、歌德、拜伦等人的文学名著进行介绍和比较研究，自称“三十而立”之前为其“独学”时期，且明确提出“异日发明光大我国之学术者，必在兼通世界学术之人，而不在一孔之陋儒”[①]。据统计，罗氏自 1909 年发表《敦煌石室书目及发见之原始》并刊行《敦煌石室遗书》起，至 1938 年撰写《晋天福十一年残历跋》并于次年影印《贞松堂藏西陲秘籍丛残三集》止，共刊布敦煌写本 167 种，撰写跋识、校勘文章近百篇[②]，其主要贡献在于最早为中国的敦煌学研究提供

① 参见王国维：《静安文集 · 三十自序》，《王国维全集》第一卷；《奏定经学科大学文学科大学章程书后》，《王国维全集》第十四卷。浙江教育出版社，2009 年。

② 参见林平和：《罗振玉敦煌学析论》，台北文史哲出版社，1988 年。

了经过其审订校勘的新材料。因此，如果说罗振玉对流沙简牍与敦煌遗书的释读、整理、研究，还基本上局束于乾嘉朴学的范畴，那么王国维则已经明显地呈现出新史学与现代考古学的特点，散发出“世界学术新潮流”的耀眼浪花。十二年前，我曾在《王国维对敦煌写本的早期研究》一文中提出：王氏的敦煌学研究“树立了正确处理新材料、新方法、新问题三者关系及中、西学关系的楷模”，“王国维对中、西学关系的认识，更体现了他在学术观点上的开放性、兼容性与辩证性”①。王氏的治学方法，正如陈寅恪先生 1934 年在《王静安先生遗书序》中所归纳的：“一曰取地下之实物与纸上之遗文互相释证”，“二曰取异族之故书与吾国之旧籍互相补证”，“三曰取外来之观念，与固有之材料互相参证”②。后面两点，正是罗振玉所不具备的。另外，我以为罗、王二人成为中国丝路文物与敦煌遗书研究的开创者，之后浙江又涌现一批“世界学术新潮流”的“预流者”，与浙江新思想、新文化运动的领军人物蔡元培（1868—1940）不无关系。蔡早年曾任绍兴中西学堂监督，在学堂增设日语教学并学习日文、英语，也曾去日本游历，接触日本文化教育的时间几与罗、王相近。1909—1911 年间，罗氏开始关注敦煌遗书时，蔡正在德国莱比

① 请参见拙著《敦煌学与敦煌文化》，上海古籍出版社，2007 年，第 53—65 页。

② 见陈寅恪：《金明馆丛稿二编》，上海古籍出版社，1980 年，第 219 页。

锡大学研修哲学、美学、伦理学及思想史、文明史，故恐无法得知或无暇顾及敦煌遗书的相关情况；1907年冬，王国维翻译斯坦因的《中亚西亚探险记》，其时也正热衷于德国的哲学、美学及西方伦理学等，而1921、1922年北京大学两次聘王国维任教，以及胡适与王的交往，也应该与时任北大校长的蔡元培有关。还有一件事情颇可注意，即1931年3月27日，蔡被推举为“西陲学术考察团理事会理事长”后，在南京主持了第一次会议，并通过了考察团章程①。此事当可说明蔡对西北科考及丝绸之路文物考古工作的关注。探究浙江学人与敦煌学、丝路文化的关系，蔡元培是一位值得关注的人物。总之，笔者本文无意亦无能力对罗、王二人的敦煌学、丝绸之路文物研究做全面的评析，只是希望学界能对他们开创这门“显学”的时代背景、社会环境、思想基础、治学方法等做进一步深入的探讨。

关涉罗、王之后第一代研究敦煌学、丝路文化的浙江学人，我仅写过评述姜亮夫、常书鸿、蒋礼鸿三位的几篇文章，只是简述了自己学习他们道德文章的一些感受，自觉尚很粗浅。这一代前辈在丝路文物与中西交通、敦煌语言文字、敦煌艺术、考古与西北地理文献等方面各自都有很大贡献，他们不凡的学术成就举世公认，但是对他们作

① 参见高平叔编著《蔡元培年谱》，中华书局，1980年，第103页。

为同一时代群体的共性与个性差异的探究还比较欠缺，这里包括对他们的治学背景（包括家学渊源、师承关系）与个性特征的剖析，有一些涉及细节的材料还未得到充分的运用。如姜亮夫在《敦煌学概论》的第一讲《我与敦煌学》中开头就强调了“敦煌学之所以吸引了我，与我的兴趣及我的家庭教育和老师教育有关。”谈及他受梁启超、章太炎及自己父亲的影响，并说他从事敦煌学，也同自己的“憨脾气”相关[①]。又如常书鸿在《九十春秋——敦煌五十年》的第一章“人生初途”里述及母校“浙江省立甲种工业学校”（浙大前身之一）的教学对他的影响，书中也提及他于1924年在杭州与同是浙江籍的专家郑振铎的相识以及1948年在上海、1950年在北京与郑氏因敦煌艺术而交往的情景[②]。常老生前还曾多次谈到他倔强的“杭铁头”的脾气与守护莫高窟的关系。又如赵万里一生撰著中敦煌学方面的内容虽然不多，但他的恩师海宁同乡王国维对他的影响巨大而深刻。1927年6月2日王国维自沉后，一年间赵万里尽全力编撰了《王静安先生年谱》《王静安先生著述目录》《王观堂先生校本批本书目》《海宁王静安先生遗书》及《王静安先生之考证学》五种著作，还整理出版了王国维的《唐五代二十一家词集》。另外，他所撰写的《唐写本〈文心雕龙〉残卷校记》《魏宗室东阳王荣与

① 见姜亮夫《敦煌学概论》，云南人民出版社，1999年，第1—4页。
② 参见常书鸿：《九十春秋——敦煌五十年》，浙江大学出版社，1994年。

敦煌写经》等文章也明显带有王国维的治学风格。赵氏主持北京图书馆善本特藏部工作数十年，馆藏敦煌写本的保管、整理也倾注了他的不少心血。由此我还想到另一位海宁籍的大师张宗祥先生，也任职北京图书馆、浙江图书馆多年，同样与中国敦煌学研究密不可分。近现代海宁涌现出一批国学功底深厚又有“新学”造诣的史学、文学、语言学、书画专家，如朱起凤（1874—1948）、陈乃乾（1896—1971）、宋云彬（1897—1979）[①]、蒋复璁（1898—1990）、吴其昌（1904—1944）、钱君匋（1907—1998）、徐邦达（1911—2012）等，“海宁与敦煌学”乃至“海宁学派”，结合海宁文化在中国近代文化史上的地位来考量，恐怕也是一个颇有特色的研究课题吧。又如王仲荦的夫人郑宜秀女史在《王仲荦著作集》的“前记”里所指出的，王仲荦先生“早年师承章太炎先生”，“他在生活中属于那种为人笑容可掬而又不失头脑的读书人，读书人微笑里含着的睿智与超脱往往是很动人的，尤其是当这种微笑面对着人事的磨难与困苦的时候”；他把启蒙老师任堇关于书法“直不挠曲，横不欹斜”的教诲作为自己治史的主要原则[②]。再如我曾经在《读〈蒋礼鸿集〉的体会》中指出“蒋先生

---

① 著名文史研究大家、曾在中华书局任编辑开创“二十四史”点校工程的宋云彬系张宗祥先生姻亲挚友。其曾旧藏黄宾虹 91 岁时题署之“敦煌隋大业高僧智果功德画”，可惜“文革”时遭抄家后不知下落。

② 见《王仲荦著作集·敦煌石室地志残卷考释》之“前记”，中华书局，2007 年。

的人格魅力，并不只在于谦逊，他又同时一位绝不随俗的学者”,乃至对钱锺书先生劝他“随和”的赠诗,回报以“与失不恭宁守隘，敢持谔谔配恢恢”的诗句直截地表明自己的性格[①]。这里，我还要提及原籍浙江宁波、曾任浙江大学史地系主任、文学院院长的张其昀（1900—1985）与敦煌学的关系：张是我国人文地理学的开创者，对丝路历史地理早就予以关注；1949年赴台后曾主管台湾地区的“教育部”，后在阳明山创办中国文化大学。在他支持下，著名学者潘重规教授在文化大学设立专门的敦煌学课程，培养了台湾地区一批优秀的敦煌学专家与领军人物，也促进了海峡两岸的学术交流。张氏力主“发扬中华民族精神，探索中华文化渊源，培养新生力量”的办学理念，也与在我国港、台地区开展敦煌学研究关系密切[②]。潘絜兹先生早年曾在敦煌艺术研究所从事壁画临摹、修复工作，作为著名的工笔重彩画家，艺术界对他的绘画创作及古画修复工作多所赞誉，但很少提及他的《敦煌的故事》是最早介绍敦煌艺术的优秀普及读物。该书不仅文字简明生动，配图精要，1956年由中国青年出版社印行，至1985年第5次印刷时，印数已达73700册，和同时期出版的姜亮夫所著《敦煌——伟大的文化宝藏》堪称普及敦煌文化之双璧。

① 请参见拙著《敦煌学与敦煌文化》,上海古籍出版社,2007年,第205页。

② 2004年笔者曾应聘在中国文化大学担任一学期敦煌学课程的专任教授，曾引导学生认真体会校园里其昀先生墓茔后壁上镌刻的反映其教育理念的文字。

我之所以举上述例子，是想说明在对这一辈学术大师的研究中，共性与个性的分析的重要性，说明学术渊源与学术品格的至关紧要，同时也想藉以强调学者个人性格与生活“细节”的不可忽视，关注文化普及、人才培养与学术提高的内在联系，可以为丝路文化与敦煌学史提供更加有血有肉的内容。

前年以九十高龄去世的王伯敏先生，其实是从第一代向第二代学人过渡具有代表性的敦煌艺术专家。他的《中国绘画史》脱稿于“文革”前夕的1965年，正值“四十不惑”的壮年时期；过了十七年，此书才得以正式出版。这也是新中国成立后的第一部绘画史著作，虽然不可避免地也留下了那个时期的痕迹，但书中提出的一些重要观点至今仍对丝路文化史、敦煌艺术史的研究具有启示意义。如“研究历史的出发点应该是特定的具体事实，应当运用详尽的材料，从大量的事实中形成观点。绘画史的编写，要强调对画家的研究与介绍”。而因民间绘画的史料太缺乏，“一部绘画史，正需要从这些匠师们的功绩中寻找他们的典型材料”，“敦煌莫高窟等处，既是宗教绘画的宝库，也是我国伟大的文化宝藏”，在对宗教画做评价时，要弄清“在现实世界中受苦受压迫的民间画工，当他们去塑造这些神的形象并描绘宗教故事时，他们是怎样对待宗教的”，等等[①]。该书单列“唐代的石窟壁画”、“唐代的民间绘画”

① 详见王伯敏《中国绘画史·序》，上海美术出版社，1982年。

两节，系中国绘画史著作中开创性的论题。王氏早年在上海美专学习油画，曾到北平艺专拜徐悲鸿为师，后又成为黄宾虹的关门弟子，诗、书、画俱佳，在美术史研究中一直遵循黄宾虹“写史要实，论理要明”的教诲，成为学术转型期浙江学者中独树一帜的敦煌艺术专家。我感觉敦煌学界对他的学术传承、治学特色和相关学术成就的评价，目前还比较薄弱，应该引起足够的重视。

出生于上世纪30、40年代，从事丝绸之路文化与敦煌学研究的浙江学人，因青少年时期正处于新、旧社会交替的年代，他们的家学与师承关系较为复杂，而治学背景却大多以七八十年代思想解放时期为界相对分为前后两个时期：前期不免受到“以阶级斗争为纲”、“以论带史”等思想观念及方法论的影响，即便以敦煌文献的整理与释读为主的研究及出土文物介绍也受到浸染[①]；后期在改革开放的大背景下，成为接收新观念、引进新方法，积极开展对外文化、学术交流的践行者与活跃群体。由于中国大陆的敦煌学、丝路文化研究有近二十年的停滞期，也因为一些外来因素的影响与刺激[②]，他们普遍有时不我待的紧迫感和奋起直追的精气神。老一代学者身体力行的传帮带，

---

① 这种影响在丝路文物研究上以郭沫若撰写的几篇论述新疆“出土文物”的文章为最典型。这里还涉及长期在新疆从事西域历史文化研究的钱伯泉研究员（1936—），这位60年代初毕业于北大历史系的优秀的浙籍学者的有关文章亦引起关注与争议。

② 最突出的就是70年代末盛传的“敦煌在中国，敦煌学在日本”的断言。

相关文物、文献资料刊布范围的扩大，与国外学界接触的加强，加上自觉弥补不足的努力，使得这批学者不仅有了比较扎实的文献学、语言文学、传统史学等“国学”基础，而且汲取了考古学、宗教学、社会学、艺术史学等新学科知识，拓展了学术视野，更加适应于投身“世界学术新潮流”的需求。这些学者50、60年代从高校毕业后，大多数分布在北京、兰州、敦煌、武汉、上海、成都等地高校或研究机构工作，少数留在本省。这也成为推进敦煌学与丝路文化研究在全国崛起并逐渐形成一些人才培养基地的重要因素。特别是1983年夏中国敦煌吐鲁番学会宣告成立后，正值壮年的这些浙江学人也肩负着依据新的学术平台承上启下的学术重任，除了自身的学术研究外，将大量精力用在培养与带动出生于50、60年代的青年学者身上，促进了浙江大学、兰州大学、四川大学相应学科基地的培育，也推动了北京、甘肃、新疆三个敦煌学和吐鲁番学资料中心的建设。曾长期在克孜尔石窟工作的浙籍学者陈世良，则为古龟兹地区文物的保护和研究，为龟兹学的开拓和发展做出了贡献。如今，虽然这些学者大都已从工作单位退休，但依然在勤奋耕耘着自己的学术园地。对他们的研究做总结性的评述，恐怕为时尚早。其中，对常沙娜、樊锦诗、项楚这样在国内外文化学术界有重大影响的浙江学者专家，虽然介绍、评述文章已经不少，但深入探析其学术传承、治学理念、研究方法及特色，显然还很欠缺，正需要在加强资料搜集、整理、分析的基础上开展相关研究。陈践教授是我母校杭州高级中学的大师姐，她从中央民族学院毕业后，多次深入西藏和甘肃、青海藏区，几十年从事敦煌藏文文献的整理、研究，献身于民族文化教育与汉、藏文化交流的伟大事业。最近读到她新出版的著作集《吐蕃卜辞新探》的"自叙·我与古藏文文献研究"①，以平直质朴的语言回顾了她的治学经历与生活道路，六十年艰苦求索的精神令我动容。因她的治学范围，敦煌学界所知有限，其实也应很好研究。上述常、樊、陈几位，还有从部队转业后再进大学学习、又到敦煌研究院工作半个多世纪的施萍婷；就职于中国社会科学院历史所，以扎实、严谨、勤奋著称，研究成果厚重的吴丽娱，她们作为敦煌学界有代表性的女专家，对事业的奉献精神和治学态度，都足为世范，值得褒扬与研究。另外，黄永武教授久居台湾，他对敦煌唐诗的整理研究成绩非凡，他主编的煌煌 140 巨册的《敦煌宝藏》在推进世界敦煌学的发展中功劳卓著，对他的学术成就做深入评析，则寄希望于林聪明、王三庆、郑阿财、朱凤玉教授及他们的出色弟子们。至于对已经逝世的郭在贻、黄时鉴两位教授学术成就做系统总结的任务，则理应责无旁贷地落到他们培养的浙大学子身上。

前述出生于 50、60 年代的浙江敦煌学、丝路文化研

① 请参见陈践编著《吐蕃卜辞新探（敦煌 PT1047+ITJ763 号《羊胛骨卜》研究）》，上海远东出版社，2015 年，第 11—46 页。

究学者，以及他们所培养的更年轻的学子（我这里包括在浙江大学师从敦煌学家并获得硕士、博士学位，后来到其他省市去工作的浙籍与非浙籍学者），是真正担负着继往开来、开拓创新重任的新一代。赵丰与他的团队对敦煌丝绸文物的整理、刊布以及对丝绸工艺、文物复原等方面的探索，张涌泉对敦煌写本文献语言文字的研究，张涌泉、许建平、关长龙等对敦煌文献的分类整理，黄征对敦煌愿文的整理、俗字工具书的编撰，曾良的敦煌文献字词研究，余欣对敦煌民生社会宗教史及博物学的探索，张小艳的敦煌社会经济文献词语考释，窦怀永的敦煌文献避讳研究，等等，都在世界敦煌学相关分支领域居于领先地位。写到这里，又想起中国敦煌吐鲁番学会老会长季羡林教授生前曾多次对我说："杭州大学姜亮夫、蒋礼鸿等先生开创的敦煌中古语言研究，具有很强的团队整体实力，在世界敦煌学界具有领先优势。我们一定要巩固这个阵地。"培养新生力量使之成为研究丝路文化与敦煌学的主力军，巩固阵地，发扬优势，开创未来，正是老一辈专家对新一代学人寄予的厚望。今天，浙江大学创建"一带一路"合作与发展协同创新中心，举办"丝路文明传承与发展国际学术研讨会"，浙江大学出版社推出"浙江学者丝路敦煌学术书系"，都是在新的历史条件下迈出的坚实步伐，是实现老一辈专家殷切期望的有力措施。

从“世界丝绸之源”[①]浙江湖州钱山漾遗存的四千七百多年前的家蚕丝绢实物，到敦煌壁画中千姿百态飞天所着轻通薄透之各色天衣；从新疆尼雅出土的“五星出东方利中国”锦护膊，到杭州中国丝绸博物馆研制复原的历代丝绸精品[②]，启示我们睹物思人，感人念进。《周易·上经·贲卦》曰：“文明以止，人文也。”物质文明印记着人类前进的足迹，蕴涵着丰富的人文精神，也必须靠人去升华、结晶为精神文明。精彩绝伦、内涵丰富的丝路文化，要靠一代代无私奉献的丝路人物去传承弘扬、发展繁荣，这正是我撰写这篇文章的宗旨。

（原载《丝路文明的传承与发展》，浙江大学出版社2017年9月版；作者系中华书局退休编审）

---

① 据新华网消息：2015年6月25日，国务院副秘书长、国务院参事室主任王仲伟向湖州市市长陈伟俊授予“世界丝绸之源”纪念牌。当日，中国湖州钱山漾遗址获“世界丝绸之源”命名仪式在北京举行。

② 据赵丰馆长告知，有汉代王侯合婚锦、唐代宝花文锦、辽代雁衔绶带锦、清乾隆八达晕锦等。

柔弱胜刚强
——对于《老子》的解读

刘勰娇

《老子》第三十六章中的“柔弱胜刚强”这一命题，对于一贯褒扬阳刚和刚健的观念，是一次强烈的冲击和颠覆。探讨这一命题，使我们重新认识“柔弱”的力量的同时，也带来更大的启发，即我们应当尽可能地冲破固定知识结构和思维模式的束缚，换一个角度和眼光，更全面、更冷静地对待自身和周围的环境，去发现生命中另类的智慧。本文将从三个方面对“柔弱胜刚强”这一命题作一个粗浅的分析。

一“柔弱”与“刚强”的内涵

（一）何谓“柔弱”

在《老子》中，“柔”是一种性质，而“弱”是这一性质的外在表现。“柔”最初的意思就是木头或枝条可直可曲，柔软有韧性，与“坚硬”相对。后来，“柔”被引申为指一切含藏坚韧、可曲可伸的事物，在《老子》中，“柔”还是处世的重要方式之一。

按照儒家的思维，“刚”和“柔”虽是事物不可或缺的两种互补的性质，但“刚”似乎比“柔”更具有优势，“刚”总是占主导地位，而“柔”总是顺从、附丽阳刚，占从属地位。而在老子这里，“柔”恰恰是受到肯定和推崇的概念。“柔”并不是虚弱无力的表现，而是一种充满了生命力的状态，而且老子认为，这种“柔弱”的状态只有达到深厚修养境界的人才能具备。《老子》第五十五章说，“含德之厚，比于赤子”，就是说，含德深厚的人，比得上初生的婴儿，婴儿的筋骨很柔弱，但小拳头却握得很紧，身体洋溢着勃勃生机。之所以如此，是因为婴儿无知无欲、与世无争，正处于精神充实饱满、凝聚和谐的状态，这种状态蕴含着一种强大的生命力。

除了婴儿之外，老子还用水来形容“柔”的性质。《老子》第七十八章说：“天之莫柔弱于水，而攻坚强者莫之能胜，以其无以易之。”确实，在经验世界，我们很难找出比水更柔弱的事物了。水的性质比较随和，将它放在圆的器皿中就显现圆的形状，将它放在方的容器中就显现方的形状，堵截它就停止流动，打开闸门它又继续往前。更重要的是，水有一种“善利万物而不争”的品格，万物都需要水来滋养，而水无论何时总是甘心处在最低的地方，与世无争。然而，水这种柔弱的表现背后，却蕴藏着无限的力量与生机，在古人看来，那种“坏山推陵，磨戟消铜”的重任，没有什么比水更能胜任的。水总是表现出柔弱的一面，而它所蕴含的力量却不容易被人们察觉，在自然界中，“水滴石穿”的现象每每让人惊叹；在人自身，“齿先舌亡”的道理总是让人深思。

（二）何谓“刚强”

顾名思义，“刚”是与“柔”相对的，“强”是与“弱”相对的。《老子》中的“强”主要有两层意思：第一，强梁。《老子》第四十二章说，“强梁者不得其死”，意即强梁的行为总是行不通、不能善终的。第二，僵硬、坚硬。《老子》第七十六章说：“人之生也柔弱，其死也坚强。万物草木之生也柔脆，其死枯槁。故坚强者死之徒，柔弱者生之徒。是以兵强则灭，木强则折。强大处下，柔弱处上。”这里的“坚强”就是僵硬、坚硬的意思。从事物的内在发展状况看，“柔弱”既是事物在初生阶段的表现形态，又是初生事物具有生命力的原因；与此相对，“坚强”既是事物走向衰亡阶段的表现形态，又是事物走向衰亡的原因。从事物的表现形态上看，坚强的东西之所以属于死亡一类，是因为它太显露突出，所以当外力冲击时，便首当其冲了。狂风来袭，高大坚硬的树木往往容易被摧折，而小草却由于它的弱小和柔软，能在狂风中生存下来。

老子是一个理性思考者，他认为以上两种层面的“强”

都不是真正的“强”，真正的“强”与这两种层面的“强”相反。《老子》第三十三章说“胜人者有力，自胜者强”，第五十二章说“守柔曰强”，也就是说，只有克制私欲，战胜自己，坚韧意志，守住“柔”的品格，才不失为一条使自己真正强大起来的途径。

二“柔弱胜刚强”的根据

上文已经谈及了现象世界中的婴儿、草木、“滴水石穿”和“齿先唇亡”的例子，说明“柔弱”比“刚强”更具有韧性，更能含藏内敛，生命力更持久。但是，现象世界的经验并不具有使命题成立的普遍必然性，不能运用于一切事物。比如说，牙齿能够咬伤舌头，锋利的刀能够轻易地斩断小草，这些现象又如何解释呢？所以，老子需要为“柔弱胜刚强”提供一个形而上学的根据，这个根据就是《老子》第四十一章的“反者道之动，弱者道之用”。

首先，“反者道之动”中的“反”指相反，“道”的运动包含相反对立的内容，可以理解为，事物的对立面在发展的过程中会相互转化。“柔弱胜刚强”就是通过“柔弱”与“刚强”的相互转化得以实现的。柔弱的东西蕴含着生机和力量，外弱内强、似弱实强，在发展的过程中会逐渐变得强大起来；而刚强的东西发展到极点，刚性无以复加，在进一步的发展中，只能向弱小的一面转化，这是自然规律使然。这种弱小不是“柔弱”，而是真正的弱小，因为它的内部已经没有蓬勃的生机，这是衰弱和消亡的开始。由此看来，老子在探讨“柔弱”与“刚强”孰优孰劣时，不是对比二者当下力量的强弱，而是从各自发展的趋势来进行判断的。《老子》二十二章说：“曲则全，枉则直，洼则盈，敝则新，少则得，多则惑。”大意是说，委曲可以避免损失，使自己得以保全；处于低洼之地，才能积聚充盈的水分；拥有的少，才会收获得多；得到的多，反而使人陷入困惑。得与失，利与害，柔与刚，总是处于不断的转化之中。

其次，“弱者道之用”直接指出，“柔弱”是“道”发挥作用的方式。在老子看来，“道”是宇宙万物的本源，也是在万物背后起决定作用的总规则。但是“道”是无形无象、不可用感官体察的，所以老子用水的柔弱来形容“道”的特性和作用。《老子》第八章说：“上善若水。水善利万物而不争。处众人之所恶，故几于道。”“道”产生作用的方式就像柔弱的水一样，有化育万物的功德，却甘居下位，从不把化育万物当作自己的功劳。所以说，像水一样柔弱的东西是更接近于道的，相反，强硬的东西与道的距离是非常遥远的。世间的人虽然知道这个道理，却很少有人能效仿和实行。而那些少有的,能体察“道”的人，老子称之为“圣人”。《老子》第二十二章说：“圣人抱一为天下式。不自见，故明；不自是，故彰；不自伐，故有功;不自矜,故长。夫唯不争,故天下莫能与之争。”“抱一”

即守道，守道的圣人不自我夸耀，不刚强，不与人争，因此，圣人不会给人带来损害，从而也就没有任何对手，那么天下的人反而不能与他相争了。

三“柔弱胜刚强”的启发

经典的思想往往能够在文本之间得到相互的印证，《史记》中的张良和陈平都是深受《老子》影响的人物，他们都是辅佐刘邦打下江山的大功臣。他们智慧的共同之处就在于，都懂得“功遂身退”的“柔弱”之道，都能免遭杀身之祸，得以善始善终。张良在汉室江山已定、封邦定爵的时候称：“今以三寸舌为帝者师，封万户，位列侯，此布衣之极，于良足矣。原弃人间事，欲从赤松子游耳。”（司马迁：《史记·留侯世家》）于是张良便退隐而学辟谷导引之术。陈平年少时就喜好黄帝、老子之术，后来“常出奇计，救纷纠之难，振国家之患。及吕后时，事多故矣，然平竟自脱，定宗庙，以荣名终，称贤相，岂不善始善终哉！”（司马迁：《史记·陈丞相世家》）

相反，项羽和韩信虽然都功高盖世，但他们都太过“刚强”，自我矜夸、自以为是，最终招致祸患。太史公对项羽的批评是非常严厉的：“自矜功伐，奋其私智而不师古，谓霸王之业，欲以力征经营天下，五年卒亡其国，身死东城，尚不觉寤而不自责，过矣。”（司马迁：《史记·项羽本纪》）韩信之所以也死于非命，是因为他与项羽有相同的弱点，太史公曰："假令韩信学道谦让，不伐己功，不矜其能，则庶几哉，于汉家勋可以比周、召、太公之徒，后世血食矣。"（司马迁：《史记·淮阴侯列传》）

由此看来，人生处世比较智慧的选择，是使自己保持在外弱实强、似弱实强、由弱趋强的阶段，要注意控制盛极而衰的临界点，一旦超越这个临界点，其结果就是"盈"。《老子》第十五章告诫我们，"保此道者不欲盈，夫唯不盈，故能蔽而新成"；第五十五章又说，"物壮则老，是谓不道，不道早已"。这就是"柔弱胜刚强"带给我们的一点启发，值得深思。

（原载《书品》2017年第四辑，作者系中华书局编辑）

浅议影印古代语言学文献索引的编写

张　可

何九盈《中国古代语言学史》开篇即谈到："语言学从来都不是显学，可从来都是根底之学。"[①]在全面复兴传统文化的当下，作为"根底之学"的传统语言学也遇上了复兴的大好机遇，及时通过影印、点校排印等方式整理推介优秀的古代语言学文献，帮助读者了解传统语言学是时代的需要，更是语言学界与出版界共同的使命。

本文主要讨论影印出版古代语言学文献时索引编写的必要性和方法。

一、编写的必要性

与现代语言学不同，传统语言学主要是为淹通经史服

① 何九盈《中国古代语言学史》（新增订本），北京大学出版社 2006 年。

务的。王力先生说："中国在'五四'以前所作的语言研究，大致是属于语文学范围的……语文学在中国古代称为'小学'……只有一点可以肯定：小学是有关文字的学问；古人治小学不是以语言为对象，而是以文字为对象的……语文学本来是和古典文献发生密切关系的学问，所以中国的小学一向被认为是经学的附庸。"[①]正因为传统语言学的这个特点，使得古代语言学文献主要以古书注解、字书、韵书的形式存在；"甚至在研究方言俚语的时候也带有语文学的性质，因为作者们往往考证这些方言俚语用字的来源"[②]。不论是古代以治经明史为目的而"先治小学"的士大夫，还是当下出于对传统文化的热爱而关注传统语言学的读者，有很大一部分语言学文献的阅读人群都带有明确的查询目的。这就使得索引编写成为整理古代语言学文献非但重要，而且是必要的程序。

实际上，古代语言学文献的索引编写从明清时期就已经开始了。今知最早的索引是明代张士佩所编《洪武正韵玉键》[③]。高小方《中国语言文字学史料学》在"说文学史料"下单列"检字"一类，收入清丁源编《说文便检》、黎永椿编《说文通检》以及今人陈祥民主编《〈说文解字〉今读与通检》等[④]。李文涛《经部古籍索引综录》罗列了

---

① 王力《前言》,《中国语言学史》,《王力全集》第五卷,中华书局 2013 年。
② 王力《前言》,《中国语言学史》,《王力全集》第五卷,中华书局 2013 年。
③ 潘树广《古籍索引概论》，书目文献出版社 1984 年。
④ 高小方《中国语言文字学史料学》，南京大学出版社 2005 年。

2010年以前出版的经部古籍（含部分今人所编古代语言学资料文献）索引名录，“小学类”收录一百余种，在所分类别中数量最多；其中大部分是影印、排印语言学文献所附索引，但也有单独的索引书，又尤以《说文》类索引居多[①]。由此可见古代语言学文献索引编写的必要性早已为古今研究者所认同。

另一方面，电子化阅读和大型语料库方兴未艾，语言学文献的整理应该考虑到电子化及与文献数据库结合的可能性，从这个角度看，编写索引也有利于未来可能的电子文献读者和数据库使用者更加方便地查询、使用语言学文献。而与电子化查询的结合，也就要求语言学文献的索引在编写之初就考虑到索引字的检索便捷性与通用性，这个问题在下文还将详细讨论。

二、索引字的处理原则

每一部语言学文献的索项提取，如是只出被释词语还是同时出解释词语，是只收原文献中词语还是兼收后世注疏中词语，是原样抄录还是酌情删去部分限制词、虚词，乃至提取中心语等，凡此种种，都应根据原文献形态和出版目的而有个性化的选择。因此，在这里我们不讨论索引项的提取，只从个人思考出发，就影印语言学文献的索引

---

① 李文涛《经部古籍索引综录》,《中国索引》2011年第3期,40—44页；2012年第1期，35—46页。

字处理原则提出一点看法。

（一）尊重原文献面貌与体现历代校勘成果的平衡

既然采取影印出版的方式，则所选取的文献版本必然有其独特的优势：或属于时代上出现较早、更靠近古籍成书时原貌的旧本、古本；或属于稀见本、孤本甚或名人批校、题跋本；或属于错讹较少的精校精刊本。我们认为，影印底本的选择与出版的目的有直接关系，无论是选取具有文物性的珍本还是后出转精的精校本，都是有价值的。但应该看到的是，“完全正确”的古籍版本几乎是见不到的。由于古代文献主要以抄写和雕版印刷的方式流传，书籍的保存手段又受纸张等介质的天然局限，因此在长期的流传过程中难免讹脱衍倒、文字漫漶，乃至以讹传讹，导致文不可通者，实乃常见；即便明清以来文献存有手稿者，也可能存在作者笔误或征引错漏。而精校精刊本也很难改尽所有错漏，更兼有后学妄改之虑。因此，作为影印底本的古籍，必然会出现或多或少的错讹。

对待古籍中的这些错漏，曾经有一段时期在影印时采取“挖改、贴改、描改”等方式，以期提供一个错字较少的阅读文本；但即使正确的改动也会改变古籍的版本特征，对基于该版本的研究产生妨碍，更遑论整理者很有可能错改，而这种主观臆断造成的释读错误往往因“有一定道理”而非常隐蔽，比客观条件（如原底本不清或影印疏漏）造成的文字脱漏、漫漶影响更大。现在影印古籍时改动底本的弊端已渐为人们所揭示，“存真求实”的原则已经为出版界和学术界所公认，新近出版的影印文献已经很少对底本进行主观改动。

那么，影印文献所提取的索引项，是完全照搬影印底本，还是广泛利用前贤乃至时人的校勘成果，给出“正确”的索引字呢？我们认为，这个问题不能一刀切，应该有所平衡和取舍。

抛开人力、经费等客观原因，采取影印而非排印的方式来出版一部语言学文献，本身就是为了忠实呈现文献的原貌；对影印文献感兴趣的读者，所要求的也并非一个“正确的结果”，而更看重影印所能呈现的真实、原始的资料价值，版本与版本之间的差异也许正是他们的兴趣之所在。作为一部影印文献的索引，也理应体现出这种原始性、真实性、资料性，而在索引中保留影印底本的“错误”，也正是在保留这个版本的“特征”，甚至于这些“错误”还可能在索引中以特定方式形成一个集合，这种集合本身就能够说明该版本的一些问题，启发研究者的思考。由此可见，在提取索引项时抛弃“错字”改用“正字”的方式是极为不妥的。

那么，我们是否应该在索引中采取大量括注的形式，在“原始”的索引字之余给出“正确”的索引字，在保留文献原本面貌的同时尽量体现出前贤与时人的校勘成果呢？我们认为，这种处理方式在排印整理的文献上可以尽情应用，却不宜大量地出现在影印出版的文献中。这是因为，影印与排印两种不同的古籍出版形式，所面对的人群、承担的作用应该有所区别。点校排印的目标是整理出一个可堪引用的“新善本”，不管是采取底本式整理还是定本式整理，都应该尽可能地吸收校勘成果，同时广求异本、广搜资料、反复研究，以期尽可能恢复古书成书时的原貌；而影印的目标则是完美呈现该版本本身的真实面貌。在索引中过多地呈现校勘成果，看似使得影印出版不再是为人诟病的“拿来就印”，而有了更多的使用价值，但实际上却模糊了两类读者群的不同需求，试图以一种出版物迎合所有读者的需要。具体来说，过多呈现校勘成果，一则会增加索引篇幅，导致无法快速定位检索项；二则所括注的“正确结果”，有可能干扰读者的独立思考，影响读者通过文献本身的“错讹”来发现深层次问题；三则与同版本排印文献索引功能重合，浪费人力物力。

然而，对历代的校勘成果，我们是不是完全不用吸取呢？这个问题也需要结合索引本身的作用来思考。罗伟国曾结合上海书店出版社的出版实践，论述了索引在古籍整理领域的功能：一是在影印丛书、总集中发挥分解、梳理功能，二是在汇印丛书时发挥组合、导航功能，三是在影印工具书类文献中发挥执简、检索功能，四是以索引形式汇辑文献资料，发挥结网、鉴别功能，五是为成套旧报编制索引，发挥揭示和追踪功能[①]。在罗伟国所论的六大领域中，影印语言学文献更贴近于影印工具书类文献，索引主要起到的作用是方便读者按图索骥，迅速找到相应的内容。因此，如果需要提取的索引项用字字义与上下文义差距极大，也就是说通过本校法可以轻易发现索引字的错误，这就说明该索引字的问题并不在于文本理解的差异，而更有可能是刻工误刻；这种情况下，括注相应的校改字，并不会给读者“先入为主”的暗示，影响读者的判断和思考。例如，宋庆元六年浔阳郡斋本《方言》卷一：“嬛、蝉、繝、撚、未，续也。楚曰嬛。婵，出也。楚曰蝉，或曰未，及也。”“婵”字不见于前，但“婵，出也”下郭注“别异义”，可证“婵”当同上文作“蝉”，这种情况下，我们认为可以括注“蝉”于“婵”后。另一方面，如果索引项本身讹不成字，括注校改字同样也能够帮助读者检索到需要的内容，毕竟如果不括注，读者在不知道讹字字形的情况下，是很难从索引中把它查找出来的。

综上所述，我们认为，在处理索引项用字的“正误”问题时，需要遵循的原则，一是尊重底本用字，不抛弃“错字”改用“正字”，必要时采用括注方式呈现校改字；二是在汲取校勘成果时把握分寸，在尊重影印文献读者需要与便利读者检索上取得最优解。

① 罗伟国《发挥文献 编制索引》，《中国索引》2014年第2期，4—5页。

（二）尊重汉字字形与适应规范化要求的平衡

上面谈的是处理索引项用字“正误”问题的原则，接下来要谈的是处理索引项用字字形的原则。上面说过，影印文献有别于排印整理文献的独特之处就在于保留原貌，这就使得文本中不仅保留了原文献的错讹字，还保留了因为种种原因而出现在原文献中的异体字。对于这些异体字，我们在编制索引时应该如何处理呢？我们认为，这同样不能一刀切，而是要针对不同情况的异体字，在尊重底本字形与适应规范化要求上达成平衡。

异体字可以分为异写字和异构字两个类别，这两个概念由王宁提出，李国英、李运富等均有所论述。结合多位学者的观点，异写字之间的差异主要是笔画层面的不同，而异构字之间的差异则是构字理据的不同。上述几位学者在异写字与异构字具体的区分标准上有差异，比如仅构件位置不同是否归属异构字，部件省减类是否归属异构字等[①]，这属于文字学的范畴，此处暂不讨论。之所以在此引入这两个概念，是因为这样的区分有助于我们处理索引中的异体字问题。

首先，我们应该尊重原文献所用字形，尤其是构字理据不同的异构字，不宜径改为“正体字”。影印文献，尤其是影印语言学文献所用的异构字，往往体现了撰著者对

① 孙建伟《异写字与异构字考论》，《江苏大学学报（社会科学版）》2016年第2期，88—92页。

文字结构的理解，不可轻易更改。我们在编写《说文解字》相关文献的索引时，就注意了以下几点：首先，同部之字部首构件尽量遵照原书。如《说文·舟部》下有“朕（朕）、服（服）”二字，如果索引中径改为这两个字常见字形“朕、服”，就失去了许慎说解字形的原意。其次，构件位置有所区别之字，如左右部件互换，或左右结构变为上下结构等，我们也在索引中予以保留。

第二，从文字规范、检索便利乃至适应出版物电子化需要的角度考虑，对于文献中由于书写笔画不同产生的异写字，应当视情况处理。具体来说，第一，避讳缺笔字一般可径予补全，如宋庆元六年浔阳郡斋本《方言》“慎、濟、曆、惄、溼、桓，忧也”条，“慎”字缺右下点，“桓”字缺右下横，皆属于省末笔的避讳字。第二，笔形不同的旧字形可径改为新字形，便于检索、电子化和文字规范，如旧“++”新作“艹”，一为四画，一为三画，目前大部分人查找该字均取三画，此类当可径改；异写类的俗体字可径改为正体字，如《方言》第一“撏、攓、摭、挻，取也”条，“撏”字之“口”原书作“几”，这是由于“尋”的隶定形体差异产生的异写，可径改。

当然，所谓“异写”与“异构”的区别也不可绝对，只是一个辅助的分类方式，原则还在于如何既保留文献原始特点，又体现文字规范、便于读者检索。在编制《说文解字》系列影印文献的索引时，我们就采取了（异构字）

部件保留原字形、括注通用字形，而使用该部件的字径用通用字形的方式来平衡这一矛盾。例如“冄(冉)”,而“𧦝、枏、郍、𤵸、䫇、聃、抩、姌、蚦、䶆”;“毄(毄)”，而“𦽧、繫、䖊、罊、檕、𣪠、礊、𢡱、擊、𡢿、蘻、墼、𦗿”。

另外，作为部首的异写字，我们一般也保留了原字形，以与许慎说解更好地对应；虽然许氏之说有时并不准确，是在没有足够的古文字资料情况下曲为之说，但还是回到上文：影印文献及其索引要呈现的并不是“正确的结果”。

另外，是否为统一部件、规范字形而造字也需要斟酌，把握平衡。首先，在目前的字库无法满足需要的情况下，为了减少主动造字，方便未来文本的数据化，在不影响检索的情况下，我们并未强求异写部件一致。例如，从文字规范角度考虑，“火”在下部一般作“灬”，但“燹、爨、炱”等字目前字库中并无下部作“灬”的字形，我们就没有强行造字规范。当然，相信随着古籍数据化技术的发展，这类“妥协”将会越来越少。至于“尞”字，字库虽有“尞”字，但从“尞”之字如“璙、遼、鷯、膫、簝、橑、寮、僚、獠、燎、繚、憭、潦”等，该部件并作“尞”，从字形演变角度说，“火、小”的相似性更直观，所以我们在索引中将之定为“尞(尞)”，这又是在“规范字形”的原因上有所取舍了。

至于保留异体字形之后，是否括注通用的正体字形，则需要结合文献特点，通盘把握，既尽量满足检索需要，又尽可能精简索引篇幅。在为《说文解字》系列影印文献制作索引时，我们的原则是：如果该字需要保留异体字形，但又同时作为其他多字的部件出现，则括注通用字形，如此则使用该字作为部件之字则可径用通用字形，如上举“冄（冉）、轂（毂）”之类；如果该字在古代文献中使用频率较大，属于极常用之字，则括注通用字形，如上举“𦨶（朕）、𦨈（服）”之类；如果该字小篆字形与原文献已有的隶定字头有矛盾，则括注原隶定字形，如《说文通训定声》“舩（舡）、䰞（餌）”之类。

三、利用电子表格编排索引

确定索引项之后，编排不外乎笔画、音序、四角号码等几种形式。由于笔画排序的索引，同画之字一般较多，一般还会按照起笔笔形排列顺序；音序等其他方式，虽然同一小类的字较少，但从检索的便捷性考虑，最好也能以起笔笔形排列。复音词列于首字所在位置之下，多音词一般按文献中当读之音处理，这些都是索引编排的惯例，此处不再细说了。

在这里，我们想顺带谈一谈利用电子表格编排索引的经验。利用电子表格编排语言学文献索引，在提升编写效率和精准度，以及方便回溯、复核、按类别筛选等方面皆具有优势，尤其适用于同种文献不同版本（包括校注本）索引的编写。编写完成的电子表格，不仅便于数据化，更是版本间横向对比的一手材料。下面以我们编写《说文解字》系列文献索引为例略作说明。

首先设立各列题目。对于单一文献，一般至少需要设立记录文本信息的序号列，索引项列，卷、页、上下栏列，以及便于索引排序的注音列，笔画、笔顺码列，四角号码列等。虽然电子表格本身可以通过音序、笔序自动排序，但考虑到多音问题以及语言学类文献必然面临的折合今音与现代音不一致的问题，设立注音列是必要的；而笔画、笔顺码列,主要针对的是总索引项不多但造字较多的文献，如张亚初《商周金文姓氏通考》，其中作者根据金文材料隶定字形多需要造字，填写笔顺码虽然略为繁琐，但排序更加准确，后期复核也比较方便。如果将多种文献（或多个版本）制作到同一表格中，除每种文献（版本）均须分别记录文本信息外，还有必要设立一个总序号列，如此则不管后期怎么排序调整，都能够通过总序号列回到最原始的顺序，避免出错。另外，我们还单独设立了一个是否有括注字的提示列，这是为了能够通过筛选，方便地提取出所有括注索引项，判断括注是否必要、标准是否统一。

录入相关信息时，可通过单元格颜色对索引项类别作出区分，由于电子表格可以通过颜色排序和筛选，这一步区分也就为后期对比、筛选、复核做好了准备。如在我们影印出版的《说文解字》系列文献中，《说文解字》《说文解字系传》《说文解字句读》《说文解字义证》《说文通训定声》等，同一字的字头结构不一定相同，甚至有的可能是需要校改的讹误字，这些字我们就通过颜色进行标记，便于后期对比并调整其在索引中的位置；除《定声》外，其他几种文献条目顺序大致相同，但仍有许多不一致之处，对这些局部的顺序差异我们也通过颜色来标记；部首字、《定声》字母代表字同样通过类似方法标记，便于后期提取为部首检字表、字母检字表等。

另外，《说文解字》有新附字，《说文解字义证》有补遗字，《说文通训定声》有附录字词，这些内容与《说文解字》本身关系不大；由于《说文解字》中收录的新附字也零星出现在清代几种说文文献中，我们将新附字也列入总表，但其他两种文献的补遗、附录就单表另列，如此也减轻了总表的繁琐性。

前期工作完成后，通过筛选、排序等方式，就可以比较方便地进行索引编写和检查工作了。遇到索引项有疑义时，通过表格也可以方便地查到该字在几种文献中的准确页码，便于返回文献进行复核。下面是表格部分内容截图：

大徐序	大徐字	大徐頁	上下	義證字	義證頁	上下	定聲序	定聲字	定聲頁	上下	句讀序	句讀字	句讀頁	上下	系傳順序	系傳字	系傳頁	上下	拼音	輔助音節	輔助音	标	四角號	总序
1	一	1	上	一	1	上	7254	一	643	上	1	一	1	上	1	一	1	上	yī	yi	1		1000	1
2	元	1	上	元	2	上	8340	元	716	下	2	元	1	下	2	元	1	上	yuán	yuan	2		1021	2
3	天	1	上	天	2	下	10173	天	853	下	3	天	1	下	3	天	1	上	tiān	tian	1		1043	3
4	丕	1	上	丕	3	上	1933	丕	210	下	4	丕	1	下	4	丕	1	上	pī	pi	1		1010	4
5	吏	1	上	吏	3	上	1590	吏	174	上	5	吏	1	下	5	吏	1	下	lì	li	4		5000	5
6	丄	1	上	丄	3	下	10762	上	906	下	6	丄	1	下	6	丄	1	下	shàng	shang	4		2010	6
7	帝	1	上	帝	4	上	5727	帝	523	上	7	帝	1	下	7	帝	2	下	dì	di	4		0022	7
8	旁	1	上	旁	4	下	10973	旁	927	下	8	旁	2	上	8	旁	2	下	páng	pang	2		0022	8
9	丅	1	下	丅	5	上	4786	下	454	上	9	丅	2	上	9	丅	2	下	xià	xia	4		1020	9
10	示	1	下	示	5	上	6898	示	616	下	10	示	2	上	10	示	2	下	shì	shi	4		1090	10
11	祜	1	下	祜	5	下	4387	祜	418	下	11	祜	2	上	11	祜	3	上	hù	hu	4		3426	11
12	禮	1	下	禮	6	上	6555	禮	589	上	12	禮	2	上	12	禮	3	上	lǐ	li	3		3521	12
13	禧	1	下	禧	6	上	1706	禧	186	下	13	禧	2	上	14	禧	3	上	xǐ	xi	1		3426	13
14	禛	1	下	禛	6	下	9876	禛	830	上	14	禛	2	上	13	禛	3	上	zhēn	zhen	1		3428	14
15	禄	1	下	禄	6	下	3927	禄	376	下	15	禄	2	上	15	禄	3	上	lù	lu	4		3723	15
16	禠	1	下	禠	6	下	5772	禠	527	上	16	禠	2	上	16	禠	3	上	sī	si	1		3221	16
17	禎	1	下	禎	6	下	10481	禎	880	下	17	禎	2	上	17	禎	3	上	zhēn	zhen	1		3128	17
18	祥	1	下	祥	6	下	10641	祥	894	下	18	祥	2	下	18	祥	3	上	xiáng	xiang	2		3825	18
19	祉	1	下	祉	6	下	1540	祉	168	上	19	祉	2	下	19	祉	3	上	zhǐ	zhi	3		3121	19
20	福	1	下	福	7	上	2109	福	230	下	20	福	2	下	20	福	3	上	fú	fu	2		3126	20
21	祐	1	下	祐	7	上	1873	祐	205	上	21	祐	2	下	21	祐	3	上	yòu	you	4		3426	21
22	祺	1	下	祺	7	上	1714	祺	187	下	22	祺	2	下	22	祺	3	上	qí	qi	2		3428	22
23	祗	1	下	祗	7	上	6519	祗	586	上	23	祗	2	下	23	祗	3	上	zhī	zhi	1		3224	23
24	禔	1	下	禔	7	下	5704	禔	521	下	24	禔	2	下	24	禔	3	上	zhí	zhi	1		3628	24
25	神	2	上	神	7	下	9960	神	836	下	25	神	2	下	25	神	3	上	shén	shen	2		3520	25

当然，这个表格远不完善，上面提到的经验也都是在我们实际的工作中逐渐总结出来的，不一定正确，仅希望能提供一些相关的思路。

诚如本文开篇所言，语言学从来都不是“显学”，这就意味着大部分对语言学文献产生兴趣的读者，尤其是影印语言学文献的读者，往往都久已沉浸于传统文化，具有一定古文献功底，甚至本身就是致力于传统语言学研究的学者。如何服务好这部分读者，为他们制作出切合要求、便于使用的索引，还需要我们在实践中不断总结经验。

（原载《书品》2017 年第二辑，作者系中华书局古籍整理出版中心语言文字编辑室编辑）

审读学术著作人名索引的几点体会

张 可

为学术著作编制索引，自 20 世纪 80 年代就不断有学者和出版人提出倡议，近年来更是得到了普遍的认同。2012 年 9 月 24 日，原国家新闻出版总署网站公布了《关于进一步加强学术著作出版规范的通知》（新出政发〔2012〕11 号），《通知》强调：“引文、注释、参考文献、索引等是学术著作不可或缺的重要组成部分……是反映学术著作出版水平和质量的重要内容，必须加强出版规范，严格执行国家相关标准……索引的编制应力求实用、简明、便捷、完备”。同年第 9 期的《中国新书目》在《国家出版基金项目集萃》栏目中，介绍了江西人民出版社编辑出版《世界历史》，将精细准确编制索引作为提升学术出版质量、打造学术出版规范的重要内容，并提出严格标准、统筹安排，精细实施、注重质量，立足学术、准确规范等几个实施要点[1]。可见，无论是学术界还是出版界，都充分认识到了索引在学术著作体例的规范与价值的提升上的重要作用。在这一态势之下，我们在日常工作中审读学术著作时，也就会越来越多地与索引这种“二次文献”打交道；本文即拟就学术著作人名索引的审读谈几点体会。

一、审读索引项

人名索引项的审读，包括两个层次：其一是对作者所设索引项内容的审读，主要包括辨误、辨重、排序三方面；其二是从体例统一、逻辑自洽的角度，对作者的索引项设置是否恰当，是否存在多收与漏收情况的审读。

（一）对索引项内容的审读

所谓“辨误”，即发现人名索引项的错误之处，主要包含两个类型：其一是误将非人名判断为人名，其二是因编写索引时未觉察正文中错漏、径直引用所致之误。中国人名索引项具体的出错方式，人们早已有所总结，如将非人名判断为人名者，就有将地名、官衔乃至年份误为人名的许多例子[2]，这要求编辑在审读时除了具备相应的知识储备外，更应该富于怀疑精神，对拿不准的索引项及时返回正文核对；至于照引正文错漏者，大抵不过音近而误和

① 《精细准确编制索引提升学术出版质量—江西人民出版社全力打造学术出版规范》，《全国新书目》2012 年第 9 期，8—9 页。

② 傅德华：《编制书后人名索引刍议》，《上海高校图书情报学刊》1999 年第 2 期，56—57 页。

形近而误，在加工正文时未予注意的一些错漏往往可通过索引的审读发现端倪，从而得到纠正，故认真审读索引也有利于进一步减少正文的错误。

所谓“辨重”，即发现人名索引项的不当重合，具体说就是误合与误分。在正文中，同一个人名往往有不同书写形式，而索引的体例一般是以其中一种书写形式为主条，其他书写形式括注其后，或列为参见条目等；但在具体的索引编写过程中，误将同一人名的不同书写形式分列为不同主条，或误将不同人名合于一条之下的情况屡有发生。就中国人名来说，同一人可以姓名、字号、排行、官衔、籍贯、曾用名、笔名等等称之，文献流传也有可能造成不同的书写形式；而重名的情况亦不少见，故而人名索引项的误分、误合极为常见。要排查这些错漏，审读者除了不断积累相关领域知识外，认真审读正文、遇到疑点及时返回正文核对也同样重要，尤其是学术著作的人名索引，正文中所透露的信息往往已足够判断误分与误合现象。

排序问题主要集中在音序人名索引对人名特殊读音的处理上，此处不赘。

上面谈到的问题，是文献人名索引的一般性问题，不惟学术著作，在古籍整理、丛书汇编的索引中都很常见。除此以外，我们在学术著作的人名索引审读中，还常常碰到外国人名（含译名）索引项，这是由于学术著作参考、引述国外文献与时著者实乃常见。而审读这些外国人名及译名时，尚有一些须要特别注意之处。

首先，外国人名及译名索引项的“辨误”，应注意以下几点：其一是误以音译的学术术语为人名。例如，音系学术语“莫拉”（Mora），又称“韵素、音拍”，其英文书写形式本身就可用作人名，音译译名形式也很具有迷惑性。其二是沿用引文中错误的人名拼写。学术著作在梳理相关问题的国外研究状况、既有理论时，若不是直接使用原始文献，而是转引他人论述，就应该格外小心，否则极易为所引文章的错漏所累。其三是误将约定俗成的人名进行另译，如将早期知名汉学家的中文名重新音译，或将按威妥玛拼音法翻译成英文的中国人名生硬回译等。

其次，外国人名及译名索引项的“辨重”，可留心下述几处：其一是英文姓、名分开书写，引用时也常常不引全名，单独引用姓氏、略去中间名或将教名与中间名用首字母代替的情况都很常见，必须结合原文献的索引、参考文献等信息，对人名所指进行细心的核实。其二是注意分辨同一外国学者的不同译名并将其与外文名正确对应，如乔姆斯基（Noam Chomsky），台湾地区译为“杭士基”；高本汉（Bernhard Karlgren），早期译为“珂罗倔伦”；哈里（Morris Halle），有的文献译为“哈理”；马第琐夫（James A. Matisoff），有的文献译为“马提索夫”等。学术著作中遭遇译名的“不规范”现象很难避免，这是因为综述文献既不能回避比较早期的、尚未进行译名规范的文献，又需要兼顾比较晚近的、尚无规范译名的学者，因此这个问题就更为突出。

（二）对索引项设置标准的审读

其实，按照审读的顺序，对索引项设置的审读应该在内容审读之前；如果作者写明了索引编纂体例，也的确可以按此顺序审读。但由于部分作者并未写明编纂体例，甚或在编纂索引时也并未对索引项设置的标准有明确思考，编辑审读时就需要采取“倒序”，在充分把握索引内容的基础上，发掘作者默认的编纂体例，以此为基准，结合正文内容，判断明显漏收或多收的索引项；若索引项所反映出的标准并不清晰，甚至存在明显的标准不统一，审读者则应及时作者提出修改建议。

例如，在审读《台湾汉语音韵学史》的人名索引时，我们就在下面几类索引项的取舍上提出了建议：第一，当人名作为定语出现时，若该人名所指对象为该事物（事件）的“主要发现（发明、实施）者”，则保留到人名索引中；若该人名所指对象为事物“以之命名者”，则不建议保留。这是因为，作为“主要发现（发明、实施）者”的人物，与该事物（事件）具有直接而紧密的联系，亦可能提示关于该事物（事件）产生的必要条件与原因，因此具备检索的必要性；而作为“以之命名者”的人物，一般与该事物（事件）的联系比较间接、抽象，似可不必列入索引。依此为标准，我们建议删去“罗常培奖、傅斯年图书馆、玄奘大学”

中的“罗常培、傅斯年、玄奘”等索引项，而保留“威妥玛翟欧斯式拼音、守温三十六字母、寒山诗”中的“威妥玛、翟欧斯、守温、寒山”等索引项。第二，作为简称的中国人名如“某氏、某文”一般不列入索引项，这是因为国内学术著作综述惯例不是径以姓氏省称，而是在写清全名后，下文详细论述时才省以“某氏、某文”等，收入全名即已可使读者检索到相应页码，复列简称没有必要；而引文中提及的简称，若后文未复称全名，一般也可认为其并未展开讨论，即并不属于论述重点，作为学术著作的人名索引理应有所取舍，故而舍之。第三，引述文献名中的人名仍予保留，这是因为该书虽附参考文献，然所列参考文献数量极多，又以责任者姓名为序排列，如此则对学术史上重要人物的研究情况介绍无法从参考文献中获得直接线索，因此，保留文献名中的人名就有必要了。

二、审读索引内容及页码

索引项审定之后，对索引内容和页码也要进行仔细的审读。

（一）索引内容的审读

一般来说，学术著作的人名索引后以直接罗列页码为主。但针对不同类型的学术著作，有时也可以从读者使用方便的角度考虑，适当增加其他内容。编辑在审读索引时，如能结合正文，在这方面有所思考，也未尝不可与作者进行讨论。

例如，在审读《日本汉语教科书汇刊（江户明治编）总目提要》时，我们发现，该书以介绍江户明治时期日本汉语教科书的基本情况为主，当时从事相关工作的学者数量有限，因此人名索引项以及出现次数不会太多；另一方面，一人又往往著成多部教科书，或在不同教科书的著述过程中担当撰著者、编译者、审阅者等不同角色。综合上述情况，我们与作者进行了深入的讨论，最终在人名索引各个页码之后，标明了对应的文献名称，以及该人物在文献著述过程中担当的身份；若为编译、校阅者，则另括注文献的撰著者，以便于读者交叉查对。这样一来，索引收录各个人物在所述文献中起的作用以及人物之间的学术合作关系更为明朗，增加的篇幅也并不多，效果比单纯罗列页码更好。

而在对其他一些学术著作，尤其是外国人名较多的索引进行审读时，我们常常惭愧于自身知识更新不及时，对人名所指人物不能充分把握，更兼原始材料难以获得，常常要频繁联系作者进行核对。由此我们也在思考，编纂此类人名索引，是否可以酌情标注具有区分意义的人物身份信息（如国籍、工作单位、代表论著或理论），如此则既有利于读者检索，也便于作者利用编制索引的机会进行内容自查。当然，这只是一些粗浅的思考，具体的处理方式，则需结合著作本身，与作者沟通确定。

如果索引本身除了页码以外，已经有其他内容，对这些内容同样需要进行认真的审读，此处不赘。

（二）页码的审读

页码的审读，主要是指对索引项后页码是否确实出现该人物进行核实。这又分为两个层面：首先，如果正文中同一人名所指对象为多人，在上述索引项的“辨重”阶段，即应确保其已列为不同条目；而在页码审读阶段，则应仔细辨别各条目下页码对应是否正确。其次，由于目前不少索引制作采取由排版文件按索引项提取页码、作者进行审核的方式，编辑在审读时同样应该谨慎误提问题。当然，较之术语索引，人名误提的可能性要小一些，但我们并不能因此而放松警惕。

上述索引项“辨误”已经指出，地名、官衔、年份等都可能误为人名，如果正文中同一词语既指人名，又兼其他意义，就应当在自动提取后认真鉴别，如“老子”亦可指《老子》，“康熙”亦可指年号，“寒山”亦可指韵部；上面提到的作定语的人名，如“傅斯年”亦可指“傅斯年图书馆”之类，也应该予以适当把握。另外，由于汉语切词的问题还未得到彻底解决，一般的自动提取也未考虑切词，很多人名在提取时也会出现与普通叙述用字偶合的情况。“何容”可能提到了“谈何容易”，“张先”可能提到了“主张先以”，“法显”可能提到了“无法显示”，“（王）了一”可能提到了“说明了一种”。再者，有的人名索引项存在“甲含乙”的情况，如三字名中相邻两字复为二字人名，或英文人名中姓氏单独出现且另指一人等，则对提取的页码也应逐一甄别。

三、延伸出去的一点感想

上文重点从索引审读方面谈了一些浅薄的经验，讨论的重点在于如何注意到并破解学术著作人名索引中的问题。但对于编辑来说，能够遇到这些问题，其实是值得庆幸之事，原因之一是有编写索引意识的作者往往也比较注重学术规范，书稿质量有了侧面的保证；原因之二是通过作者的自查和编辑的审读，往往能从索引中倒推出很多正文中未及注意的错漏。前述江西人民出版社在总结索引编纂经验时，就特别指出：“有的名词不只在各书中表述不一致，甚至在同一册书中，因撰稿人或援引参考文献不同，也出现了不同表述……编制和检查索引，编辑人员解决了许多在前期编校过程中未能发现的问题，提高了全书的整体编校质量。”①

我们在工作中对此也深有感触。特别是近来一些由学位论文修改而成的著作，所涉人名、文献名极多，而由于目前的学术训练中一般并不包含系统的技术规范训练，很多学位论文在文字校勘、引文核对等方面并未尽善尽美，

---

① 《精细准确编制索引提升学术出版质量—江西人民出版社全力打造学术出版规范》，《全国新书目》2012 年第 9 期，8—9 页。

而修改时也没有对这些细节问题特别注意，确实影响了稿件质量。而编制书名、人名索引，就不从信息增值、便于使用的角度考虑，仅从发现错误的角度来看，也是大有帮助的。因此，作为编辑，我们认为应该发挥主观能动性，在前期与作者讨论初稿时，就将索引的编写是否必要、编写形式与体例等等都列入重要的探讨项目，相信这对于最终成书的质量会有大的提升。

（原载《书品》2017 年第四辑，作者系中华书局古籍整理出版中心语言文字编辑室编辑）

艺文类聚

祭陈梦家先生

俞国林

花之于春而开
不及于秋而衰
无论为家或为野
终至于化泥与尘埃

拨去历史之盘扣
五十年漫长守候
梦或无梦游于华胥之国
嗜或无嗜欲于是非之后
蓦然回首
挥不却翩翩之衣袖

三座门前曾经淡绿色月光
勾连起诗人生与死间之彷徨
幻作一缕青烟飘赴何方
魂兮魄兮归来兮呜呼尚飨

（原载2017年1月11日《新京报》，作者系中华书局学术著作出版中心编辑）

孙犁：由隽永向理性煮文鬻字

吴艳红

女人鼻子里有些酸，但她并没有哭。只说：

“你明白家里的难处就好了。”

水生想安慰她。因为要考虑准备的事情还太多，他只说了两句：

“千斤的担子你先担吧，打走了鬼子，我回来谢你。”

这是《荷花淀》中的对白。《荷花淀》如一首隽永的叙事诗，文字简洁留白，气韵生动，余味无穷。这样的文字理应出自感性而浪漫的具有诗人般气质的年轻作家，这正是青年孙犁的文字。孙犁是个真诚的作家，他的文字是他内心世界的一面镜子。他浪漫而多感，含蓄而深情，尽管他老年的文字理性、平淡，他的多愁善感仍找得到踪迹。如他在《题〈蒿里遗珍拾补〉》中说：“在一张‘地券’的说明中，有这样的记述：这个砖券，在水灾后冲出，一个农民拾到，想叫人看看卖了，后来一想，怕人说是‘盗墓’（他深知这是大罪过），又反悔了，‘放回原处’去了。这是一个典型的朴实农民的心理写照，看过后有久违之感。”行文至末，他又叹道：“看一本破书，引起没用的感慨，非读书之原意也。此所谓多愁善感欤？”

又如，在《建炎以来系年要录》书衣上，他写道：“昨晚台上坐，闻树上鸟声甚美。起而觅之，仰望甚久。引来儿童，遂踊跃以弹弓射之。鸟不知远引，中二弹落地，伤头及腹。乃一虎皮鹦哥，甚可伤惜。此必人家所养逸出者。只嫌笼中天地小，不知外界有弹弓。鸟以声亡，虽不死我手，亦甚不怡。”这样隽永而深情的句子，必定出自温柔而多情的人！

孙犁早年写了大量的诗化小说，塑造了“水生嫂”等艺术形象。如同沈从文后期从小说创作转向文物研究，张爱玲后期从小说创作转向研究、考据与译注，孙犁晚年也将大部分精力投入到阅读史籍与写作读史笔记上。除了时代原因，与个人的阅历和志趣不无关系。

孙犁在《我的史部书》中说：“我在青年时，并不喜好史书。回想在学校读书的情况，还是喜欢读一些抽象的哲学、美学，或新的政治、经济学说。至于文艺作品，也多是理想、梦幻的内容。这是因为青年人，生活和经历都很单纯，遇到的，不过是青年期的烦恼和苦闷，不想，也不知道，在历史著作中去寻找答案。”又说：“有了一些人生的阅历和经验，我对文艺书籍的虚无缥缈、缠绵悱恻，不再感兴趣。即使《红楼》《西厢》，过去那么如醉如痴，倾心的书，也都束之高阁。又因为脑力弱，对于翻译过来的哲学、理论书籍，句子太长，修辞、逻辑复杂，也不再愿意去看。我的读书，就进入了读短书，读消遣书的阶段。中国的史书，笔记小说，成了我这一时期的主要读物。”这说明孙犁的文风从早年的恬淡、隽永向晚年的理性、平淡转变，是有其思想根源的。他不是不再相信人间的纯美与真情，而是面对烦难世事，主动在史书里寻求答案。

孙犁在《读〈旧唐书〉记》中借文人之命运浇自己心中之块垒。世事变迁，桑榆晚景，抚今追昔，他不免感叹：

> 我少年时，追慕善良，信奉道义。只知有恶社会，不知有恶人。古人善恶之说，君子小人之别，以为是庸俗之见。及至晚年，乃于实际生活中，体会到：小人之卑鄙心怀，常常出于平常人的意想。因此，惧闻恶声，远离小人。知古人之论，并不我欺。变化如此，亦可悲矣！

每每读这段话，都会感叹孙犁的善良和不谙世事。内心有多善良和纯真，才会“只知有恶社会，不知有恶人”，才会怀疑古人的“善恶之说”“君子小人之别”是庸俗之见。对人性恶的发现，恐怕是他无意中效仿陶渊明“息交绝游”的原因吧。虽然同时代的许多人评价他“刻薄寡恩”，但深入他的内心世界，你会发现他只是用冷漠作盔甲，守护他清净的书斋生活。

北宋诗人梅尧臣说：“作诗无古今，唯造平淡难。”大文豪苏东坡也说过：“大凡为文当使其气象峥嵘，五色绚烂，渐老渐熟，乃造平淡。”孙犁晚年的文风真正做到了“渐老渐熟”。

孙犁藏书、修书、护书、读书、写书，实为当仁不让的书痴。他的后半生就是在书斋中度过的。书籍既是他的生命源泉，又是他的异类知己，还是他的避风港湾。作为传统文人，他从陶渊明和苏东坡身上汲取了精神养料，成为他精神气质的一部分。

陶渊明不为五斗米折腰，辞官归隐，每日耕作、饮酒、遐观，乐夫天命，自谓羲皇上人。他既有“万族各有托，孤云独无依”的孤独之叹，又有“兴来每独往，胜事空自知”的怡然之乐。他“息交绝游”的交友宣言，自觉将自己与异化的现实社会隔离开来。孙犁如陶渊明，也在仕途和交友方面最大限度地做到了“不以心为形役”。孙犁早年靠着一支生花妙笔，歌颂劳动人民的勤劳淳朴，歌颂革命事业的正义力量，为革命事业的宣传工作作出了贡献。新中国成立后，孙犁并没有居功自傲，他尽心在书斋里煮字鬻文。

苏东坡一生仕途坎坷，却未消沉意志。他随缘任运，与其所自号的“东坡居士”名实相符，真正做到了禅宗的“担水砍柴，无非妙道”，将日常生活审美化，将逆境化成人间的风景。孙犁自觉选择了书斋生活后，没有患得患失，没有失意文人庙堂与江湖之间的进退维谷，他完全安于自己的选择，像苏东坡一样做到了无悔无惧。

比之陶渊明和苏东坡，孙犁既有陶渊明的清贞决绝，又有苏东坡的达人知命。如同他的读史心得所说的“中国的文化传统，是宽容的，并不以人废文。文人并无力摆脱他所处的时代。也不是每个文人，都能善处自己的境遇的”，孙犁在他的时代里最大限度实现了善处自己的境遇。这是他的深邃，也是他的睿智。

（原载2017年9月7日《光明日报》，作者系中华书局上海聚珍文化传媒有限公司编辑）

提升阅读的境界

尹　涛

今天在座的都是顺德市中小学各路文学社的同学和指导老师。在学校读书的时候，我曾经踌躇满志沾沾自喜地做过班里系里的文学社社长、副社长。遗憾的是没有成为一名作家，壮志未酬，很不服气，怎么办？那就干脆做杂志社的主编，给作家改稿子好了。另外，阅读和探究的快乐给我提供了足够的补偿。

今天想和同学老师们一起聊聊阅读的故事。也起了一个题目：如何提升课外阅读的境界？

到现在为止，我认为，要提升阅读的境界，最重要的是树立以下几个观点，其中多是老生常谈，也有个别我的见解。

对读书的喜爱，因为考试功课的压力，偏科的痛苦，网络报纸上的明星的八卦，电子游戏，很快就消磨掉了。

一般的同学在小学还能自由自在地读，进入初中后就想读而不能得或者干脆不读了。老师着急，因为要考名著呀。不过考试也有办法对付，初中不就《水浒》《西游》《钢铁》《格列》等，看个简介，练几道题，不就是把有血有肉活生生的名著弄成死的吗？太容易了。高中更好弄，《活页文选》杂志社就出了个中外名著阅读专刊。十几部名著，《红楼》选一回“情切切良宵花解语，意绵绵静日玉生香”，《三国演义》来一回“司马徽再荐名士，刘玄德三顾草庐”。《呐喊》选《自序》“使精神的丝缕还牵着已逝的寂寞的时光，又有什么意味呢”，《哈姆雷特》整一段“生存还是毁灭？这是一个问题”。不用下很大的功夫，就可以上考场了。

我们已很难得读整本的书了，这是一个问题。所以——

一、盼望诸位能够尽早体会读书的极乐和极苦，知道这是可以相互转化的。

极乐。比如《百年孤独》、《一个孤独的漫步者的遐想》、《红楼梦》、陶渊明。这样的书，要对每个字都珍惜，争取达到“变态”地收集各种译本、注本的地步。还有列夫·托尔斯泰，爱屋及乌，从三大小说一直追到他的《艺术论》《忏悔录》，每一本都是巨大的冲击。喜欢极端深刻的，可以试一试陀思妥耶夫斯基的《罪与罚》《卡拉马佐夫兄弟》。

诗人讲读书，讲得很好。王昌龄读古书：苔草延古意，视听转幽读。李白的诗：问余何事栖碧山，笑而不答心自闲。流水落花杳然去，别有天地非人间。大家看这首诗，似乎是讲在山里修道，呈现了李白的心境，据我看来，其实也可以理解为在山里读书的快乐。陶渊明《读〈山海经〉》，读杂书的妙处难与君说。苏东坡很多名作，就是年轻时的读书笔记。顾炎武骑在骡马上还背十三经呢。

极苦的读。要读磨脑子的书，耗时间的书。比如《小逻辑》，比如《纯粹理性批判》。翻了 10 本 20 本参考书，也很难说读懂了。

二、一本书主义。

“建立根据地，解放全中国”。有了核，才能滚大雪球。要追求烂熟于胸。比如《史记》的纪传、《左传》、《三国演义》。明清时期学生都读的《四书章句集注》，现在读十遍不算读，须知从前人是连注解也要背诵的，十遍解决不了问题。问过北京十四中、惠州一中的同学和老师，200 人有一人，600 人有两人，把一本书读过十遍以上。这样的一本书当然必须是经典。很多人回忆当年，往往就是一本书惊起了万千思绪，一生追寻，终身受用。很多大学问家、大作家，重要的基础就在一种书。想想中国张爱玲之于《红楼梦》，德国叔本华之于《纯粹理性批判》，这样的例子不胜枚举。现在的问题是书太多，不知道读什么好；或者是一本没有看明白，下一本又开始看序言了。整个就是一阵忙乱，浮躁地看了很多，心得全部都是别人嚼过后说的一二三。介绍一个选一本书的办法：假设客观条件只允许这辈子只看一本书了，你看什么？比如终身监禁，流放。假如只有三天光明了，你还想看哪一本？仔细想想。

三、无书不读，博览群书。

这个其实是人的权利，不过基本上已经成了奢望。对同学们来说，其实是从小多占一点宅基地，将来自己可以多建一点属于自己的房屋。读过，有一点点印象，长大了才不会怕和躲那个领域。

四、敢于挑战极限。

大家知道最难读的哲学书是哪本吗？《周易》吗？我认为不是。像里面的《文言》，高中阶段就基本能够理解。我认为是康德。无数人描述过阅读康德的体验，有说“每个字我都认识，可是每句话我都不懂”的，有个年轻的法学教授说“下了艰苦的决心，坐了一上午，后来发现书还翻在第一页”的。林语堂似乎坦诚说过他就没法读懂。王国维这样的天才,开始也读不懂。前段时间查网上的资料，西方有个读者，几十年坚持读，还记每天的心得。李泽厚先生在文章里假设被弄到一个地方只许带一种书，他就带《纯粹理性批判》。我是业余读了二十来年吧，一直是每年的必读之一，不知道读懂了几成，大约是看中文的研究著作能够判断深浅。

爱因斯坦、霍金讲时间，我怎么也觉得他超不出康德的二律背反。

挑战极限的结果，就是有了衡量哲学著作甚至一切理论著作的标杆，对一些人的呐喊或者吆喝，就不那么容易被蛊惑。养成了“要读就读最好的和最难的”这样一个意念。

有半夜醒了，爬起来看《纯粹理性批判》的么？我是其中的一个。没疯，真的，很自然的。最好的时间，最清醒的头脑，要留给这样的最好的书。

五、要背一点。

这一点是多少？没法定标准。对一般的同学来讲，300 首古诗词是一个比较容易接受的数字。需要多长时间呢？一个暑假。小升初或者初三的暑假，前不沾村后不着店，正是背书好时光。当然要背诵最好的东西。背诵的终极目的不是锻炼记忆力，甚至不是在日常的说话当中或者写作中引用，以显示我们有文化。当然你可以把这个拿来做为动力。我觉得背诵的终极目的，是切实地继承，我们选择一首诗或者一篇文章来背诵，就好比选择遗传基因，这是最好的基础，是影响一生的极其重要的基础。能背诵就能随时随地体会和反思，懂得透，全面吸收，化做骨骼和血液。老舍说过：我也没有什么秘密，就是熟悉几十篇东西。金圣叹三十三个不亦快哉，第七个是看见家族中的子弟书背得烂熟，如瓶中泻水，不亦快哉！这里提醒三点：1. 先背老师要求的，背熟了，再选择别的；2. 面广一些，学科别分文史哲，类型不妨多一点；3. 记住学而不思则罔，光是背熟，不加以思索反刍也是不行的，熟知未必是真知。

六、挑选十本“可以读一辈子的书”。

挑五本也可以。我的十本书是《四书》、《老子》、《庄子》、《左传》、《史记》、《资治通鉴》、《小逻辑》、《纯粹理性批判》、陶渊明、杜甫，边读边筛选。最近加了一本《周易》。随着认识的发展，可能改变。选择这些书，不是为了写论文，也不是为了回答年轻编辑的提问，也不是说我能读透。如果我说，是为了能够活下去，可能有些矫情，但是，是为了这一生能够活得有些质量，一点也不过分。

七、要听师长和名家的话，但是不要迷信。

1. 比如，好像到处都在说“必读’，但是世界上并没有必读书。从道理上讲，天下没有一本非读不可的书。孔子那个时代书很少，《诗》《书》《易》《春秋》等等，品种不是很多，没有挡住孔子成为儒家的圣人；杜甫那个时代，要读的就多了一些，但是韩愈、柳宗元、欧阳修、苏轼还没有出来，杜甫没有读这些，成了诗圣。不仅仅是后出的书等不及读，而是干脆讲，就是前面的书也没有非读不可的。如果什么书上加上了“必读”字样，那一定是因为要考试，或者别有实用的功能——你不读《四书章句集注》，在明清时代，要想顺利通过科举考试几乎是没希望的了；不知道“潭中鱼可百许头，皆若空游无所依”，中考的时候要你填空，只怕不可能和柳宗元在一千多年后暗合——这是没有办法的事情。

2. 又比如，学习方法。读了些中国的古诗，也能背一点，有一些集子，记得也曾一个字一个字想要弄懂过。从教训得来的一点想法，就是得反复地读（一百遍不算多），拆成字和句分析地解读，囫囵地综合地整首读，昂首挺胸摇头摆尾读。设想有个活的杜甫，像西方哲学里讲的实体，把感觉到的、经过事实材料和思考修正过的特点粘上去，慢慢形成一个自己心里的活的诗人。这个过程和别的修习一样简单，也一样困难。道理相通，所以简单。需要调动全部的能力，所以困难。常听见一些修炼古诗的高招，也很受启发，但要花时间这一点是一定的。生命只有几十年，如果诗歌能够分到十年或者二十年，而我们还有生活费能够生存下去，世界上也许没有比这个更奢侈而少花钱的享受了。

八、养成挑选图书版本的习惯和培养眼力。

如果是经典，不要光看书名。简单说，要看是谁注解的，谁翻译的，要选名家；看看出版社，选大社名社；看看这个版本印刷了多少次，是不是经受住了时间检验。老师要钻研一下普通名著的版本。选书读像选课，选版本相当于选教这门课的老师。

九、要养成每天看一点课外书的习惯。

看书不成习惯，不能上瘾，整块时间静不下来，碎片时间无所事事，积年累月，读书就不是一件好玩的事情了。

十、跟老师们说几句。

全国语文老师的重压，不用走上十个学校，很快就能理解体会。我们本来拥有的那股子清明之气，被很多无可奈何的东西弄得模糊疲惫了。大家都像孟子讲的牛山的树木，本来多美呀，可是斧头不断地来砍，夜气和雨露滋润长起来的那点嫩芽，又被牛羊吃掉了。牛山都光秃秃了。心里知道不好，但是又好像没有办法。我也没有好的建议，似乎也只有自己读书，才能有效解决这样的心态问题。

总的来讲，普通的人需要快乐地生活。即使痛苦，也希望能够有缓解痛苦的方法，甚至能有享受痛苦的能力。面对巨大的无法挣脱的压力，中考、高考、一本还是二本、就业、买房、每月的工资是几位数、男朋友帅不帅女朋友漂亮不漂亮、局长校长的长前面带不带副字，面对踏破千年铁门槛，终归一个土馒头的必然命运，面对我们一切的虚荣和一切的嫉妒，最好的心态就是时刻清楚人类极其有限，个人极其有限，和头上的星空比较起来，和人类思想的无限、和人必须做什么这样的道德律令比较起来，确实非常的渺小。当然，这些问题，阅读无法帮助人解决和消除。但是，阅读，读最好的书、最美的书、最有智慧的书，可以改变我们思考、体验、面对这些东西的方式。我们不是一个人在战斗，因为人类已经有了那么多伟大的死人，还有很多聪明的活人，图书馆里藏着那么多秘密的欢乐和智慧，我们的阅读成本很低很低，快乐可以随时获得，那么，还等什么呢？枕上、厕上、马上，冬者、夜者、阴雨者，都可以读。

我也郑重地向在座的同学们王婆卖瓜：希望同学们阅读课、课余饭后睡前，读我们编的《中华活页文选》。

上面讲的这些，只是作为一个在书的乱山丛中折腾了一点时间的人，向比我小的弟弟妹妹们传授一点经验，准确地说，是一点苦经。期望大家少走一些弯路，尽早地从阅读中获得一些完全属于自己、可以相伴终身的东西。话里充满了自以为是的东西，但都是真的那样想的，所以就说了。事实上，长期阅读的结果，就是更加明白自己的无知和人生的有限。希望得到大家的反驳和指教。

（原载《中华活页文选》教师版 2017 年第 11 期，作者系中华书局副总编辑）

退休之后

柴剑虹

时光如梭，我自2004年6月从中华书局按期退休至今，岁星一周，已经十二年多了。吾平生从事职业，实即教师、编辑两种，学术研究结合其中，成绩甚微。回顾退休这些年来，我所做的编辑、教学与研究工作，大致有如下这些：

师恩难忘，薪火传承至关紧要。我一直认为，自己所具有的一点知识、能力，做人做事的一些原则，都是前辈教师、学者传授给我们的。故而，为老一辈学者著作的编辑出版尽力是自己义不容辞之事，而在“出版产业化”的浪潮中，为老学者出书也常非易事。十余年来，我协助编辑出版了《启功给你讲书法》《启功讲唐代诗文》《启功给你讲红楼》《启功谈中国名画》《启功韵语精选（线装一函二册）》《启功三绝（宣纸影印）》《启功日记》《启功给你讲宋词》（以上均由中华书局出版）和《启功讲唐诗》（人民文学出版社）；负责编辑出版了《启功谈艺录》、冯其庸《瓜饭集》（商务印书馆）、虞逸夫《万有楼诗文集》、冯其庸《瓜饭楼西域诗词钞》《冯其庸画传》（中华书局）；作为《季羡林全集》（外语与教学研究出版社）编委会的负责人，我与赵伯陶、孙晓林二位编审及中华书局张进、张彩梅、孙文颖几位年轻编辑一道，圆满地完成了季老亲自交付的全书33卷的编辑任务；参与了《启功全集》（北京师范大学出版社）、冯其庸《瓜饭楼丛稿》（青岛出版社）、《来新夏全集》（广东人民出版社待出版）、《张宗祥全集》（浙江大学出版社待出版）的策划及编校工作。

父母养育之恩须牢记于心，师生、同窗友情要倍加珍惜。2013、2017年，我先后编印了纪念父亲的《柴焕锦百年诞辰纪念册》和《慈母杨惠仙百年诞辰纪念册》；2014年，编印了庆贺岳父孟本善九十华诞的摄影集《我们一家人》；2015年，编印了我曾执教的乌鲁木齐市第19中学1974届高中四班纪念册（1972—2015）；多年前受老前辈柴泽民大使嘱托及一些柴姓编委的委托，于2015年审校、编印了宗谱性质的《中华柴氏》。以上均是未公开出版的内部赠阅、参考资料。

书局返聘期间，我负责编辑出版了中华书局《学林漫录》（第16集），在李爽、杨一两位年轻编辑协助下编辑了《中华书局百年书目（1912—2012）》，协助审读了原汉学编辑室留存的“世界汉学论丛”、“吐鲁番研究丛书”、“华林博士文库”等系列的若干种书稿和张涌泉主编的《敦煌经部文献合集》。又参与主编了“走近敦煌”书系、“敦煌讲座书系”（甘肃教育出版社）和“浙江学者丝路敦煌学术书系”（浙江大学出版社）；继续担任“英藏敦煌社会历史文献释录”（科学出版社、社会科学文献出版社）编委；担任《法国汉学》（中华书局）、《敦煌吐鲁番研究》（上海古籍出版社）、《敦煌学辑刊》（兰州大学出版社）、《敦煌研究》（敦煌研究院）、《汉学研究》（学苑出版社）、《形象史学研究》（人民出版社）等学术集刊、期刊的编委或特邀编委。自 2008 年至 2015 年七八年间，受中央文史研究馆邀聘并经中华书局同意，担任《中国地域文化通览》（37 卷）审读小组成员，这项工作中参加审读会和出差调研、座谈、改稿频仍，耗费精力较多，也得到了向一些文史馆员直接学习的宝贵机会。

这一期间，我还协助推荐与审读了丁胜源、周汉芳两位老人花费半个世纪心血辑录的古籍整理项目《回文集》，法国汉学家吕敏等主编的《北京内城寺庙碑刻志》（已出 1—4 卷）（国家图书馆出版社），葛承雍《唐韵胡音与外来文明》、李重申等所著《丝绸之路体育文化论集》、赵丰等所著《敦煌丝绸与丝绸之路》、费泳《中国佛教艺术中的佛衣样式研究》、刘戈《回鹘文买卖文书译注》《昆山识玉：回鹘文契约断代研究》、胡戟主编的“新丝绸之路丛书”（均由中华书局出版），纪忠元、纪永元主编《敦煌诗选》

《敦煌文选》（作家出版社）、吕敏、陆康主编《香火新缘：明清至民国时期中国城市的寺庙与市民》（中信出版社），李重申教授等编著《丝绸之路体育文物图录》《中国马球史》《中国古代体育图录》（甘肃教育出版社）等书稿。协助并推荐了《法兰西学院汉学研究所藏清代殿试卷》、《脩石斋藏汉画像砖石图册》以及杨敏如《唐宋词选读百首》、汤洪《屈词外来地名与文化》（均由中华书局出版）、《舞论——王克芬古代乐舞论集》、黎烈南《物象、景象、意象——古典诗词丛谈》、孙其芳《唐宋词概说》、马克章《西域汉语通行史》（均由甘肃教育出版社出版）、郭磊《激励中国：新中国体育宣传画图典（1952—2012）》（当代中国出版社）、李爽《钱注杜诗研究》（上海古籍出版社）等书稿的出版。

退休伊始，2004 年 9 月至 2005 年 1 月，应台湾中国文化大学文学院之聘，担任该院专任教授，为两个本科班、一个硕、博士研究生班及两位文学博士讲授敦煌学课程。中国文化大学曾是港台老一辈敦煌学家潘重规先生（1907—2003）举办敦煌学研究班的学府，也可以说是我国台湾地区敦煌学研究的摇篮和基地，但随着潘老退休、仙逝，文化大学的敦煌学教学与科研几乎停歇。因此，经陈文豪教授热心申请、安排，我赴台任课。敦煌学课程没有现成教材，必须根据学生的具体情况编讲，好在同学们学习兴致甚高，认真听讲、练习，取得良好效果。在台期间我还应邀到彰化师大、中正大学、成功大学等几所高校和中研院史语所、佛教文化研究所等研究机构演讲。一些具体情况见于拙著《敦煌学人和书丛谈》中所附录之《台湾讲学日记摘抄》(上海古籍出版社，2013年)。

我自上世纪80年代末起，受季羡林先生等老一辈专家之托，也蒙广大敦煌吐鲁番学学者的信任，担任中国敦煌吐鲁番学会副秘书长、秘书长兼副会长，也担任中国敦煌石窟保护研究基金会副理事长，2003年起担任敦煌学国际联络委员会干事。这都是需要无私奉献的、为学者们服务的社会兼职，协调、联络性事务较多。因年龄关系，在2015年中国敦煌吐鲁番学会的代表大会上，我已退出了学会理事会，基金会副理事长亦在2016年卸任。近些年，我也继续受邀参加了一些高校主要为敦煌吐鲁番学方面的硕博士学位论文与博士后出站报告的答辩工作，参加了一些出版项目的评审会、研讨会，深感学术传承责任重大，不敢掉以轻心。当然，我也从各种研讨会等学术活动中、从许多中青年学者身上学到了许多，获益匪浅。同时，为普及敦煌文化与敦煌学知识，我也陆续在国内二三十所高校和敦煌研究院、国家图书馆、炎黄艺术馆、关山月美术馆和河南博物院、成都博物馆等机构做相关演讲，参加电视台一些访谈节目和《大敦煌》《敦煌》《玄奘瓜州历险记》等电视片的录制工作。文化、学术的普及工作十分重要，我虽尽心力来做，但限于水平和一些难以掌控的因素，自觉还有很多欠缺。

作为中华书局的编辑，我一直勉励自己向老一辈编辑学习，继承书局传统，经常参与学术研讨，做一个“学者型编辑”，在学术领域有一定的发言权；同时，也应该认真评介一些名家、好书，既为出版事业的繁荣做奉献，也为学术发展做贡献。因此，退休之后，我除了参加在国内的一些学术研讨会、论坛外，还出席了在法国、英国、俄罗斯、日本等国举办的国际学术会议，2013 年则协助在斯里兰卡举行的第二届亚洲佛教文化节组织了“佛教石窟艺术论坛”。十二年来，我继续撰写了推介、评论书与人（学者）的一些文章，也勉力撰写了数十篇学术论文。蒙出版界的支持，这些年陆续编集出版了拙著《我的老师启功先生》（北京、香港两家商务印书馆，2006 年）、《敦煌学与敦煌文化》（上海古籍出版社，2007 年）、《品书录》（甘肃教育出版社，2009 年；增订本，2011 年）、《敦煌史话》（中英文对照本，与刘进宝合著，中国大百科出版社，2009 年；该书近年入选国家“丝路书香”外译工程项目，已出版俄、德文译本）、《高山仰止——论启功》（中华书局，2012 年）、《敦煌学人和书丛谈》（上海古籍出版社，2013 年）、《绿洲上的乐舞》（与王克芬合著，甘肃教育出版社，2015 年）、《丝绸之路与敦煌学》（浙江大学出版社，2016 年）。

吾生有涯而学无止境。从 2016 年下半年始，我开始集中精力整理一些与学习、生活经历相关的资料，如部分日记、诗文习作、信札等。目前已整理出《剑虹韵语》和十余万字日记。自勉只要精力许可，仍然要继续为文化交流、学术传承做些力所能及的工作，以报答培养我的祖国、人民，报答多年来一直关怀和支持我的家人亲友和同仁们。

（2017 年岁末修订于北京，原载《当代敦煌》微刊；作者系中华书局退休编审）

趣谈古人同姓名同字号

李晓燕

中国历史悠久，人物积累，难以计算，而用作姓氏名号的字极其有限，必然会出现同姓名、同字号的现象。

一、古籍中的同姓名现象

说到同姓名易混淆，先来读两句李白的诗（《系寻阳上崔相涣其二》）

毛遂不堕井，曾参不杀人。

虚言误公子，投杼惑慈亲。

据《西京杂记》记载："赵有两毛遂，野人毛遂堕井而死，客以告平原君。平原君曰：'嗟乎！天丧予矣。'既而知野人毛遂，非平原君客也。"此即"毛遂堕井"的典源，常用来比喻传闻不实。

《战国策·秦策》："昔者，曾子处费，费人有与曾子同名族者而杀人。人告曾子母曰：'曾参杀人。'曾子之母曰：'吾子不杀人。'织自若。有顷焉，人又曰：'曾参杀人。'其母尚织自若也。顷之，一人又告之曰：'曾参杀人。'其母惧，投杼逾墙而走。夫以曾参之贤与母之信也，而三人疑之，则慈母不能信也。"这就是"投杼"和"谗言三及"的典故来源，比喻谣言众多，动摇了对最亲近者的信心。

从以上两则小典故中不难看出，同姓名现象在古代非常普遍。宋人洪迈在《容斋四笔·汉人姓名》中说："西汉名人如公孙弘、董仲舒、朱买臣、丙吉、王褒、贡禹，皆有异世与之同姓名者。《战国策》及《吕氏春秋》，齐有公孙弘，与秦王、孟尝君言者。明帝时，又有幽州从事公孙弘，交通楚王英，见于《虞延传》。高祖时，又有谒者贡禹。梁元帝时，有武昌太守朱买臣、尚书左仆射王褒。后汉安帝时，有太子厨监邴吉。"

据清吴翌凤《逊志堂杂钞》所记，两汉时有两王莽，两张禹，两贡禹，两京房，两上官桀，两王恢，两王章，两韩安国，两杜延年。这些同姓名者都见于史籍记载。

以下再举两例同姓名的趣事：

李定

宋王明清《挥麈前录》卷四记：李定字仲求，洪州人。晏元献（殊）之甥，文亦奇。欲预赛神会，而苏子美以其任子距之，致兴大狱。梅圣俞（尧臣）谓"一客不得食，覆鼎伤众宾"者。其孙即商老彭，以诗名列江西派中。又李定字资深，元丰御史中丞。其孙方叔正民兄弟，皆显名一时，扬州人。又李定，嘉祐、治平以来，以风采闻，尝遍历天下诸路计度转运使。官制未行，老于正卿。乃敦老如冈之祖，盖济南人也。同姓名者凡三人，世亦多指而为一，不可不辨。

此三李定中的两李定常被混淆，如俞樾在《茶香室丛钞》中引此文，就说字仲求的李定“此是害东坡之李定”。朱熹早就说：“害苏子美者是一李定，害东坡者又别是一李定。”（《朱子语类》）字资深的李定为害苏东坡者，曾上书劾苏轼《湖州谢上表》，擿其语以为侮慢。因论苏轼“自熙宁以来，作为文章，怨谤君父，交通戚里。逮赴台狱穷治，当会赦，论不已，窜之黄州”。李定同姓名者三人，其中二李定陷二苏，后人易混一，至今许多文章将陷害二苏者混为一谈。

韩翃

唐孟棨《本事诗》记韩翃最详，亦为各书所本，云：李相勉镇夷门，又署为幕吏。时韩已迟暮，同职皆新进后生，不能知韩，举目为恶诗韩翃，翃殊不得意，多辞疾在家。唯末职韦巡官者，亦知名士，与韩独善。一日夜将半，韦叩门急，韩出见之，贺曰：“员外除驾部郎中知制诰。”韩大愕然曰：“必无此事，定误也。”韦就座曰：“留邸状报，制诰缺人，中书两进名，御笔不点出，又请之，且求圣旨所与，德宗批曰：'与韩翃。'时有与翃同姓名者为江淮刺史，又具二人同进。御笔复批曰：'春城无处不飞花，寒食东风御柳斜。日暮汉宫传蜡烛，轻烟散入五侯家。'又批曰：'与此韩翃。'韦又贺曰："此非员外诗也？"韩曰："是也，是知不误也。"质明，而李与僚属皆至。时建中初也。

德宗批与写"春城无处不飞花"的韩翃，是一段佳话，也足见《寒食》这首诗的广泛流传和其受到的赏识。

二、古籍中的同字号现象

古籍中同字号的现象更是层出不穷，同时代与不同时代都有诸多有趣的例证，以下聊举一二例。

永叔

宋代人称"小东坡"的唐庚，与苏东坡、欧阳修同时代人，在《唐子西集》中有《别永叔》诗一篇，人皆信"永叔"为"欧阳永叔"。清修《四库全书》时，馆臣考证欧阳修去世时，唐庚"方五六岁"，两人"断不相及"，怀疑此"永叔"非欧阳修，"或他人所作误入，抑别有字永叔者"，但又无法考定。清代藏书家陆心源见一旧抄本，《别永叔》原作《别句永叔》，此"永叔"非"欧阳永叔"，而是句永叔。陆氏考证"句为蜀中大族，宋初有句中正，则永叔当为子西乡里"，遂叹曰"若非抄本仅存，千古疑团莫释矣"。

韩退之与卫退之

韩愈，字退之，在他逝世十年后，白居易的《思旧》诗云：“闲日一思旧，旧游如目前。再思今何在，零落归下泉。退之服硫黄，一病讫不痊。微之炼秋石，未老身溘然。杜子得丹诀，终日断腥膻。崔君夸药力，经冬不衣绵。或疾或暴夭，悉不过中年。惟予不服食，老命反迟延。”所忆四位服丹药而亡的友人中的“退之”显指韩愈。五代末宋初人陶谷《清异录》记：“昌黎公晚年颇亲脂粉。故事，服食用硫黄末搅粥饭啖鸡男，不使交，千日烹庖，名火灵库。公间日进一只焉。始亦见功，终致绝命。”清人考据家钱大昕等怀疑以道统自任的韩愈不会如此荒唐而死，于是又考证出一个卫中立字退之的人来，举此人是“饵奇药求不死，而卒死”，一举还了韩愈清名。陈寅恪驳卫退之之说，说卫中立既非进士又非名人，白居易的诗不可有他，“诗中之退之，固舍昌黎莫属矣”，“此与唐代士大夫阶级风习至相符会故也”。韩愈服硫黄并不奇怪，钱大昕持陈腐之论也不奇怪，称奇之处在于同时还有一个喜服奇药而死的卫退之，还被钱氏生生拽了出来。

三、古籍中存在的误例

正因为同姓名、同字号现象的大量存在，在古籍中难免会有错讹之处。

《职官分纪》是宋人孙逢吉所著的一部辑录宋及宋以

前各代职官沿革和仕林掌故的类书，《四库总目》记孙逢吉“字彦同，富春人。事迹具《宋史》本传。前有元祐七年秦观序”。并考孙逢吉举宋隆兴元年进士，到知太平州时距元祐七年则一百几十年矣，断元祐时秦观为之作序为谬误也。陆心源疑馆臣说不实，于是遍考各书，知宋时孙逢吉有三人：一蜀人，一吉州龙泉人，此两人《宋史》有传，均不言著有《职官分纪》。另一杭州富春人，字彦同，《浙江通志》有传，即著此书者。陆心源虽考出作者，而仍认为秦观序为伪托。中华书局影印此书时，冯惠民先生在“影印说明”中即采陆说。

唐代史籍记载人物众多，同姓名、同字号更易混淆。钱大昕《十驾斋养新录》卷一二列“唐人同姓名”易混者数人，甚至还有将不同时代的同姓名者误混的情况。今人傅璇琮、张忱石、许逸民编撰的《唐五代人物传记资料综合索引》，基本上注明了同名异人的人物，是一部研究唐五代人物非常有学术利用价值的参考书。

唐德宗朝有一周渭，字兆师，淮阴（今江苏淮安）人，先后于公元779年、780年获进士榜眼和武举第一名。周渭是为数不多的涉足文武双科举的进士之一。《全唐诗》收诗《赠龙兴观主吴崇岳》“楮为冠子布为裳，各得丹霞寿最长。……”按此诗非唐周渭作，而是宋初人周渭作（《赠龙兴观主吴崇岳》吴崇岳，宋初人。《诗话总龟》前集卷三〇引《郡阁雅谈》：“吴崇岳，泉州人也，为龙兴观道士。……福建漕使周谓（渭）乃为诗赠云……太平兴国中诏入。”知此诗乃宋初周渭作，非唐德宗朝之周渭。详见《文史》第二十四辑陈尚君《全唐诗误收诗考》)。宋人周渭（为南汉宋初），字得臣，昭州恭城人，原籍连州。《全宋诗》存诗三首。建隆初年（960—963），因上书陈述时务，被召应试，赐同进士出身，授白马主簿。《宋史》卷三〇四有传。

再说周濆。周濆生平事迹无考。《直斋书录解题》卷一九著录《周濆集》一卷，已佚，《艺文志》也不载，称濆为唐人，出处不详。《全唐诗》收诗四首，《全唐诗续拾》收诗一首。《粤诗搜逸》卷一谓周濆是五代末至宋初昭州（今广西平乐）人，周渭之弟，未详所据。陈尚君据此考《全唐诗》误收渭弟为唐人，惜为孤证。此条虽为孤证，实足征信，所以《全宋诗》编者采纳了陈尚君的观点，将周濆入宋人。于是就出现了《全唐诗》《全宋诗》均收周濆诗，陈尚君考辑的补遗一首，既入《全唐诗补编》，又入《全宋诗补遗》。

此周濆有一《逢邻女》诗，无人不晓，诗曰：“日高邻女笑相逢，慢束罗裙半露胸。莫向秋池照绿水，参差羞杀白芙蓉。”此诗被誉为唐代妇女风俗的真实写照，为述唐代风俗者津津乐道，而周濆已入唐代人名辞典及教科书。现学者考证周濆应宋人后，也有人据《邻家女》所述妇女露乳风俗，辨其不为宋人风俗，其实以世风度之，焉知宋初民妇无有此种风俗与装束。

以上为编辑过程中所得，与大家分享，趣谈之余，我们仍需要依靠前人丰富的著作进行全面、科学地甄别，避免以讹传讹。以下略举可用来检索的同姓名书。南北朝时南朝梁元帝萧绎编写一卷《古今同姓名录》，后由唐代陆善经续、元代叶森补，列古今同姓名三百八十余个，共一千三百余人。明代余寅编《同姓名录》十三卷，列同姓名一千六百余个，计二千七百余人。清代汪辉祖编《九史同姓名略》七十二卷《补遗》四卷，辑录《旧唐书》至《明史》等正史中同姓名两万九千多人。清代刘长华编《历代同姓名录》二十三卷，辑录同姓名者八千余人，因取材涵盖了上古至明代各类书籍，哈佛燕京社 1931 年专为此书编制了一部《历代同姓名录引得》。1934 年北平好望书店出版的彭作桢编《古今同姓名大辞典》，则是根据上述等书编辑的，共收五万六千七百余人，依姓氏笔划编排，便于查找。除此之外，还有许多涉及此类考辨的名家笔记杂著可资参考。

（原载《书品》2017 年第二辑，作者系中华书局文化遗产编辑部编辑）

人淡如菊　真水无香

朱振华

平心说来，无论仕履抑或序齿，都不该我在这里饶舌。然而，故交深情，却之不恭，惶恐应命，转为大方笑我于无佛处称尊也。

孟夫子说:“读其书,不知其人可乎？”《浮生漫道——李之生影像记忆》正是一本图文并茂、知人论世之作，直抒胸臆，言简意赅；影像写真，瞬间永恒。字里行间，情真意笃——父慈母爱，兄友弟恭，夫义妇顺，子孝孙贤，同窗之谊，手足之情……

忠厚传家，清白为人；诗书继世，造福儿孙。之生仁兄家风清正，其来有自，他冲幼颖慧，从奶奶哼唱的摇篮小调中涵养仁慈好生之德，立身治家之念。长辈的言传身教，潜移默化，持之以恒，受用无穷。这样，使他能够在风云变幻的时代大潮中，任尔东西南北风，稳稳立定脚跟，不失做人的根本。犹记令堂大人偶染贵恙，心急如焚，觅得偏方，配伍旧京灵土云云，遂驰电嘱我办理。其孝亲如此，令人感佩之至！

兄长我十余岁，初识于淮阳任上，忘年之交，兄弟相称，亦师亦友，惠我良多。遥想吾兄当年，雄姿英发，玉树临风，谦逊有礼，居心中正，推己及人，夙夜在公。他平生服膺王阳明，奉行“以明德为本，亲民为用，止至善为要”，恪守良知，选贤任能，体恤民间疾苦，倾听基层舆情。首长视察之际，正气凛凛，不卑不亢，不唯上，只唯实，直陈谏言，掷地有声。莅淮七载，政通人和。

“一念心清静，莲花处处开”。之生兄胸无罣碍，坦坦荡荡，即使时运不济，居家赋闲，亦安之若素，不忿不辩。唯其如此，追忆前尘，从容安详，穷通兼达，淡泊自甘；不掠美，不诿过，远离颠倒梦想，摒绝怨天尤人。轻松的笔触充满善良，喜乐的心态彰显光明，没有宽己严人的道德说教，没有喋喋不休的自我炫耀。春风化雨，润物无声，感恩父母养育，感恩家人陪伴，感恩师长扶掖，感恩同事援手，感恩友朋挚情，感恩社会福祉。

子曰：“智者乐水，仁者乐山。”之生兄足智好仁，乐山乐水，政务之余，读书之暇，尽情畅游名山大川，足迹遍布五洲四海。他每次出游考察，必下案头功夫。于是乎，名山游、边疆游、东瀛游、欧陆游、海洋文明游，不一而足。更有甚者，之生兄引古人为知己，寻访东坡居士的行吟踪迹，眉州、杭州、颍州、扬州、黄州、惠州、儋州、常州，“芒鞋不踏名利场，一叶轻舟寄渺茫”（苏轼《雨夜宿净行院》）。

世事沧桑心事定，胸中海岳梦中飞。之生兄历经岁月淬火，惯看秋月春风，年届古稀，壮心未已。敬祈天佑仁兄福寿康宁，续写精彩人生。

丁酉伏月匆笔于山静日长斋

（本文为《浮生漫道——李之生影像记忆》序言，作者系中华书局文化遗产编辑部编辑）

浅析北京评书的艺术特征

梁　彦

关于评书的表演特色，从一首广为人知的【西江月】中可以看出些许端倪："世上行当甚多，惟有说书难习。说表评叙非容易，千言万语须记。一要声音嘹亮，二要顿挫迟疾。装文扮武我自己，好像一台大戏。"其中，"说表评叙"指的是表演手法细腻而多样，"声音嘹亮"指的是语重声宏、悦耳动听，"顿挫迟疾"指的是口齿清晰、节奏多变，"装文扮武"指的是刻画人物生动形象，而最终要达到的效果是"好像一台大戏"。对于北京评书而言，说演细腻、人物传神，尤为重要。

如果从剖析本质的层面探寻评书的艺术特色，首先是虚拟。传统戏曲和曲艺艺术都是虚拟写意的，评书也不例外。这里所说的虚拟写意是广义的，并不局限于某些具体的表现手法，而指完整的表演程式和体系。其次是变化。

既有叙事结构上的变化，或“倒插笔”，或“花开两朵，各表一枝”，或“有话则长，无话则短”，又有表现手段的变化，或叙述，或说明，或描写，或议论，或抒情，甚或五者并举，还有句式和遣词用字的变化，以及在表演层面上手（手势）、眼（眼神）、身（身段）、法（程式）、步（脚步）的节奏变化。再次是灵活。虽然情节内容和诗词赋赞等表演程式相对固定，但“书外书”、“现挂”都属于灵活的范畴，尤其是在书馆现场表演，一部书每说一遍都会不同，或是一遍拆洗一遍新，或是“把点开活”，或是随机应变、见景生情。最后是幽默。相对于前三者，幽默在评书中只是穿插、点缀，属于锦上添花，更像是调味品，看似可有可无，但只要有，演出效果就会迥然不同。评书中的幽默来自于或是情节、人物出其不意的巧合，或是谲智机巧且耐人寻味的讽刺议论，或是惟妙惟肖且诙谐风趣的表情动作。而在灵活、幽默这两点上，北京评书尤为看重。

将上述三方面内容归结起来，评书，尤其是北京评书的艺术特征呼之欲出，即以夹叙夹议为基本程式，情节跌宕，说演细腻，人物传神，灵活幽默。

一、情节跌宕

情节跌宕是北京评书，乃至评书最基本的艺术特征。比如连阔如先生《东汉演义》中“贾复闯营拖肠大战”：贾复头次闯营，误失密箭；二次闯营，力胜巨无霸；换马取箭，三闯敌营，遭人暗算，受伤进城；进昆阳取回文，带重伤四闯敌营，身中数箭，又被巨无霸追赶；郅君章及时赶到，逼走巨无霸，救下贾复……故事曲折离奇，情节跌宕起伏，令人心潮澎湃，如醉如痴。

对于北京评书而言，情节跌宕在表演方面的另一种体现是结构严密，语言紧凑。结构情节如同盖房子，梁柱檩椽，榫卯扣合，不能出现任何偏差，亦即脉络清晰、层次分明、逻辑准确、丝丝入扣，否则书一散，观众的神就散了。语言紧凑是对演员很严格的要求，字斟句酌，准确到位，切忌谈吐迟钝、叙述拖沓、冗词赘句，正所谓“一句不到，观众发躁”。紧凑的语言能够抓住观众，带动观众随着故事情节同步发展前进。

比如《三侠五义》中“五鼠闹东京”一节，从耀武楼展昭献艺，得号“御猫”开始，引出白玉堂独奔东京寻衅，开封府寄柬留刀，石惊赵虎，猫鼠争锋，白玉堂夜进皇宫，杀人题诗，四鼠进京，开封府盗三宝等等故事，形成了一波未平一波又起，环环相扣的严密结构。所谓长江后浪推前浪，前浪未平，后浪即至，否则气断而神散，情节跌宕荡然无存。当然，上述是主线情节，演员实际说书时，其中还穿插了许多小故事，如展昭比剑联姻、三吃鱼、花园赠金、大闹花神庙等，看上去似乎游离于主要情节之外，实际不然。所谓结构严密、语言紧凑，不等于主线情节的飞快发展。说长篇评书要“人断书不断，事多条不乱”，这些小故事恰恰是扣紧人物行动的，它们是主线或副线上的枝叶，交代了人物的成长，推动了情节的发展。像颜查散的出场与之后的经历，作为与主线并行的副线，至关重要，对于后文书起到了重要的铺垫作用。

所以说，主线与副线交叉，故事与故事间的衔接，要求丝丝入扣，入情入理，顺理成章，一气呵成。这既是结构的严密，同样需要演员说书语言的紧凑，两者缺一不可。

二、说演细腻

老舍先生在《说好新书》一文中曾谈到："评书演员似乎可分为两类：一类是真给书听，一件事紧接一件事，不多费力气去详述细节，或旁征博引。这是尽职的演员。可是我所见过的第一流名手，都是第二类的——把书中每一细节都描绘得极其细腻生动，而且喜欢旁征博引。"所谓"细腻生动"，正是北京评书的风度和气质所在。北京评书的说演细腻，不是为细腻而细腻，而是有艺术表达方面的作用，即细腻蕴含形象性，细腻蕴含知识性，细腻蕴含合理性。下面就以连阔如先生传本、连丽如先生口述《评书三国演义》为例，对这三点作逐一分析。

细腻蕴含形象性。比如"辕门射戟"一段对于拉弓射箭的描写：

> 咱们中国射箭跟外国射箭用的功力不一样，中国射箭八个字：撑、拔、拐、抹、托、捋、刁、合。九

斤十二两为一个劲儿，十三把半这张弓算是拉开。拉弓的人都得背着手往这儿一站，拔脯子调脸儿，练这个站功。站功练好了，吊膀子。膀子吊好了，才能拉硬弓。……左手攥着弓背儿，右手攥着弓弦儿，举过脑门儿，往下落。弓一撑，前把推，后把一拉，前把托住，后把捋住，一拔脯子，拐胳膊肘儿，一调脸儿。吕布左手攥弓背儿，右手箭认扣，左手手指头还要掐着箭杆儿，箭杆儿这儿叫扣门儿。箭杆儿翎毛尾巴这儿有一道深沟儿，还把弓弦搁在里头，这就叫填弦。

（《评书三国演义》上册，中华书局2006年版，160页）

交代得清清楚楚，既生动形象，又翔实可信。此段较之一般的套语“弓开如满月，箭走似流星，前把如推泰山，后把如抱婴孩……”等等，哪个更好，不言而喻。

细腻蕴含知识性。比如“借东风”一段对于七星坛的“摆切末儿”描写：

这座七星坛一共三层，每层高三尺，方圆一共二十四丈，在下面一层插二十八宿旗。东方是七面青旗，按东方七宿，角木蛟、亢金龙、氐土貉、房日兔、心月狐、尾火虎、箕水豹，总名叫苍龙，布出苍龙之形；北方是七面皂旗，按北方七宿，斗、牛、女、虚、危、室、壁，总名叫玄武，有的说是龟，有的说是蛇，还有一种说法是龟蛇合体，是北方的神，所以布出玄武之势；西方是七面白旗，按西方七宿，奎、娄、胃、昴、毕、觜、参，总名叫白虎；南方是七面红旗，按南方七宿，井、鬼、柳、星、张、翼、轸，布成朱雀之状。第二层周围黄旗六十四面，按八八六十四卦，分八位而立。上边一层用的是四个人，这四个人头戴束发冠，身穿皂罗袍，凤衣博带，朱履方裾。前方左边这个人，手里拿着长竿，长竿的尖上用鸡羽为葆，就是扎上鸡毛，以观察风的动静；后方左边立着一个人，捧着宝剑；前方右边立着一个人，手里也挑着长竿，竿上系着一条七星号带，以表示风的方向和强弱；后方右边站的人手里捧着香炉。七星坛下还有二十四个兵士，各持旌旗、宝盖、大戟、长戈、黄钺、白旄、朱幡、皂纛，在四周环绕。

（《评书三国演义》中册，中华书局2006年版，838页）

京剧《群英会·借东风·华容道》中鲜有实体布景，惟独诸葛亮七星坛借风，台上高搭法坛，再现典型环境，皆因为它是“戏核儿”，必须与众不同。评书中这一段也如是，属于“有话即长”，必须细致描述，否则不仅失去了细腻的特色，而且也削弱了诸葛亮借东风的形象性。而这种细腻笔法本身是蕴含着充足的知识性的。

细腻蕴含合理性。理，指人物性格的逻辑性和情节的可信性，所谓“顺理成章”。比如对诸葛亮的塑造，鲁迅说：“至于写人，亦颇有失，以致欲显刘备之长厚而似伪，状诸葛之多智而近妖。”而在《三国》中，作者设身处地，揆情度理，扬小说之长，藏原作之拙，为这场赤壁大战中运筹帷幄的实际主帅恢复了“人”的光彩。比如“草船借箭”一段：

> 诸葛亮事先早就算好了，一支箭估计有多大分量，船两边幔帐都是草束，一条船一面受箭受多少支时杯中的酒倾斜到什么程度。如果一条船一边受箭，得了七八千支，你拔下来后得有折的、坏的，剩下的好箭五六千支，所以二十一条船才能得上六七万支箭。调过头来，两面都射匀了，船也能摆平了，十万支雕翎箭绝不会少一根。

（《评书三国演义》中册，中华书局2006年版，785页）

如果说罗贯中笔下的诸葛亮，将空船逼近曹营，面对骤雨飞蝗的乱箭，“只顾酌酒取乐”是表现其镇定自若，成竹在胸，稳操胜券的气概；而评书中通过椅子、杯盘、筷子、酒壶的细节和上述分析，确把诸葛亮所以能“稳操”的未尽之情展示出来，矫正了诸葛亮并非仅是知奇门，晓阴阳的“不全之态”，而是学识渊博的“心”机妙算家。此后的借东风和华容道，无一不是如此。这就是细腻笔法中蕴含的合理性。

三、人物传神

在北京评书中，刻画生动传神的人物形象是很重要的艺术特征之一。一种手段是介绍人物时因势利导，从而生趣，凭借会心之幽默加深观众对人物的理解，这也是演员在表演中一种淡出淡入的技巧。连丽如先生《三国演义》“诵赋激瑜”一段，在介绍周瑜出场时，为了加深观众的印象，书里这样说：

周瑜不但文武全才，风流倜傥，而且精通音乐，是个大音乐家。这在《三国志》上有记载：“曲有误，周郎顾。”如果现在举行歌手比赛，周瑜在这儿当评委，他闭着眼睛听，这歌手有个小音符、音节唱错了，他立刻能听出来。一抬头，把眼睛睁开，他得瞧这歌手一眼。

（《评书三国演义》中册，中华书局 2006 年版，710—711 页）巧妙地将周瑜的性格爱好与时下流行的唱歌比赛相结合，观众势必会在眼前浮现出电视里歌手比赛评委打分时的情景，而周瑜的形象亦牢牢地印在脑海中了。

另一种手段是在人物出场时，通过先声夺人的“开脸儿”（外貌描写）描摹人物，从而给观众留下深刻的印象。比如连丽如先生《三国演义》中对大将典韦的“开脸儿”，生动细致，人物形象如在目前：

看将军，八面威，人又大，马又肥。腰圆膀阔三山配，身高丈二晃巍巍。铜铃怪眼一字眉，翻天鼻孔獠牙嘴，一部红髯颌下垂。红耳毫，尖似锥，红发根根背后披。头上戴，錾金盔，焦黄抹额金丝垒。黄绒球，绕四围，雉鸡翎，白狐尾，五杆黄旗背后背。紫火焰，金铃坠，上绣金狮把云吹。黄金甲，连线缀；金牛犀带花纹碎，护心宝镜明秋水。杏黄袍，绣红葵；鱼褟尾，苫两腿，大红中衣露微微。虎头靴，黄云绘；坐下马，虎皮被，四蹄蹬翻土雨飞。手中拿，戟一对，八十斤，力不费；大红缨，嵌草穗，峨嵋尖，戟枝锐。抛戟能将敌命追，当年大战濮阳内。黄幡乍下天堂路，黄魔离去蜀江湄。有人若问名和姓，五路救应是典韦。

（《评书三国演义》上册，中华书局2006年版，111—112页）洋洋洒洒一大段“贯口”，朗朗上口，韵味十足，极富语言美感。

再有一种手段是通过人物的思想活动，刻画生动传神的人物形象，并产生打动人心的力量。但评书不习惯采用大段落的内心描写，而是结合人物的行动过程，使思想活动成为故事的组成部分。比如袁阔成先生《舌战小炉匠》中说到杨子荣在巡山过程中，见土匪押着小炉匠进山时的心理活动是：

他怎么能到这儿来呢？难道说我军宽大，把他释放了？不能啊！这家伙罪大恶极。要不就是这小子越狱逃跑了？不管怎么说，这家伙是来啦，我得马上把他除掉，不然，我们俩人一见面他立刻就会认出我来。想到这儿，子荣心里是万分紧张！这位独胆英雄所怕的不是自己的安危，而是怕整个灭匪计划遭到破坏。子荣越想越觉得刻不容缓，干脆我以司宴官的身份毙了他吧。想到这儿，子荣的右手紧紧地抓住了枪柄，又一想，慢着，这样会不会引起敌人对我的怀疑？暗暗命令自己，先别忙，要镇静，二〇三首长经常教导我们：一个无产阶级的革命战士，越遇到大的变故，越应当冷静。当前这个局面应当怎么对付呢？……

他想事儿这工夫，小炉匠已被押进威武厅去了。子荣忽听背后有脚步声，噔，噔，噔，跑来了一个小土匪，走到跟前一呲牙，说："九爷，咱山上来人了，三爷请您去一趟，说有要紧的事儿和您商量。""知道了，你回禀三爷，说我马上就到。""是！"杨排长一转身，用手把帽子往后一推，啪，大氅一甩，高挺胸膛就奔威武厅来了。

（刊于《革命故事（第二集）》，春风文艺出版社 1964 年版，50—51 页）

这段对杨子荣心理活动的描写，既说明杨子荣对敌人有了足够的思想准备，又为接下来的"舌战小炉匠"作了必要的铺垫，更重要的是杨子荣这个人物的形象跃然目前，丰满而生动。

四、灵活幽默

灵活幽默是北京评书另一个重要的艺术特征。所谓灵活，指的是表演的灵活、随意。表演灵活不可绝对化，存在好坏两种可能。如果灵活得当，得到观众的认可，就等于为北京评书增加了表演手段和风格，有助于其丰富和发展；反之，则会从中汲取教训，有所启示，这同样是艺术发展不可或缺的一面。表演随意指的不是信口开河，想怎么来就怎么来，而是不拘一格、别开生面的艺术创造，必须服从艺术的需要，目的是创新发展，更富艺术魅力。

所谓幽默，就是制造评书的笑料。北京评书一种常见的手法是从书中塑造的滑稽人物身上找笑料。传统评书《隋唐》中的程咬金、《三侠剑》中的贾明，都属于这样的人物。另一种常见的手法是通过演员的批讲议论找笑料。如连阔如先生《东汉演义》中，小将耿耳活捉奸臣朱鲔、胡殷，将二人押到囚车旁。囚车内已然抓住奸臣同党陈本、曹宣，他们一看朱、胡，说："才来呀，二位。"在此，说书人不失时机地加入一句："好嘛，改成对口相声了。"巧妙戏谑，观众会心。

评书中还有一种幽默手法是"现挂"，多为在书馆说书，古事今说，即兴发挥，或针砭时弊，或现场抓哏，因为来得突然，加之演员的聪明机智，往往收到出人意料的火爆效果。

（原载《曲艺》2017 年第 10 期，作者系中华书局党群工作部员工）

浅谈评书演员要多借鉴戏曲表演

贾 林

宣南书馆在2007年正式成立，至今已有十个年头，而我也于那一年拜在连丽如先生门下，学习评书艺术。十年来，在师父的带领下，我也登台说演过《东汉演义》《小五义》等书目，目前正在东城书馆说演金庸先生的长篇武侠小说《鹿鼎记》。在长达十年的学习过程中，我深知学习评书没有捷径，惟有多听、多看、多揣摩、多实践。师父经常把两句话挂在嘴边，一是“懂多大人情说多大书”，一是“评书演员要多借鉴戏曲表演”。由于我的个人经历，对第二句话有更多的理解。

我11岁进入中国戏曲学院附中学习京剧表演，工武生，学艺七年。毕业后又加入湖北省京剧院，成为一名戏曲演员，长达十年之久。继而由台前转入幕后，考入中国戏曲学院继续深造，毕业于导演系戏曲导演专业。

而长达二十多年的戏曲从业经历，在学习评书之初，似乎并没有对我起到更大的帮助。刚刚登台表演评书时，虽不至于怯场，但说演枯燥无味，丝毫不能打动听众，甚至出现在台上忘词儿等纰漏。一方面是由于评书语言的极度匮乏所导致，另一方面则是因为完全依赖死记硬背、生搬硬套，脑海里缺乏形象思维。直到有一天，师父对我说："你这样说书可不成啊，背死词儿说死书没人爱听。一个好的说书人，首先要做到自己脑子里有形象，观众脑子里才会有形象，才会跟着你的书往下走。你说千军万马，眼前就要有千军万马；你说高山大河，眼前就要高山大河。大到描摹两军对垒，小到刻画人物内心，都要做到言之有物。打比方说，一座中军大帐，元帅坐在何处，战将立于何方，探马小校何时进帐，所报何事，帐中诸人有何反应，你把这些在脑子里都弄明白了，再说起来，不就有滋味了吗？"反复体会师父的这番话，我才发现，之前是钻进死胡同了。戏剧的四大元素，演员、故事、表演场地、观众，评书可一样都不缺，甚至在很多时候有更多的发挥余地。

一名戏曲导演，通过自己的努力，指导演员进行排练，将编剧所写之剧本，立体地呈现在舞台上，让观众通过视听来感知。在这个欣赏过程中，视觉所占比重更大。评书艺人则身兼多职，要承担编剧、导演及演员的任务，最终通过舞台表演，将文本素材立体地呈现在听众的脑海中，这一欣赏过程，听觉所占比重更大。而评书因为其本身的艺术特点，能够自由的跳进跳出，夹叙夹议，在某些地方，较比戏剧或是传统戏曲，有更大的感染力。例如《东汉演义》中“贾复闯营”一段，贾复单人独骑，立于独龙岗上，俯视王莽大营时，说书人通过描述，能够很快地将听众带入规定情境。传统戏曲受到舞台大小、上场演员人数的限制，表现起来难免会打折扣。这也难怪有听众跟我笑称“每次听连先生说到‘贾复闯营’时，脑子里就会浮现出电影《魔戒》的画面，镜头越过山峰缓缓升起，俯瞰整个战场，千军万马、烽火连天、人喧马吼、战鼓齐鸣，简直太过瘾了”。我想，这也正是评书的魅力所在。

明白这些道理之后，每次在做案头准备时，我摈弃了以往死记硬背的方法，而是通读文本，区分场景，类似于戏曲舞台上的场次划分，既有重要场次，也有次要场次，做到轻重有别。进而对每一个上场人物进行行当定位。行当的确立，一些程式化表演手法的运用，对刻画人物有很大的帮助。《鹿鼎记》中的韦小宝，不同于以往戏曲作品以及传统评书中所出现的人物，我将其定位介于娃娃生与丑角之间。书中其他人物，则依据其性格特点及生活经历的不同，由不同的行当来承担。行当确立以后，这个人物的形象基本在我脑海里就清晰了，怎样的穿着打扮，怎样的言行举止，都能够有所依据。然后再根据不同场次所要表述的情景，合理的安排行动路线以及人物语言。当时间、地点、人物、事情、舞台行动、角色语言都明了以后，剩下的工作，就是在演出之前不断演练，细致打磨。这个过程，与我以往在排练场上指导他人排练，大致相当。每当有听众在闲聊时对我提及，“每周要说两个钟头的书，需要背很多东西吧？这个记忆力可够强的”，我在此想说：评书是一门语言艺术，语言是评书的基础，大量的背功如赞、赋、诗词、人物开脸儿，以及一些评书专有的套话，更是评书演员的基本功，需要坚持不断地勤加练习；但评书绝不仅仅只是背诵和记忆，评书更是创造。

除了外在的表演形式，在舞台表演节奏上，我个人认为，传统戏曲也有值得借鉴之处。众所周知，中国戏曲离不开锣鼓经，锣鼓经属于戏曲音乐的一种，它管束着一场演出的整体节奏。有一句戏谚叫做“一台锣鼓半台戏”。锣鼓经的合理运用，除了能够更好的辅助演员表演，也能衬托舞台气氛，揭示人物内心。甚至能够调动观众在观剧时的心理节奏。评书舞台上，虽然没有锣鼓伴奏，但是演员内心要有节奏，抑扬顿挫、轻重缓急都要有所区分，也就是俗称的“心板”。我在描摹一些重要的场景时，也会把这一技巧加以运用。例如《鹿鼎记》中韦小宝与吴三桂互相试探这一场，此时的韦小宝已经由扬州市井无赖转变为御前侍卫副总管、骁骑营正黄旗都统、赏穿黄马褂、一等子爵，受康熙所遣，护送公主下嫁云南。而吴三桂身为亲王，坐镇昆明，已有反叛之心。二人在内书房互相试探，各自语带机锋，唇枪舌剑，如果按照平常的语速及节奏来表现，则略显平淡。尤其是韦小宝发现《四十二章经》，想要用言语激怒吴三桂以趁机盗取经书时，吴三桂在韦小宝的言语中，逐渐老羞成怒，猛然站起双手攥拳怒视韦小宝。在这一瞬间，按照戏曲的表现惯例，都会加一记“冷锤”，俗称“大锣一击”。继而吴三桂想到此时不宜与韦小宝撕破脸面，身体逐渐由僵硬转为松弛，面部表情由震怒转为和缓，眉梢下垂嘴角上扬，伴随两声干笑以及一句“韦爵爷取笑了”缓缓落座。一般戏曲舞台上，此时乐队都会起“长撕鞭”加“大锣一击”来缓和舞台气氛。我在这个段落的表演时，心中也是默念这些锣经，遵照这种节奏来表现，只是还很稚嫩。2004 年，我头一次在现场观摩师父说演《三国演义》，其时我还尚未拜师。正说到“让徐州”，当时只觉得舞台上的节奏实在抓人，而且人物鲜活。陶谦之懦弱、吕布之骄横、刘备之圆滑、关张二人之忠勇暴烈，被刻画得惟妙惟肖。演出完毕后，我还和师父聊到“先生，今儿的‘让徐州’太棒了。张飞那一撕髯口一亮相，那眼神简直绝了”。现在回想起来，这正是将外在的表演形式和内在的心理节奏拿捏到炉火纯青的体现。

一晃十年，未来还将有二十年、三十年……评书注定是一门需要耐得住性子的艺术，而我也会在这条道路上继续求索。

（原载《曲艺》2017 年第 10 期，作者系中华书局营销中心发行部员工）

品牌营销

百年新征程：从中华民族文化复兴看中华书局的使命与担当

干生洪

今天，我们思考文化战略，必须要有历史的眼光、世界的视野、自信的胸怀、创新的胆略。

——许嘉璐

一世纪风雨沧桑，一百年铸就辉煌

从成立于中华民族文明与启蒙，救亡与图存的年代到今天成为中华传统文化出版的旗帜，中华书局的发展始终同国家命运、文化命脉荣辱与共。一百年来，中华书局从三间店面的小书店，发展成为中国出版集团上市骨干公司、全国百佳出版单位和国家文化出口重点企业，数十项国家图书奖、国家辞书奖和中国出版政府奖荣誉获得者。累计整理、出版了图书三万余种，其中，《资治通鉴》、《全唐诗》、

《甲骨文合集》、《殷周金文集成》、《中华大藏经》、“二十四史”及《清史稿》等一大批古籍经典和学术新著，受到广大读者的普遍赞誉和充分信任，为弘扬中华文化、促进学术繁荣、提高民族素质、推动社会进步作出了重要贡献。

一代人有一代人的使命，一代人有一代人的担当

中华书局创始人陆费逵先生曾说：“我们希望国家社会进步，不能不希望教育进步；我们希望教育进步，不能不希望书业进步。我们书业虽然是较小的行业，但是与国家社会的关系，却比任何行业为大。”也就从那时起，“服务教育，提倡国粹，开启民智”的出版理念就已融入到中华书局人的血液之中。从“教科书革命”到创办期刊画报，从率先引进彩印、录音技术到新中国“二十四史”等重大古籍整理出版工程的实践探索，都是中华书局人与时俱进和勇于担当的最好注解。

任继愈先生说过，中华书局兴旺发达，说明中华文化的兴旺，中华书局和中国文化共命运。今天，中华民族用短短几十年取得的巨大成就，书写了这个伟大的时代。而这个伟大的实践，开启了中华民族新的文化自觉和追寻。习近平总书记曾鲜明地指出，“中国有坚定的道路自信、理论自信、制度自信，其本质是建立在五千多年文明传承基础上的文化自信”。中华民族的复兴自然要到传统中寻找适应当代发展的精神力量，而中华民族的伟大复兴就是

中华文化的复兴。

成功与努力有关，成功更与选择有关

进入21世纪以来，以互联网为代表的信息技术日新月异，引领了社会生产重大变革，创造了人类数字生活新空间。在网络环境下，整个文化和出版业生态都在发生深刻变化。文化传承和古籍整理在新技术新应用的猛烈冲击下，我们如何才能既坚守根本，又不断与时俱进。在重此大历史关头，我们又如何感国运之变化、立时代之潮头、发时代之先声？

一、认清新时期传统文化出版肩负的使命

文化是一种复杂现象，内涵非常丰富。仅从现代出版的本质来说，中华书局属于“小文化”范畴。但古籍有其特殊性，它是中华民族生存方式、生活方式的体现和记录，承载着中华文化的基因，延续着中华文化的血脉。因此，古籍整理出版超越了一般出版，属于“大文化”概念。这也是中华书局与其他出版社不同的地方，它肩负着“让书写在古籍里的文字活起来”，实现中华优秀传统文化传承发展的历史使命。

第一，做中华优秀传统文化的守护者。守护好历史的沃土，才是种植今日之粮的基础，更是生发明日之花的根基。古籍是中华民族优秀传统文化的重要载体，凝聚着圣人先贤思想智慧的精华，体现着中华文化的本质特征，是

打开中华文明宝库的钥匙，是中华民族生生不息的源头活水，是我们民族、国家屹立于世界之林的基础。中华书局作为我国古籍整理出版行业的领头羊，担当着古籍整理持续健康发展的责任，我们必须保全古籍的生命营养，守护它的民族性、历史价值和意义。

第二，做中华优秀传统文化传承者。“惟殷先人，有册有典”，在中华文明的历史上，整理先哲存留下来的典籍便是后人绵延不绝的一项基本工作，从汉代刘向、刘歆父子校书东观、宋代编纂四大类书、明朝永乐大典到清朝四库全书等表明，昌明盛世的一个显著标志，便是对古代文献编纂、整理的总量递进以及大型古籍集成性成果的界标式出版。今天，站在中华民族伟大复兴的道路上，迫切期盼着新的伟大的“国家典籍工程”，能够充分吸取传统文化精髓，使之发扬光大，从而构筑起新时代中华民族优秀传统文化的精神家园。

第三，做中华优秀传统文化的创新者。创新是文化的本质特征，只有坚持从历史走向未来，从延续民族文化血脉中开拓前进，文化才能迸发活力，充满创造力，形成竞争力。在中华文化的发展过程中，“我注六经”和“六经注我”一直是中华传统文化传承发展的特点。除了通过重新解释来传承外，还直接通过原创来回应特定时代提出的挑战，构建新的思想体系和文化形态。当前，我们比历史上任何时候都更加接近中华民族的伟大复兴，这必将为理论创造、学术繁荣和文化发展提供强大动力与广阔空间。在此新条件、新境遇下，需要我们做到实现对中华优秀传统文化的传承与弘扬，既不忘初心、接续传统，又积极回答时代问题、回应时代需求；既对传统有所割舍、敢于割舍，又立足当前勇于探索、善于探索，敢于走前人未走过的路，为古老的中华优秀传统文化开创出一片新天地。

二、在服务中华民族文化复兴全局中积极作为

纵观中华书局百年发展历史，“意识之敏锐，行动之果毅”一直是中华书局人的看家本领。今天，我们不应该仅仅满足于担任中华优秀传统文化的“守望者”、“传承人”的角色，而更应该在中华民族文化复兴的道路上，充分发挥自身资源优势，主动担当中华优秀传统文化传承发展的旗手，成为弘扬中华优秀传统文化的开路先锋。

第一，全面构建中华优秀传统文化内容资源体系。内容从来都是主角，尤其是好的内容，是中华书局赖以生存和发展的根本。着眼未来，面对全社会对中华优秀传统文化增长的需求，以我们现在的内容生产和服务能力是远远不能满足的。迫切需要我们立足于古籍整理、学术和大众传统文化等优势出版领域，全面整合珍贵典籍、历史档案、地方史志、乡土文献及存藏海内外珍稀文献等内容资源，打造覆盖中华传统文化各领域的内容平台，使每一个学科、每一个主题、每一个板块的资源都得到有效聚合，从而形成中华优秀传统文化“创造性转化、创新性发展”的数字

资源蓝海。

第二，积极推进中华优秀传统文化出版与技术融合发展。技术和内容互为支撑、相互融合，是一体之两翼、驱动之双轮，共同构成出版的竞争力。在互联网和数字技术的加速发展下，当前文化传播呈移动化、社交化、音频和视频化的趋势。而沿袭了两千多年的以“纸”为载体的图书，不再是知识传播途径的唯一选择。这要求我们在推动中华优秀传统文化传承创新上突破“文本”框架，把富媒体、AR/VR、复合出版等当今先进技术都囊括到传统文化出版的视野中来，不断以新技术新应用引领和推动中华优秀传统文化出版与传媒、教育、旅游等产业融合发展，以多样化的展示、多介质的推送，实现中华优秀传统文化出版动起来、活起来。

第三，大力推动中华优秀传统文化数字出版发展。随着数字化技术的发展，人类正由IT时代步入DT时代，这同时也是学科体系重组和知识结构更新的时代。谁能抢占大数据和大知识的“硅谷”，谁就能站在发展的制高点。而以古籍和传统文化为方向的中华书局数字出版则需要打破旧有的出版思维,抓住“历史大数据”和“历史大知识”发展机遇。根据互联网环境下读者阅读习惯与史料研究需求，借助古籍知识体系、语义网和自然语言等技术，将图书、档案、地方文献等内容分离为一个个具有独立主题且紧密关联的知识元，构建由文字、图像、人名、地名、事件、数据等内容组成的出版结构化知识库。打造出版社资源的多元化、个性化的数字出版生产线，构建囊括电子书、多媒体、知识服务、学术科研平台等不同产品形态的中华优秀传统文化立体出版体系。

一百年栉风沐雨，一百年上下求索

一百年的发展凝聚成中华书局独特的气质与神韵，同严谨的作风、严肃的学风、高标准的出版质量，编织成一幅壮美的画卷。在山河破碎时矢志许国，胸抱宏图，开拓出新天地；在民族危亡时，肩担道义，挺身而出，一腔热血洒沃土；在动乱惶惶时，坚持真理，不忘初心，以坚韧之志熬过苦难岁月;在国家建设时，不断创新，务真求实，肩负时代重任。站在一百年历史的新征程上，中华书局人在砥砺前行。

（原载《书品》2017 年第四辑，作者系中华书局古联数字传媒科技有限公司员工）

从数字化营销看百年中华书局的品牌升级和行业转型

刘 晗

早在 2006 年，美国北卡罗纳州立大学教授菲尔普迈尔就对纸媒的未来做出了这样的预言：“到 2044 年，确切的说，是 2044 年 10 月，读者将会买走最后一份报纸。”近些年，随着电子阅读的普及，纸媒终结的论断不绝于耳，这样的危机感是每一个纸质媒体出版工作者所能感受到的。然而与此形成反差的是，在如此形势下，网络书店在扩张的同时，其线下书店也如雨后春笋般现身于街头。2016 年初，当当宣布要在三年内开千家线下书店，此言即出便遭受多方质疑，而一年之后的今天，当当 143 家线下书店已遍布全国，除了当当，全球电子书行业翘楚亚马逊于 2015 年在西雅图开设了第一家实体书店 Amazon Books。

如此看来，纸质书及其销售载体并没有随着电子化阅读的兴起而低迷，反而呈现出一种“线上—线下”相呼应的态势，由此可见，纸质书作为文化传承的使命，不仅不会消逝，反而由此衍生出其他多元化的阅读方式。那么，作为出版社，如何适应数字化营销，实现盈利模式的转型和升级呢？

品牌升级即是随着企业经营环境的变化和消费者需求的变化，品牌的内涵和表现形式也要不断变化发展，以适应社会经济发展的需要。出版业作为传统行业，也面临着转型以拓宽发展途径。如今，无论是品牌升级和行业转型，无疑要依靠数字化的营销手段来撬动，以此增强企业的核心竞争力。

以读者细分为切入点，实现个性化营销

随着“互联网 +”的时代的到来，中华书局也加入到了数字化营销转型的队伍中。入行四年，我见证了中华书局在营销上不断革新带来的盈利增长点：2014 年，南北 ERP 的升级上线，构建起了出版社信息、技术、管理的系统化平台；“中华经典古籍库”的诞生，丰富了古籍数字化阅读和检索，提供了数据与原书图像的对照，成为广大古籍爱好者的福音；2015 年，首次在“4·23 世界读书日”举办读者开放日，通过现场活动和微博微信“线上—线下”亲近读者的同时，也是打造中华书局对外品牌形象的契机；2017 年，正逢中华书局创建 105 周年之际，伯鸿书店开业，作为中华书局自己的实体书店，实现了老字号“前店

后厂”的传统，也让读者有机会更直观地了解本版书；入驻新华联合系统，对接智能化的仓储物流；中国出版传媒IPO获通过，预示着正式步入资本市场的浪潮之中。

这一系列从图书信息、营销模式、物流运输的转折与拐点赋予了百年中华新的发展机遇，这些变化也渗透在现实的工作中。作为营销中心发行二部（网店部）的业务员，我所在的团队业绩逐年攀升。中华书局连续多年位居当当、京东社科页面榜首，专属页面的粉丝和关注度与日俱增。首先，通过数据分析，发掘古籍学术、大众普及相关图书在各个网站的不同销售表现，从而窥探出读者偏好，以此调整营销策略，或者利用图书组套促进销售；其次，基于中华书局现有品牌的辨识度和认可度，根据消费者的购买习惯，通过营销页面的信息和资源共享，实现产品线的推广；第三，关注事件营销的热点，如中央电视台《中国诗词大会》的同款图书，电视剧《人民的名义》中提到的《万历十五年》都随着在媒体较强的曝光而受到较多关注；第四，中华书局出版的“中华养生经典”以及“中华生活经典”书系，亦可尝试与主打生活方式的APP合作，相关视频和文字也可适用于书店的宣传中。

在内容上，出版社的气质决定着它在市场上的风格和读者群上的走向，如果说，中华书局105年历史打造出颇具历史沉淀的品牌，那么对图书市场脉搏的把握和对未来图书市场前瞻性的预测则是品牌转型的关键所在。传统的整合营销将消费者普遍划定为同质化受众，对于当下读者而言，挑选出适合自己阅读需求的书成为他们消费的“痛点”所在。出版业所谓的“痛点营销”，即是读者在阅读过程中原本的期望没有得到满足而造成的心理落差或不满，这种不满最终形成负面情绪爆发，让他们在阅读过程中感到困难重重。读者的痛点就是他们的需求，也是市场的突破点所在。令人困惑的是，如今图书市场充斥着大量国学版本，竟然无法满足读者的阅读需求。因此，中华书局在国学大众普及类读物领域推出多种版本：“中华经典藏书（升级版）”、“中华经典名著全本全注全译”、“传世经典 文白对照”、“国民阅读经典”、“古典名著名家点评”、“中华经典指掌文库”等等，以满足不同层次读者的需求，定制独特个性的阅读方案，治疗读者的阅读痛点。

O2O 时代，复合式书店的诞生

所谓 O2O，即 Online To Offline，将线下的商务机会与互联网结合，让互联网成为线下交易的前台。在书业，亚马逊成为第一个试水 O2O 模式的企业，即现实中的虚拟书店，一言以蔽之，线上支付购买，线下实体体验。除了销售模式，亚马逊为实体书店的发展提供了新的思路，在传统书店的转型期，“书店”概念外延在扩张，内涵在不断深化，书店不仅仅局限于购买图书的场所，而是集产品—服务—营销为一体的学院式沙龙。

在观看中国出版集团发展成就展时，每家出版社都选取了业内有影响力的书。这不禁让我想到，如果集团整合起下属出版社的优质资源，将最有价值的散点整合起来，形成自主品牌的实体店，这种“散点—聚合营销”，无论对于各个出版社，还是集团的形象展示、品牌树立，都会有着积极的影响。再细化来看，商务印书馆毗邻涵芬楼，三联书店有 24 小时书店，2017 年初，中华书局的伯鸿书店也开门迎接读者。对于书店的定位和发展，之前已经有了诸多成功案例。比如主打女性阅读的雨枫书店，颇受文艺青年青睐的诚品书店。因此，如何在伯鸿书店的基础上孕育出伯鸿文化，具体来说，如何以书为中心做更多的文章，如何以图书销售为重心，展开书友会、讲座、签售以及像咖啡、茶座一系列休闲活动，如何吸引更多的文人墨客进驻（驻店作家），打造一个学院派文化沙龙，这些都可以成为书店的发展方向。正如咖啡馆 La Rotonde，成为美国文学盛行的时代，格特鲁德·斯泰恩（Gertrude Stein），菲茨杰拉德（F. Scott Fitzgerald）、艾略特（T.S. Eliot）、海明威（Ernest Miller Hemingway）等作家们频繁光顾的圣地。

除了图书的销售和与之相关的活动，与图书相关的衍生品也可称为营销的契机。早在 2010 年，故宫为了售卖周边产品，上线“故宫淘宝”传播故宫文化，但是直至 2013 年，“故宫淘宝”才逐渐走进大众的视线，然而，从官方旗舰店到坐拥几十万粉丝的金牌卖家，故宫文创靠的是创意。2017 年 1 月，央视新闻播放了由中共中央办公厅、国务院办公厅印发的《关于实施中华优秀传统文化传承发展工程的意见》(简称“两办国学传承 18 条”)，其中就提出了坚持创造性转化和创新性发展：取其精华、去其糟粕，扬弃继承、转化创新，不复古泥古，不简单否定，不断赋予新的时代内涵和现代表达形式，不断补充、拓展、完善，使中华民族最基本的文化基因与当代文化相适应、与现代社会相协调。因此，打造出具有中华书局风格的文创产品成为做书之外的又一项课题，这也符合中华书局“守正出新”的宗旨，文创产品可以是与书相关的笔记本，也可以是具有个性化风格、独一无二的纪念品，像点校本《史记》那样印有独一无二编号，在市场上替代性低，才能在市场上脱颖而出，加以线上秒杀、预订，正所谓“物以稀为贵”。

搭建符合当代读者阅读习惯的 APP

身处“大营销”时代，内容生产的的关键是品牌产品、产品群、产品线。对于中华书局来说，以传统文化为核心，守正出新，立体多元，紧贴市场需求，实现内容生产与市场营销的良性互动，将大营销理念贯彻到全生产运营过程。2014 年，广西师范大学出版社理想国在网上列出了“死活读不下去排行榜”，在对近 3000 名网络读者的意见进行统计后，得出一个令人吃惊的结论：《红楼梦》高居该榜榜首。不仅如此，在这份榜单前十名中，中国古典四大名著位列其中。这无疑引发了思考：为何经典名著为何离当代人越来越远？为何这些经典名著让大多数人难以理解？这也是当下读者的痛点所在。这也正是如今市场上四大名著版本众多且雷同的原因，原文、注释、名家批注的模式已经使大多数读者审美疲劳，相似的文本最大的区别在于装帧的不同。那么，在找到读者的痛点后，又如何化解读者的痛点？

首先，通过构建用户的画像给予其大致的定位。对于那些“想读而读不下去”的读者，他们大多受过一定的教育，财力有余，迫切想提升自身的文化修养。有的读者则身在职场，寄希望于利用闲暇时间，利用出行的间歇了解传统文化。而且，大多数读者都有使用社交网络的习惯，在微信、微博、豆瓣上较为活跃。因此，在洞察读者的需求和痛点之后，出版社要构建出让读者足够满意的兴奋点，让他感觉不购买会后悔或不满等。这样，能更好地激发消费者去购买产品的欲望，也是达成企业营销的目的。因此，针对四大名著的零基础导读版本也许是市场上需要的，这样的版本需要有这些元素：在大多数版本原文、注释、名家批注的基础上，加之白话的名家解读，以类似“画外音”的模式对每一章回进行解读，若细化，还可以对文中出现的诗词、礼仪、饮食等古代日常文化常识进行讲解分析。这些“超级链接”的并入，书可以读厚，同时，书也可以变薄。通过购买书，扫描书封内页二维码，这种以书推 APP 的方式在不降低纸质书销量的同时，也能实现扩充读者多元化阅读方式的转型。读者以微信或微博账号登录的方式进入同款书 APP 客户端,与这样的导读版本形成“纸上—线上”的遥相呼应，线上既囊括纸本的内容，也可设立阅读笔记、分享阅读、阅读打卡、阅读讨论、诗词猜谜积分、诗词擂主等等活动，在 APP 页面设计上注重读者的个性化选择，在字体、背景色上提供多元化选择。在装帧上采用可便携的版本（全套分为若干小册，盒装），皮质封面，封面设计简约素雅，可另附同款质感的笔记本。这样一个四大名著的版本，完全突破了中华书局在平装 / 精装、繁体 / 简体、横排 / 竖排之间游走的版本变化的局面，突破了单一的纸质本阅读模式，符合当下人的阅读习惯。由此在线上线下延伸阅读、全民阅读、探讨四大名著的活动，在推进阅读的同时，从而提升图书品牌和纸质书的销量。可将《红楼梦》试水，并在此基础上逐一扩充。

正确的产品策略的关键是对产品线的划分。从营销角度出发，一般将产品划分成明星产品、英雄产品、战斗产品、个性产品四个类别，在中华书局百年风雨历程中，有“二十四史”这样体现实力和品牌的明星产品，也有诸如“中华经典藏书”这样畅销的英雄产品，还有像《中国古代物质文化》《故宫藏美》等打击对手的战斗产品，在个性产品上，虽有诸如“中华经典藏书”、“传世经典 文白对照”这样的书系，但在当下阅读电子化的今天，还没有为大多数国学爱好者的多元化阅读打造新的平台。如果说“中华经典古籍库”的用户群体倾向于学术，那么 APP 的用户则是面向所有国学爱好者。那么，APP 如何吸引读者使用？除了百年中华的品牌效应，以下从几个角度分析读者在购买—使用上的倾向并得出结论：

其一，对手机等高科技产品的痴迷，让年轻人有更多时间花费时间在移动阅读上，在这方面，Kindle 的黑白页面显然不如手机阅读使用面广，Kindle 的阅读通过下载 Mobi 格式或是在 Amazon 上购买电子书实现，覆盖面远不如手机。因此 APP 覆盖所有手机用户，无论是 iPhone 还是 Android，只要购买了与此相联的图书，拆开塑封，扫描书封内页的二维码即可实现下载注册 APP（这和现如今空气净化器检测 APP 的售卖有异曲同工，购买净化器，同时下载与此相关联的 APP，实现异地检测）。其二，纸质书装帧设计的颜值，在公版书充斥市场的今天，大多数读者在消费时往往有以貌取书的心理，在挑选版本的同时更加注重商品的品格和个性，更加关注商品的包装、封面质感、设计风格等等，以此来彰显他们的个人品味。其三，攀比和从众心理，APP 的使用中设置阅读打卡，和如今很多运动 APP 类似，只要以微信或者微博登录，可以直观看到自己所在好友圈其他人的阅读动态。诗词大会的火爆让读写诗词的古风深入人心，没有人愿意被时代所淘汰，不断适应社会的发展变化，跟上时代潮流是绝大多数消费者的一个共同心理。正是这种心态的驱使，趋同从众、不甘落后的心态让他们争相仿效。正如现在夜跑成风，运动成风一样，阅读打卡也会在未来形成一种风气。在这个基础上，人有我有，人有我优的攀比心理也会促进每期诗词打擂有更多读者的参与和加入。总之，搭建符合当代读者阅读习惯的APP即是将移动用户与读者的双重身份合一，现代社会随着人们消费水平的提高，审美意识与个性意识逐渐增强，表现在消费方面就是人们越来越追求个性化消费。因此，读者的痛点也是市场的突破点，以“纸上”带动“线上”，在保持传统出版模式的同时，探索符合当代读者阅读习惯的个性化平台。

十九大报告中提出，文化自信是一个国家、一个民族发展中更基本、更深沉、更持久的力量。因此，搭建符合当代读者阅读习惯的APP即是将移动用户与读者的双重身份合一，推动中华优秀传统文化创造性转化和发展，以纸上带动线上，在保持传统出版模式的同时，探索符合当代读者阅读习惯的个性化平台，弘扬中华优秀传统文化的同时，文化自信得到彰显，国家文化软实力得到提升。

（本文获中国出版集团公司2017香山论坛征文活动一等奖，原载中国出版集团公司网站；作者系中华书局营销中心发行部员工）

105年历程，105种精品

——记伯鸿书店105种中华传统文化大众精品图书展销

刘 晗

伯鸿书店，中华书局的实体书店，在2017年4月23日“世界读书日”正式开业。2017年是中华书局走过的第105个年头，2017年4月23日也是中华书局自2015年以来第三个读者开放日。中华书局的实体书店——伯鸿书店自试营业以来，慕名前来体验阅读的读者日益增多。有的在书架前精心挑选，有的则点一杯咖啡在桌前品读，浓厚的阅读氛围和舒适的环境吸引八方读者来书店享受阅读时光。

为出版社、作者和读者提供优质服务是伯鸿书店永恒的宗旨。在读者开放日当天，书店精心选取105种中华优秀传统文化读物，代表了中华书局走过的105年历程，也代表了这105年里中华书局适应时代发展的需要，从中华传统文化的传承者到传播者的角色转变，兼及古籍学术和面向大众的经典解读，使阅读经典成为大众阅读的常态。

品读收藏总相宜：中华经典读物搭建家庭阅读角

在选取的 105 种传统文化读物中，有面向大众的经典普及类图书，诸如像“中华经典藏书（升级版）”，这套书的前身是 2006 年出版的“中华经典藏书”，这套书一经推出，便受到广大读者的喜爱，成为广大读者阅读学习国学经典名著的主要版本。在“中华经典藏书”面世十周年之际，于 2016 年伊始陆续推出“中华经典藏书（升级版）”。最大的变化是从原来的 50 种调整为 60 种，按照经史子集以绿红蓝灰四色分别标示，并对以往的书目作了全面修订。增补的新书都是堪称经典的名著，其中既有深受读者喜爱的经典名著，也有适合广大师生教学阅读的重要作品。2017 年，“中华经典藏书（升级版）”进一步更新，每套藏书附赠精美书架，书架两侧为中华书局总经理徐俊的题字：“种树乐培佳子弟，拥书权拜小诸侯。”别具匠心的设计，吸引了更多读者关注，成为众多家庭阅读角的首选。

为了满足读者的多元化需求，经典普及类书系还有“中华经典名著全本全注全译”（已出版 63 种）、“传世经典 文白对照”（已出版 25 种）、“中华经典普及文库”（已出版 15 种）、“中华国学文库”（已出版 46 种），每个书系所收书目是经史子集中的经典著作，以专业版本为核校底本，约请业内专家进行注释和翻译。

“中华经典名著全本全注全译”也就是深入人心的“三全本”，注释准确简明，译文明白晓畅，内部结构上题解、原文、注释、译文各部分自然结合。“传世经典 文白对照”则采用文白对照的形式，以对开的方式排版，原文与译文在一个展开面上。“中华经典普及文库”的特点则在于保留了古籍整理图书人名、地名下加专名线，书名下加波浪线的做法，使读者一目了然，不会因为不熟悉这些专有名词而误读、错读。为了保证阅读的连贯性，删除了原整理本中的古注、校勘记及不便当代读者阅读的部分。“中华国学文库”所选均为代表当代最新学术水平的“最善之本”，即经过精校精注的最有品质的整理本。其中既有传统旧注本的点校整理本,也有获得学界定评的新校新注本。以新式标点、简体横排刊印，符合现代人阅读习惯。有位读者购买了《资治通鉴》的三个版本,“中华经典藏书（升级版）”送给家里正在读初中的小孩儿,自己购买一套“中华经典普及文库”版本，还专门买了一套30册的《资治通鉴》精装典藏本和一套七册的《四大名著名家点评》作为收藏。

当阅读成为一种风尚：历经百年的守正与出新

在中华书局百年历程中，既有“二十四史”这样体现实力和品牌的明星产品，也有诸如“中华经典藏书”这样畅销的英雄产品，还有像《中国古代物质文化》、《〈资治通鉴〉与家国兴衰》这样的个性产品。有一从国外赶来的读者在抽奖环节抽中一套《魏书》(精装修订本，每书均带有唯一收藏编号),又在伯鸿书店购买了点校本“二十四史”修订本的《新五代史》《旧五代史》。据他说，家里收藏了289本点校本“二十四史”及《清史稿》，俗称“小绿皮儿”。2013年10月19日，特地连夜赶到北京王府井新华书店，参加中华书局版《史记》修订本全球首发式，还获得了加盖首发日纪念章的《史记》。在他看来，凑齐中华书局的点校本“二十四史”修订本才算“镇”得住自家的书架,这也是众多中华书局粉丝的心声。除了这些“大部头”，杨伯峻先生的《论语译注》简体字本、“国民阅读经典”本、“中国古典名著译注丛书”本以及近期新出的大字本颇受读者青睐，同一种书的各种版本满足读者不同的阅读需求。最经典当属简体字本，出版十载，长盛不衰，杨伯峻对于《论语》的解读可以说影响了几代学子。

自2013年起，每逢4月23日“世界读书日”都会有一批中国好书脱颖而出。有一读者专程到店找寻历年获奖的中国好书，凑齐了2014、2015、2016年度中华书局获奖的四本书:《〈资治通鉴〉与家国兴衰》《故宫营造》《中国古代物质文化》《建筑的意境》。不仅如此,还购买了《中华传统文化经典百篇》《万历十五年》《晚明大变局》以及《故宫藏美》。

有位来自北京大学的学子在书架上发现了《中国文化的根本精神》一书，如他所说，近期才在课堂上听了楼宇烈先生的国学讲座，颇为受益。楼先生以深厚的学养，融汇古今中外，精研儒释道之精华，对中国文化的根本精神给予富有创建的智慧解读，还原了传统文化的本怀。尤其是在科技产品簇拥下的今天，数据化逐渐让人丧失了其主动性，可谓是大多数人的生存状态和精神写照，这也是当今社会的危机。事实上，科技发展是时代的大势所趋，只是现代人的价值取向发生了扭曲。高科技产生的高分贝噪音已经难以还原生活的本真，对他者的关照远远超过对自我命运的维护，现代科技所制造的全民欢腾的图景似乎容纳不下沉静思考的空间。楼先生这本《中国文化的根本精神》正是在这个背景下探讨如何重拾传统文化的珍宝，国人怎样才能更加自信地面对世界，面对未来，以睿智的哲思颠覆习惯性的思维方式，给后学留下广阔的思考空间。

全民诗词热：一场穿越古今的对话

2017 年初，《中国诗词大会》节目一时间风靡全国，圈粉无数，也让中华书局出版的同名图书顺势走红。主持人、选手、评委的出口成章和表情包成为大众热议的焦点，与此同时也重燃大众对诗词的热爱。在读者开放日当天举办的其中一场讲座就邀请了节目评委、北京师范大学康震教授演讲《读诗就是读自己》，现场表白自己与诗词结缘的心路历程。

如今，诗词不再是“高山流水知音难觅”。在伯鸿书店里驻足的读者中间有不少诗词爱好者，诗词类和名家讲经典成为当日伯鸿书店热销图书。周汝昌的《千秋一寸心：周汝昌讲唐诗宋词》《红楼梦新证》，李零的《兵以诈立—我读〈孙子〉》、陈鼓应的《庄子今注今译》《老子注译及评介》以及《康震评说苏东坡》，这些名家点评版本成为他们购买的首选，如一读者所说，自己是上班族，想读书一则时间受限，二则不知如何选书，读“名家讲经典”有种回归课堂的感觉。像《千秋一寸心》这本书，所选诗词作品，并不遵循常见的“文学史模式”，而是完全以“个体鉴赏”为出发点，深入浅出，引导读者去发现与感悟古典诗词的美。还有一位住在附近的家长带着孩子来逛书店，购买了《全唐诗》和《全宋词》，在读初中的孩子买了“国民阅读经典”系列的《唐诗三百首》和《宋词三百首》，除此之外她还买了《一本书备考传统文化》(中考版)，翻了翻目录，当即买下。据她所说，这本书几乎覆盖了中考中出现频率较高的25个传统文化主题，如儒道思想、汉字对联、书法国画、节日节气、姓氏生肖、服饰饮食、园林建筑、历史名城等，并对每个主题进行了详细讲解，而且在此基础上，设置了备考方案、中考真题和创意新题板块，帮助考生有针对性地备考中考传统文化试题。市面上如此多的关于传统文化备考书目，这一本算是举重若轻，一本书就可涵盖大多数考点。

在人人手持“Iphone”的时代，全民诗词热让古典文学再次焕发出新的活力，使大众重回诗意的生活。新的传播媒介让诗词成为一场穿越古今的对话，对于传统文化的回归将不再是“人从众”的“集体无意识”行为，而是将阅读视为一种渗透到生活之中的常态。

（原载2017年5月15日《藏书报》，作者系中华书局营销中心发行部员工）

特稿

保有对美好未来的追梦之心

——中华书局 105 周年局庆致辞

徐　俊

百年局庆好像就在昨天，105 周年又如期而至。感谢我们满怀热情和创意的同事们，策划组织了今天的庆典，丰富多彩，充溢着欢快，提振每一个中华人的信心和信念。

今天在场的很多同事，应该还记得十年前，2007 年元旦过后，95 周年局庆的场景，也是在这个多功能厅，比现在简陋，大家欢聚一堂，分享一个巨型蛋糕。当然，我们更记得当时的心情和感受。中华在经历了初涉市场、遭到挫折之后，回归传统，重塑品牌，开始恢复元气，走向正轨。我印象特别深的是 2006 年年末，选题调整、市场反应、生产经营、队伍成长，各方面呈现出蓄势待发之势，尤其是部门调整和中层竞聘，一大批年轻同事开始走向前台，为十年发展起到了坚强支撑作用。

这之后，我们在“守正出新”的旗帜下，全局上下团结奋进，当时李总（指中华书局前总经理李岩）在会上常说的一句话：“我们一直在努力！”这是一个电视广告的广告语。这句话用不同的语气读出来，意义不一样，既表达了奋斗的壮志，也说出了其中的艰难、漫长，甚至有点悲壮。我们用五年左右的时间，用第一次突破 3 个亿的销售业绩，迎来了百年局庆。百年局庆，无论是品牌影响力，还是市场影响力，中华都达到了新时期的最高点。

让百年中华走向更高，走得更远，成为全局的共识和目标，也让社会各界和广大读者有了更多更大的期待。在过去的五年中，我们面对各种发展中的问题，不因其难而畏缩避让，解放思想，齐心协力，扎实推进，实现了中华连续十年的稳步增长。通过全局员工的共同努力，现在我们用又一个五年，用第一次突破 6 个亿，迎来了 105 年局庆，中华书局跨上了一个新的发展平台。

回首来时路，过去十年，我们秉持“守正出新”的理念，坚持以国家重大项目为带动，以古籍整理学术出版为核心，产品更加集中，品牌更加鲜明；我们努力探索实践优秀传统文化的大众出版之路，以适应、满足、引领大众阅读；我们尽自己的责任，开展伯鸿书香奖、宋云彬古籍整理出版基金、读者开放日等公益活动，让社会各界增进对中华的了解和认同；在传统出版市场持续扩大的情况下，我们明确提出将数字出版放到与传统出版同等重要的位置来对待，古籍数字化初见成效，得到了业界、学术界的积极响应，这是未来中华在传统文化出版领域地位的保证。

五年十年，十年百年，原本只是时序的自然递进，但对一个个体、一个组织来说，却又是关乎着他成长历程的标记，就好比参天大树的年轮。

站在新百年的起点上，我们要清醒地反观我们所处的位置，对百年传统的承续，对未来发展的责任；反观我们所从事的行业，以及我们所面临的科技巨变和变化中的读者、市场；更要思考我们在民族复兴的大潮流、大趋势中，作为出版者，所要主动承担的历史使命。习总书记说："博大精深的中华优秀传统文化，是我们在世界文化激荡中站稳脚跟的根基。""要讲清楚中华优秀传统文化的历史渊源、发展脉络、基本走向，讲清楚中华文化的独特创造、价值理念、鲜明特色。"各位同仁，中华迎来了难得的历史机遇，我们的事业，一定要不负时代、无愧时代。

回到局庆的节点，未来的五年，在我们一起走向 110 周年的这个五年，我们没有任何满足懈怠的资本和理由。刚刚过去的元旦，大家在微信上庆贺局庆，也有人在感慨 100 年前的今天。了解中华历史的人都知道著名的"民六危机"，正是 100 年前书局创建的第五个年头，中华的经营遭遇了第一个毁灭性打击。是社会力量和中华同仁在"书局不能闭一日门"的信念支撑下，挺过了难关。今天，我们首先要不忘出版的本义——出版更多有传承价值、有传播价值的好书，出好书是出版的第一要义。既要坚守古籍学术品牌核心，更要持续推进传统文化大众出版，传播知识，传承精神；既要做好传统文化内容的产品累积，更要下大力气做好传统文化资源的深挖和提炼、产品体系的构建；既要坚持做好产品营销、读者服务、渠道协同，更要着力建设优秀传统文化的“中华”品牌。让“中华”品牌融入学术文化，融入大众生活，成为中华优秀传统文化的一面旗帜。

放眼长远，一百年对于一个企业来说，尚属青春年少。一个百年企业，经百年而不衰，一定有他内在的独特的精神。对中华来说，我觉得有两段话可以概括，也请大家一起来重温。一句话是我们大厅里陆费伯鸿先生的名言：“我们书业虽然是较小的行业，但是与国家社会的关系，却比任何行业为大。”这是一种责任担当与自我期许，套用一句话，可以说：出版人的自我期许，是成就高品质出版的前提。另一句话是王云五评价陆费伯鸿先生的三个词六个字：“专一，强毅，前进。”对照不同历史时期中华发展的关键点，我认为这六个字也是融入百年中华的内在精神，是中华企业文化的内核。

“一代人做一代人的事情”，我们这一代中华人，面对转型期的发展机遇，责任在肩，道路正长，全体同仁要保有一颗追梦之心，保有对美好未来的追梦之心，让中华成为大家共同的追梦舞台。“我们一直在努力”，这句话未曾过时，让我们一起努力，共筑我们的中华梦，追逐我们每个人心中的梦。

各位同仁，最后我要说一句此时此刻发自内心的话：因为有你，因为有大家，我们的中华，明天一定会更美好！

（作者系中华书局总经理）

中华书局创建 105 周年庆典活动侧记

营销中心市场部

一元复始，万象更新。群贤毕至，少长咸集。中华书局昂首阔步，走进崭新的 2017 年。中华书局意气风发，迎来她 105 周岁的生日……

中华书局总经理徐俊在致辞中说："'一代人做一代人的事情'，我们这一代中华人，面对转型期的发展机遇，责任在肩，道路正长，全体同仁要保有一颗追梦之心，保有对美好未来的追梦之心，让中华成为大家共同的追梦舞台。'我们一直在努力'，这句话未曾过时，让我们一起努力，共筑我们的中华梦，追逐我们每个人心中的梦……"徐总饱含深情回顾过往、评说今朝、展望未来，与大家一起重温了 105 年来中华书局不平凡的发展历程，提振了每一位在场的中华人对中华未来发展的信心和信念。

作为送给中华书局 105 周年的贺礼，整场庆典联欢活动的节目都是书局员工利用休息时间自编自排的，风格不同、形式多样，同仁们八仙过海，各显其能。可以说，节目编排高水准、演员表演水平专业，是最大的特点。

“传统文化故乡，现代精神家园”——中华不仅是传统文化的故乡，也是所有中华人共同的家乡。胡彬老师献唱原创歌曲《泳思：你的家乡》，参与伴奏的“中华女子乐坊”成员都是中华书局的年轻人。

因为对传统文化的热爱，我们走到了同一面旗帜下。贾林的单口相声《接电话》，让我们在笑声中，回味起自己从初来乍到到在业务上独当一面的成长过程。贾林是谁？小编偷偷告诉你，当年电影《三毛从军记》中三毛的扮演者就是他。

《论语》有言：“君子无所争，必也射乎！揖让而升，下而饮，其争也君子。”张毅、罗明钢和王鹏飞三位编辑现场表演“八卦刀·梅花拳”，真让大家开了眼界。中华书局果然是藏龙卧虎之地，文武全才者真不少。

发行部同事组建的“溜溜球乐队”弹唱的《旅行的意义》《平凡之路》，中华书局足球队队员们合唱的《朋友》，“一句话，一辈子，一生情，一杯酒”，都让我们想起在工作中兄弟姐妹风雨同舟、荣辱与共的日子。

“不管你有没有意识到，我们每位员工，实际上都是在和中华书局一同成长。你觉得中华书局老了吗？——不！换一种说法，中华书局才是一个00后。它洋溢着青春，是一棵茁壮的大树，焕发着勃勃生机。我们每个人也都要抱持一颗年轻和开放的心态，不断学习，不断进步，收获成功，也收获幸福！”局龄十五年的张继海，在他代表书局员工的感言中，道出了自己的肺腑心声，“在中华书局做事情，眼界要宽，境界要高，格局要大”，“生命的精彩，往往要在全力付出之后才会体会”。

为庆祝书局105岁的生日，中华书局女子健身协会准备的礼物是舞蹈《鸿雁》，曲风悠扬，舞姿曼妙，歌声直抵每个人的内心。中华情结，是我们每个人心底最柔软最美好的缱绻。

如果说，中华是一棵大树，悠久灿烂的传统文化，就是我们最可靠的根基；如果说，中华是一条长河，是一代代中华人的努力开拓，让她奔流不息。追逐梦想的旅途中，我们每一个人，都是彼此的臂膀。继往开来的大路上，我们每一个人，都是真正的英雄！

庆典过半，赵一然举着点燃的庆生红蜡烛步入庆典现场，传达室老师傅安兆泉推着中华书局105岁生日蛋糕紧随其后，四位分别出生于1957年、1967年、1977年、1987年的书局员工作为蛋糕守护使者紧随两旁。

在吹灭生日蜡烛前，中国出版集团公司党组成员、中国出版传媒股份有限公司副总经理、中华书局原总经理李岩代表几位曾在中华书局工作过的领导发表了热情洋溢的祝词，他说：“今天我看到书局的老员工和更多的新员工，从你们的身上，我深深感受到，只有一个伟大的时代和一个伟大的企业才能促使我们的员工迸发出自己的激情和才干……因为工作的安排，我们暂时离开了中华书局，但是我觉得我们是不在场的永远的在场者，和大家一道享受这种温馨，享受这种快乐。我也代表我们几位衷心地祝福中华书局，越走越好，在辉煌的伟大的时代，让我们一起拥抱中华书局 110 年！”

中华最讲究的就是薪火相传，老前辈开好头，新同事接好棒，一代代把事业发扬光大。为此，由书局在职员工中最年长的张宇老师和最年轻的范明明一起切开蛋糕，105 周年庆典被推向一个高潮！

同饮芬芳的美酒，分享甜蜜的蛋糕。今天让我们为深爱着的中华书局庆生。中华书局的节日，是我们所有读者的节日，是我们所有作者的节日，是我们全体中华书局人共同的节日。让我们把 105 周年庆典作为新征程的起点，踏着欢快的舞步，迎接中华大地万紫千红的春天，迎接中华书局光辉灿烂的未来！